2024 최신개정판

LOGIN

세무회계 2급
기출문제집

김영철 지음

도서출판
어울림
www.aubook.co.kr

머리말

회계는 매우 논리적인 학문이고, 세법은 회계보다 상대적으로 비논리적이나, 세법이 달성하고자 하는 목적이 있으므로 **세법의 이면에 있는 법의 취지를 이해하셔야 합니다.**

회계와 세법을 매우 잘하시려면
왜(WHY) 저렇게 처리할까? 계속 의문을 가지세요!!!
1. 회계는 이해하실려고 노력하세요.
2. 세법은 법의 제정 취지를 이해하십시오.
3. 이해가 안되시면 동료들과 전문가에게 계속 질문하십시오.

회계를 잘하시는 분이 세무회계도 잘합니다. 세무회계도 회계입니다.
특히 법인세는 회계이론이 정립된 상태에서 공부하셔야 합니다. 법인세는 세무회계의 핵심입니다. 법인세는 회계나 마찬가지입니다. 법인세는 세법의 꽃입니다. 법인세를 모르면 세법을 안다고 할 수 없을 정도로 우리나라의 가장 중요한 세법입니다.

또한 부가가치세법과 소득세법도 회계에서 나왔을 정도로 회계는 세법의 뿌리입니다. 마냥 암기하는게 세무회계가 아닙니다. 회계라고 생각하시면서 공부하시면 됩니다.

세법은 우리들의 실생활과 밀접한 관계가 있습니다. 그리고 세법은 매년 변경됩니다. 이러한 변경은 수험생들에게 짜증날 정도입니다. 그러나 **큰 틀에서 세법은 똑같습니다. 뼈대를 공부하십시오.** 지엽적인 것에 너무 깊게 공부하지 마시고, 큰 흐름에서 세법의 흐름을 이해하십시오.

마지막으로 기출문제를 80분안에 푸는 연습을 하시면 세무회계2급 자격증을 취득함으로서 여러분들은 세법의 전문가가 되는 것입니다.

회계와 세법은 여러분 자신과의 싸움입니다. 자신을 이기십시오!!!

마지막으로 이 책 출간을 마무리해 주신 도서출판 어울림 임직원에게 감사의 말을 드립니다.

2024년 2월
김 영 철

합격수기

DAUM카페 "로그인과 함께하는 전산회계/전산세무"에 있는 <u>수험생들의</u>
<u>공부방법과 좌절과 고통을 이겨내면서 합격하신 경험담을 같이 나누고자 합니다.</u>
아래 장한수님은 2017년 54회 세무사시험에 합격하였습니다.

세무회계 2급 합격했습니다. 올 한해 모두들 수고 많으셨습니다★

장한수님

안녕하세요. 오늘 세무회계 2급과 함께 올해 자격증 취득 일정은 모두 종료 되었습니다.

제가 비록 컴퓨터 OA 강사 7년차였지만 회계, 세법은 고등학교때 상업을 배웠던 것이 전부였을 정도로 기초 지식이 전혀 없었습니다.

하지만 저의 강의 영역을 넓히고 궁극적으로 더 밝은 미래를 개척해 나가야겠다는 생각에 크게 마음먹고 공부를 시작했었습니다.

올해 딱 30세인데 지금 잘 준비해서 40세가 되기 전까지 조금 더 확실한 기반을 다져놓자고 굳게 마음 먹고 일과 공부를 병행했는데 사실 정말 쉽지 않았었습니다.

그런 와중에 **로그인 교재와 카페를 알게 되었고 많은 힘이 되었습니다.**

그리고 **기왕 공부를 시작한 김에 저도 세무사님처럼 훌륭한 세무전문인이 되고 싶습니다.**

요 근래 제가 카페에 자주 들리지 못했던 것은 올해부터 방송통신대학교 교육학과 3학년에 편입하는 바람에 기말고사와 세무회계 2급 시험 일정이 겹쳤었기 때문이었습니다.

지금 생각해보면 세법과 회계 공부를 하기로 했다면 경영학과로 편입을 했어야 했는데...애초 목표가 회계 공부가 아닌 교육대학원에 가서 정교사 2급 자격증을 취득하고 직업훈련교사 3급까지 취득하는거였기 때문에 교육학과로 학사편입을 했었습니다. 즉 겨울에 편입을 먼저 하고 회계 공부를 하기로 마음 먹은것이 봄이였기 때문에 어긋나 버렸죠^^

지금 두 개 분야 공부를 일과 병행하는게 머리가 터져 버릴 정도로 벅차고 힘들지만 오늘 세무회계 2급 발표까지 끝나고 나니 이제서야 안도의 한숨을 쉬며 보람을 느끼고 있습니다.

올해 방송통신대는 운이 너무 좋아서 전액 장학금을 받았고 덕분에 책 값만 내고 3학년을 마치게 되었는데 이번 기말고사 성적도 공부한거에 비해 꾀 괜찮게 나와서 내년 1학기까지도 책 값만 내면 될것 같습니다^^

제가 로그인 카페에 저의 모든 상황을 이야기하는건 자랑을 하거나 위로를 받으려는게 아닙니다. **다른 회원님들도 아무리 상황이 어렵고 힘들더라도 꿈을 위해 노력하고 절대 포기하지 마시라고 말씀드리고 싶어서입니다.**
근데 저처럼 너무 독하게는 하지 마세요~ 지나치게 몸을 혹사하면 건강에 해로울수도 있습니다^^ 사실 저도 건강에 이상신호가 생겼던 적이 몇번 있었는데 가끔씩 운동 좀 하고 5층에 살면서 엘레베이터 안탄지도 거의 1년이 되어갑니다 ㅎㅎ

그리고 가끔 저한테 원래 똑똑하고 공부잘하지 않았었냐고 물어보시는 분들 있는데 전혀 아닙니다. IQ가 높은 것도 아니고 학교 다닐때 공부를 잘했던것도 아니였습니다. 단, 굳건한 의지와 끈기는 누구에게도 뒤지지 않았었습니다. 이것이 가장 큰 무기였던것 같습니다.

<u>세무회계 2급 시험을 보고 느낀 점은 확실히 전산세무 1급보다 세무회계에 있어서는 더 깊이 있는 이론을 다루는것 같았습니다.</u>

국세기본법 같은 경우는 조금 어려운 내용들도 있었는데 결국 법의 취지를 이해하는 것이 고득점이 지름길이요, 오래 기억하는 유일한 방법인것 같습니다. 로그인 교재로 공부하면서 기출문제좀 풀어보면 합격은 큰 문제가 없을것 같습니다. 그리고 세무회계 2급을 합격할 정도면 어느 정도 세법 이론이 뒷받침 되는 것이니 전산세무 자격증 취득에도 큰 도움이 될 것입니다.

전산회계 1,2급 → 전산세무 2급 → 회계관리 1,2급 → 전산세무 1급 → FAT 1급 → 직업상담사 2급 → TAT 1급 → 세무회계 2급까지 취득하면서 전산세무 1급이 가장 애착이 갑니다 ☆

이제 내년엔 토익 700점 만들기를 최우선 과제로 삼고 재경관리사, ERP 회계 1급, 전산회계운용사 1급, 기업회계 1급, 세무회계 1급, IFRS 관리사 취득을 목표로 설정하였습니다.

이미 중급회계, 세무회계, 원가관리회계 책을 구해서 공부 하고 있는데 정말 만만치 않네요^^ 세무사 시험 레벨과 거의 흡사하다는 세무회계 1급과 IFRS 관리사가 가장 큰 벽이 될것 같은데 한 번 도전해보겠습니다. 그리고 다른 분들이 로그인 교재를 보고 합격하는데 제가 조금이나마 도움이 될 수 있도록 노력해보겠습니다. 모두들 올 한해 마무리 잘하시고 열공하시느라 수고하셨습니다. 마지막으로 세무사님, 카페 주인장님,

나머지 모든 회원님들 감사합니다★

- 장한수 올림 -

저자가 운영하는 다음(Daum)카페 **"로그인과 함께하는 전산회계/전산세무"**에 다음의 유용한 정보를 제공합니다.

로그인카페

1. **오류수정표**(세법개정으로 인한 추가 반영분 및 오류수정분)
2. **세법개정내용**(출제자는 을 자주 출제합니다.)
3. **세무회계2급 Q/A게시판**

LOGIN 세무회계 2급을 구입하신 독자 여러분께서는 많은 이용바라며,
교재의 오류사항을 지적해주시면 고맙겠습니다.

[로그인 시리즈]			
전기	당기	차기	차차기
20x0	**20x1**	20x2	20x2
2023	**2024**	2025	2026

[2024년 세무회계 자격시험(국가공인) 일정공고]

1. 시험일자

회차	종목 및 등급	원서접수	시험일자	합격자발표
109회		01.04~01.10	02.04(일)	02.22(목)
110회		02.28~03.05	04.06(토)	04.25(목)
111회		05.02~05.08	06.01(토)	06.20(목)
112회	세무회계1,2,3급	07.04~07.10	08.03(토)	08.22(목)
113회		08.29~09.04	10.06(일)	10.24(목)
114회		10.31~11.06	12.07(토)	12.26(목)
115회		2025년 2월 시험예정		

2. 시험종목 및 평가범위(2024년 4월 이후 시험부터)

세무회계 2급 (80분)	• 세법1부 : 법인세법, 부가가치세법	각각 객관식 25문항
	• 세법2부 : 국세기본법, 소득세법(조세특례제한법 원천징수사항 포함)	

3. 시험방법 및 합격자 결정기준

1) 시험방법 : 객관식(4지 선다형) 필기시험으로 함.
2) 응시자격 : 제한없음(**신분증 미소지자는 응시할 수 없음**)
3) 합격자 결정기준 : 세법 1,2부로 구분하여 각 부가 40점 이상 & 합산 120점 이상

4. 원서접수 및 합격자 발표

1) 접수기간 : 각 회별 원서접수기간내 접수
  (수험원서 접수 첫날 00시부터 원서접수 마지막 날 18시까지)
2) 접수 및 합격자발표 : 자격시험사이트(http://www.license.kacpta.or.kr)

차 례

Ⅰ. 기출문제

2023년 ~ 2019년 시행된 기출문제 중 합격율이 낮은 15회분 수록

1분강의
QR코드 활용방법

본서 안에 있는 QR코드를 통해 연결되는 유튜브 동영상이 수험생 여러분들의 학습에 도움이 되기를 바랍니다.

방법 1

❶ 스마트폰에서 다음(Daum)을 실행한 후 검색창의 오른쪽 아이콘 터치

❷ '코드검색'을 터치하면 카메라 앱이 실행됨

❸ 도서의 QR코드를 촬영하면 유튜브의 해당 동영상으로 자동 연결

방법 2

카메라 앱을 실행하고, QR코드를 촬영하면 해당 유튜브 영상으로 이동할 수 있습니다.

유튜브 자막설정(개정세법 반영)

1분강의 중 매년 개정된 세법에 대해서는 자막으로 표시하였습니다.

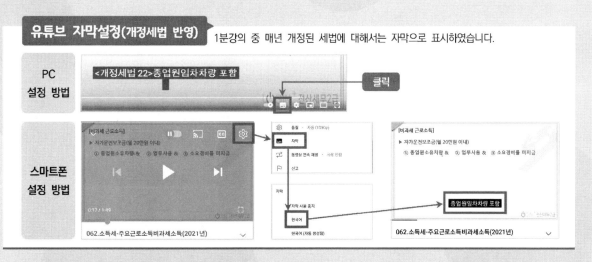

✔ 과도한 데이터 사용량이 발생할 수 있으므로, Wi-Fi가 있는 곳에서 실행하시기 바랍니다.

Ⅰ. 기출문제

2024년 4월 시험부터 주관식 문제는 출제되지 않고 **객관식 25문항만 출제**됩니다.
세법 2부에서 조세특례제한법 중 **소득세 원천징수 관련 문제**만 나옵니다.

2023년 ~ 2019년 시행된 기출문제 중 합격률이 낮은 16회분 수록

20**년 **월 **일 시행
제**회 세무회계자격시험

A형

종목 및 등급 :

세무회계2급

제한시간:80분

페이지수:10p

수험번호 : _____

성   명 : _____

▶시험시작 전 문제를 풀지 말것◀

♣ 수험준비요령

① 시험지가 본인이 응시한 종목인지, 페이지수가 맞는지를 확인합니다.

　종목과 페이지를 확인하지 않은 것에 대한 책임은 수험자에게 있습니다.

② OMR카드에는 반드시 컴퓨터싸인펜을 사용하여야 하며, 수험번호, 주민등록번호,

　성명, 응시종목/급수, 문제유형 란에 정확히 마킹하십시오.

③ 컴퓨터싸인펜 외에 다른 필기구를 사용하거나 다른 수험정보 및 중복 마킹으로

　인한 채점누락 등의 책임과 불이익은 수험자 본인에게 있습니다.

④ 시험을 마친 OMR답안카드는 감독관확인을 받은 후 제출하십시오.

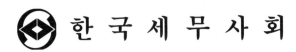

제108회 세무회계2급

합격율	시험년월
40%	2023.12

세법1부 **법인세법, 부가가치세법**

01. 다음 중 법인세법에 대한 설명으로 가장 잘못된 것은?

① 내국법인이란 본점, 주사무소 또는 사업의 실질적 관리장소가 국내에 있는 법인을 말한다.

② 외국법인이란 사업의 실질적인 관리장소가 국내에 있지 않으면서 본점 또는 주사무소가 외국에 있는 단체를 말한다.

③ 국내원천소득이 있는 외국법인은 법인세 납세의무가 없다.

④ 내국법인 중 국가와 지방자치단체는 그 소득에 대한 법인세를 납부할 의무가 없다.

02. 다음 중 법인세법상 수익의 범위에 해당하지 않는 것은?

① 국세 과오납금의 환급금에 대한 이자

② 자산의 임대료

③ 무상으로 받은 자산의 가액

④ 손금에 산입한 금액 중 환입된 금액

03. 다음 중 법인세법상 반드시 기타사외유출로 처분하지 않는 것은?

① 임대보증금 등의 간주익금

② 건설자금에 충당한 차입금의 이자

③ 특수관계인 외의 자에 대한 비지정기부금의 손금불산입액

④ 업무무관자산 등에 대한 지급이자의 손금불산입액

04. 다음 중 법인세법상 장부에 계상을 한 경우에 한하여 손금으로 인정되는 것은?

① 파손으로 인한 재고자산의 평가차손

② 일시상각충당금

③ 소멸시효가 완성된 채권에 대한 대손금

④ 퇴직연금충당금

05. 다음 중 법인세법상 세무상 자기자본총액(순자산)을 알 수 있는 법정서식은 어느 것인가?

① 법인세과세표준및세액조정계산서[별지 제3호서식]

② 표준재무상태표[별지 제3호의2서식(1)]

③ 소득금액조정합계표[별지 제15호서식]

④ 자본금과적립금조정명세서(갑)[별지 제50호서식(갑)]

06. 다음 중 법인세법상 손금항목에 해당하는 것은?

① 거래징수불이행으로 인한 추징세액

② 세금계산서의 미수취·부실기재분 매입세액

③ 부가가치세법상 면세사업 관련 매입세액불공제액

④ 법인세 감면에 부과된 농어촌특별세

07. 다음 중 법인세법상 제조업을 영위하는 회사가 보유한 주식 및 채권 등 유가증권의 평가방법에 해당하지 않는 것은?

① 총평균법　　　　　　　　　　② 이동평균법

③ 개별법(채권에 한함)　　　　　④ 시가법

08. 다음 중 법인세법상 기업 업무추진비(접대비)에 대한 설명으로 옳지 않은 것은?

① 법인이 기업 업무추진비를 금전 외의 자산으로 제공한 경우, 해당 자산의 가액은 시가와 장부가액 중 큰 금액으로 평가한다.

② 건당 3만원을 초과한 기업 업무추진비(경조금 제외)로서 적격증빙을 수취하지 아니한 경우 손금불산입한다.

③ 내국법인이 1회의 접대에 지출한 경조금은 적격증빙을 수취하지 아니하여도 25만원 이내의 금액은 손금불산입하지 아니한다.

④ 기업 업무추진비 지출액 중 손금불산입 대상을 제외한 기업 업무추진비는 한도액을 계산하여 한도초과액을 손금불산입하고 기타사외유출로 처분한다.

09. 다음 중 법인세법상 현실적인 퇴직에 해당하지 않는 것은?

① 법인의 직원이 해당 법인의 임원으로 취임한 때

② 법인의 임직원이 그 법인의 사업양도에 의하여 퇴직한 때

③ 정관 또는 정관에서 위임된 퇴직급여지급규정에 따라 장기 요양 등 일정한 사유로 그때까지의 퇴직급여를 중간정산하여 임원에게 지급한 때

④ 임원이 연임된 때

10. 다음 중 법인세법상 감가상각자산에 대하여 그 사업에 사용한 날이 속하는 사업연도의 비용으로 처리할 수 있는 자산으로 옳지 않은 것은?

① 영화필름, 공구, 가구, 전기기구 등

② 어업에 사용되는 어구

③ 고유업무의 성질상 대량으로 보유하는 자산

④ 전화기 및 개인용 컴퓨터

11. 다음 중 법인세법상 가지급금인정이자에 관한 내용으로 잘못된 것은?

① 법인이 특수관계인에게 금전을 무상으로 대여한 경우 인정이자를 익금으로 산입하여야 한다.

② 인정이자 계산 시 시가는 당좌대출이자율을 적용하여 계산한다.

③ 인정이자의 계산은 특수관계가 소멸하는 날까지 적용한다.

④ 동일인에 대하여 가지급금과 가수금이 함께 있는 경우에는 이를 상계한 금액으로 계산한다.

12. 다음 중 법인세법상 재해손실세액공제에 관한 내용으로 가장 잘못된 것은?

① 법인이 재해로 인하여 자산총액의 30% 이상을 상실하여 납세가 곤란하다고 인정되는 경우 재해손실세액공제가 적용된다.

② 타인 소유의 자산으로서 상실로 인한 변상책임이 법인에게 있는 것은 상실된 자산 가액에 포함한다.

③ 자산상실비율은 재해발생일 현재 그 법인의 장부가액에 따라 계산한다.

④ 재해자산에 대해 수령한 보험금은 상실된 자산의 가액에서 차감하지 아니한다.

13. 다음 중 법인세법상 중간예납에 대한 설명으로 옳지 않은 것은?

① 중간예납기간은 해당 사업연도의 개시일부터 6개월이 되는 날까지로 한다.

② 납세지 관할세무서장은 중간예납기간 중 휴업 등의 사유로 수입금액이 없는 법인에 대하여 그 사실이 확인된 경우라도 중간예납세액에 대한 법인세를 징수하여야 한다.

③ 내국법인이 납부해야 할 중간예납세액이 1천만원을 초과하는 경우에는 분납할 수 있다.

④ 직전 사업연도의 중소기업으로서 직전 사업연도의 산출세액을 기준으로 하는 방법에 따라 계산한 중간예납세액이 50만원 미만인 내국법인은 중간예납세액을 납부할 의무가 없다.

14. 다음 중 부가가치세법에 따른 부가가치세의 특징에 해당하지 않는 것은?

① 일반소비세이다.

② 간접세로서 납세의무자는 최종소비자이고, 실제로 부가가치세를 부담하는 자는 사업자이다.

③ 소비형 부가가치세제를 따르고 있으므로 사업자가 납부한 매입세액은 중간재와 자본재의 구분 없이 구입한 과세기간에 공제받을 수 있다.

④ 소비지국과세원칙을 따르고 있다.

15. 다음 중 부가가치세법상 사업장에 관한 내용으로 가장 잘못된 것은?

① 사업장은 사업자가 사업을 하기 위해서 거래의 전부 또는 일부를 하는 고정된 장소이다.

② 자기의 사업과 관련하여 생산하거나 취득한 재화를 직접 판매하는 장소는 사업장으로 본다.

③ 부동산임대업의 사업장은 원칙적으로 그 사업에 관한 업무를 총괄하는 장소이다.

④ 거래처의 관리 또는 기획관리 등 기타업무연락만을 수행하는 장소는 사업장으로 보지 않는다.

16. 다음 중 부가가치세법상 사업자등록에 대한 설명으로 옳지 않은 것은?

① 사업자등록은 사업장 관할세무서장이 아닌 다른 세무서장에게도 할 수 있다.

② 하치장을 둔 사업자는 하치장을 둔 날부터 20일 이내에 관할세무서장에게 사업자등록 정정신고를 하여야 한다.

③ 사업자가 사업자등록을 하지 않는 경우에는 사업장 관할세무서장이 조사하여 등록할 수 있다.

④ 사업자등록의 신청을 받은 사업장 관할세무서장은 신청자가 사업을 사실상 시작하지 아니할 것이라고 인정될 때에는 등록을 거부할 수 있다.

17. 다음 중 부가가치세법상 용역의 공급에 해당하는 것으로 옳은 것은?

① 자기가 주요 자재의 일부를 부담하고 상대방으로부터 인도받은 재화를 가공하여 새로운 재화를 만드는 가공계약에 따라 재화를 인도하는 것

② 건설업의 경우 건설사업자가 건설자재 일부를 부담하는 것

③ 재화의 인도 대가로서 용역을 제공받는 교환계약에 따라 재화를 인도하는 것

④ 사업자가 대가를 받지 아니하고 타인에게 용역을 공급하는 것(특수관계인에게 사업용부동산의 무상임대 제외)

18. 다음 중 부가가치세법상 부수공급에 대한 과세 여부의 연결이 잘못된 것은?

① 은행(면세사업자)이 은행업에 사용하던 건물을 양도하는 경우 : 면세

② 미술학원에서 미술교육용역(면세)에 포함하여 실습자재를 공급하는 경우 : 면세

③ 부동산임대업자가 임대(과세)하던 토지를 양도하는 경우 : 면세

④ 조경공사업체(과세)가 조경공사에 포함하여 수목을 공급하는 경우 : 면세

19. 다음 중 부가가치세법상 공급가액에 포함하는 것은?

① 장기할부판매 또는 할부판매 경우의 이자상당액

② 공급에 대한 대가의 지급이 지체되었음을 이유로 받는 연체이자

③ 환입된 재화의 가액

④ 공급받는 자에게 도달하기 전에 파손·훼손되거나 멸실한 재화의 가액

20. 다음 중 부가가치세법상 매입세액불공제 항목에 해당하지 않는 것은?

① 사업과 직접 관련이 없는 지출에 대한 매입세액

② 면세사업 등에 관련된 매입세액

③ 토지의 자본적 지출에 관련된 매입세액

④ 재화의 공급시기 이후에 발급받은 세금계산서로서 해당 공급시기가 속하는 과세기간에 대한 확정신고기한까지 발급받은 매입세액

21. 다음 중 부가가치세법상 영세율 적용 대상이 아닌 것은?

① 국외에서 제공하는 용역

② 위탁가공무역 방식의 수출

③ 국가, 지방자치단체가 공익단체에 무상으로 공급하는 재화

④ 수출업자와 직접 도급계약에 의하여 수출재화를 임가공하는 수출재화임가공용역

22. 부가가치세법상 부가가치세를 포탈할 우려가 있는 경우 과세표준 등을 결정 또는 경정할 수 있다. 이에 해당하지 않는 것은?

① 납세자가 184일 이상 국외에 체류할 경우

② 사업장의 이동이 빈번한 경우

③ 사업장의 이동이 빈번하다고 인정되는 지역에 사업장이 있는 경우

④ 휴업 또는 폐업상태에 있는 경우

23. 다음 중 부가가치세법상 세금계산서 발급의무가 면제되는 경우가 아닌 것은?

① 무인자동판매기를 이용하여 재화나 용역을 공급하는 경우

② 부동산임대용역 중 간주임대료에 해당하는 부분

③ 택시운송사업자

④ 판매 목적 타사업장 반출로서 공급의제되는 재화

24. 다음 중 부가가치세법상 대손세액공제에 대한 설명으로 옳지 않은 것은?

① 대손세액공제는 대손사유가 발생한 예정신고기간 또는 확정신고기간에 적용한다.

② 대손세액은 대손금액에 110분의 10을 곱한 금액으로 한다.

③ 대손세액공제는 사업자가 부가가치세 과세 대상 재화 또는 용역을 공급한 후 그 공급일부터 10년이 지난 날이 속하는 과세기간에 대한 확정신고기한까지 대손사유가 발생한 경우 적용받을 수 있다.

④ 사업자가 대손금액을 회수한 경우에는 그 회수한 대손금액에 대한 대손세액을 회수한 날이 속하는 과세기간의 매출세액에 더한다.

25. 다음 중 부가가치세법상 가산세율에 대한 설명으로 가장 옳지 않은 것은?

① 사업자가 사업개시일부터 20일 이내에 사업자등록을 신청하지 않은 경우 - 2퍼센트

② 타인 명의로 사업자등록을 하는 경우 - 1퍼센트

③ 세금계산서의 발급시기가 지난 후 해당 재화 또는 용역의 공급시기가 속하는 과세기간에 대한 확정신고기한까지 세금계산서를 발급하는 경우 - 1퍼센트

④ 세금계산서의 발급시기가 지난 후 해당 재화 또는 용역의 공급시기가 속하는 과세기간에 대한 확정신고기한까지 세금계산서를 발급하지 아니한 경우 - 2퍼센트

1부 주관식　　문항 당 5점

26. 법인세법상 아래의 (　　) 안에 들어갈 숫자를 적으시오.

> 사업연도는 법령이나 법인의 정관 등에서 정하는 1회계기간으로 하며, 그 기간은 (　　)년을 초과하지 못한다.

27. 다음은 ㈜한국(사업연도 : 매년 1월 1일~12월 31일)의 기계장치 A에 관한 자료이다. 법인세법상 정액법에 따른 상각범위액을 계산하시오.

> - 내용연수 : 5년
> - 취득가액 : 100,000,000원
> - 전기 말 감가상각 누계액 : 60,000,000원
> - 상각부인액 : 10,000,000원

28. 법인세법상 아래의 괄호 안에 들어갈 숫자를 적으시오.

> 법인세법상 내국법인의 각 사업연도의 소득금액에 대한 법인세 최고 세율은 과세표준 3,000억원 초과
> 분에 대하여 (   )%이다.

29. 부가가치세법상 다음의 (   ) 안에 알맞은 숫자는 무엇인가?

> 부가가치세법상 간이과세자는 해당 과세기간의 공급대가가 (   )원 미만이면 세액의 납부의무
> 를 면제한다.

30. 부가가치세법상 아래의 빈칸에 들어갈 내용은 무엇인가?

> 납세지 관할세무서장은 각 과세기간별로 그 과세기간에 대한 환급세액을 확정신고한 사업자에게 그 확
> 정신고기한이 지난 후 (   )일 이내(조기환급에 해당하는 경우에는 15일 이내)에 대통령령으로 정하
> 는 바에 따라 환급하여야 한다.

> **세법2부** **국세기본법, 소득세법, 조세특례제한법**

01. 다음 중 국세기본법상 송달의 효력이 발생하는 경우는?

① 납세의 독촉에 관한 서류를 일반우편으로 송달한 경우

② 소득세법에 따른 중간예납세액(150만원)의 납세고지서를 일반우편으로 송달한 경우

③ 공시송달에 의하여 공고한 후 일주일이 경과한 때

④ 부가가치세 예정고지세액 납세고지서를 등기우편으로 송달한 경우

02. 국세기본법상 법인격 없는 단체 중 신청에 의해 승인을 받아 법인으로 의제되는 단체의 요건으로 다음 중 옳지 않은 것은?

① 단체의 조직과 운영에 관한 규정을 가지고 있어야 한다.

② 대표자나 관리인을 선임하고 있어야 한다.

③ 단체 자신의 계산과 명의로 수익과 재산을 독립적으로 소유·관리하여야 한다.

④ 단체의 수익을 구성원에게 분배하여야 한다.

03. 다음 중 국세기본법상 국세 부과의 원칙 중 근거과세에 대한 설명에 해당하지 않는 것은?

① 납세의무자가 세법에 따라 장부를 갖추어 기록하고 있는 경우에는 해당 국세 과세표준의 조사와 결정은 그 장부와 이와 관계되는 증거자료에 의하여야 한다.

② 국세를 조사·결정할 때 장부의 기록 내용이 사실과 다르거나 장부의 기록에 누락된 것이 있을 때에는 그 부분에 대해서만 정부가 조사한 사실에 따라 결정할 수 있다.

③ 세법 중 과세표준의 계산에 관한 규정은 소득, 수익, 재산, 행위 또는 거래의 명칭이나 형식과 관계없이 그 실질 내용에 따라 적용한다.

④ 정부는 장부의 기록내용과 다른 사실 또는 장부 기록에 누락된 것을 조사하여 결정하였을 때에는 정부가 조사한 사실과 결정의 근거를 결정서에 적어야 한다.

04. 다음 중 국세기본법상 납세의무의 성립시기에 대한 내용으로 가장 옳지 않은 것은?

① 상속세 : 상속이 개시되는 때

② 부가가치세 : 과세기간이 끝나는 때(수입재화의 경우 제외)

③ 원천징수하는 소득세 : 소득금액 또는 수입금액을 지급하는 때

④ 종합부동산세 : 과세기간이 끝나는 때

05. 다음 중 국세기본법상 국세징수권의 소멸시효에 대한 설명으로 옳지 않은 것은?

① 5억원 이상 국세의 소멸시효는 10년이다.

② 세법에 따른 분납기간은 소멸시효가 중단된다.

③ 신고납세제도세목으로서 신고한 경우의 소멸시효 기산일은 그 법정 신고납부기한의 다음 날이다.

④ 법정 신고납부기한이 연장되는 경우 소멸시효 기산일은 그 연장된 기한의 다음 날이다.

06. 다음 중 국세기본법상 국세의 법정기일이 다른 하나는?

① 신고에 따라 납세의무가 확정되는 국세의 경우 신고한 해당 세액의 경우

② 세액을 정부가 결정을 하는 경우 고지한 해당 세액의 경우

③ 양도담보재산에서 국세를 징수하는 경우

④ 제2차 납세의무자의 재산에서 국세를 징수하는 경우

07. 다음 중 국세기본법상 보충적 납세의무를 부담하지 아니하는 자는?

① 사업양도인

② 법인의 과점주주

③ 청산법인의 청산인

④ 무한책임사원의 법인

08. 다음 중 국세기본법상 수정신고와 경정청구에 대한 설명으로 옳지 않은 것은?

① 당초 신고한 세액을 감액하는 경우에는 경정청구에 의한다.

② 신고납세제도를 채택한 국세의 수정신고는 과세표준과 세액을 확정하는 효력이 없다.

③ 경정청구는 세액을 확정하는 효력이 없다.

④ 기한후과세표준신고서를 제출한 자는 수정신고를 할 수 있다.

09. 다음 중 국세기본법상 불복에 대한 설명으로 옳지 않은 것은?

① 심사청구는 해당 처분이 있음을 안 날부터 90일 이내에 제기하여야 한다.

② 이의신청을 거친 후 심사청구를 하려면 이의신청에 대한 결정의 통지를 받은 날부터 90일 이내에 제기하여야 한다.

③ 국세청장은 심사청구의 내용이나 절차가 보정할 수 있다고 인정되면 20일 이내의 기간을 정하여 보정할 것을 요구할 수 있다.

④ 청구서의 보정기간은 심사청구기간에 산입하여 계산한다.

10. 다음 중 국세기본법상 세무조사의 연기신청 사유에 해당하지 않는 것은?

① 납세자가 사업의 위기로 인하여 폐업한 때

② 화재, 그 밖의 재해로 사업상 심각한 어려움이 있을 때

③ 납세자의 장기출장으로 세무조사가 곤란하다고 판단될 때

④ 권한 있는 기관에 장부, 증거서류가 압수되거나 영치되었을 때

11. 다음 중 국세기본법상 과세전적부심사에 관한 설명으로 옳지 않은?

① 과세예고통지를 받은 자는 통지를 받은 날부터 30일 이내에 통지를 한 세무서장이나 지방국세청장에게 통지 내용의 적법성에 관한 심사를 청구할 수 있다.

② 세법에서 규정하는 수시부과의 사유가 있는 경우에는 과세전적부심사를 청구할 수 없다.

③ 과세전적부심사청구를 받은 세무서장·지방국세청장 또는 국세청장은 각각 국세심사위원회의 심사를 거쳐 결정을 하고 그 결과를 청구를 받은 날부터 30일 이내에 청구인에게 통지하여야 한다.

④ 세무조사 결과 통지를 하는 날부터 국세부과 제척기간의 만료일까지의 기간이 3개월 이하인 경우에도 과세전적부심사를 청구할 수 있다.

12. 다음 중 소득세법상 납세의무에 대한 설명으로 옳은 것은?

① 우리나라 소득세는 원칙적으로 개인단위주의를 취하고 있다.

② 거주자가 사망한 경우에는 소득세의 납세의무가 없다.

③ 소득세 납세의무자는 대한민국 국적을 가진 자를 말한다.

④ 비거주자는 소득세 납세의무가 없다.

13. 다음 중 소득세법상 납세지에 대한 설명으로 잘못된 것은?

① 거주자의 소득세 납세지는 그 주소지로 한다.

② 사업소득이 있는 거주자의 납세지는 사업장소재지로 한다.

③ 비거주자의 납세지는 국내사업장 소재지로 한다.

④ 국내에 주소가 없는 공무원의 경우 그 가족의 생활근거지 또는 소속기관의 소재지를 납세지로 한다.

14. 다음 중 소득세법상 사업소득의 총수입금액에 산입하는 항목이 아닌 것은?

① 거래상대방으로부터 받은 장려금

② 사업과 관련하여 해당 사업용 자산의 손실로 취득하는 보험차익

③ 사업과 관련된 자산수증이익

④ 사업과 관련하여 사용 중인 건물의 처분이익

15. 다음 중 소득세법상 비과세근로소득에 해당하지 않는 항목은?

① 지급받은 직장에서만 입는 피복

② 근로자 또는 그 배우자의 출산이나 6세 이하의 자녀의 보육과 관련하여 사용자로부터 받는 월 30만원 이내의 금액

③ 식사대로 지급받는 월 20만원 이내의 금액

④ 벽지수당으로 지급받는 월 20만원 이내의 금액

16. 다음 중 소득세법상 간편장부대상자가 될 수 없는 업종은 무엇인가?

① 제조업   ② 음식점업   ③ 교육서비스업   ④ 의료업

17. 다음 중 소득세법상 기타소득의 원천징수세율로 옳지 않은 것은?

① 3억을 초과하는 복권당첨금 : 기타소득금액 3억 초과분의 20%

② 소기업·소상공인 공제부금의 해지일시금 : 해당 기타소득금액의 15%

③ 고용관계 없이 일시적으로 수령한 강연료 : 해당 기타소득금액의 20%

④ 연금계좌에서 연금외수령한 기타소득 : 해당 기타소득금액의 15%

18. 다음 중 소득세법상 부당행위계산부인의 대상 소득이 아닌 것은?

① 출자공동사업자의 배당소득　　　　② 퇴직소득

③ 사업소득　　　　　　　　　　　　④ 양도소득

19. 다음 중 소득세법상 상속에 관한 설명으로 가장 옳지 않은 것은?

① 상속인은 그 상속개시일이 속하는 달의 말일부터 6개월 이내에 과세표준확정신고를 하여야 한다.

② 피상속인의 소득세는 그 상속인이 상속으로 인하여 얻은 재산을 한도로 하여 납세의무를 진다.

③ 확정신고 시 피상속인과 상속인의 소득금액을 합산하여 세액을 계산한다.

④ 피상속인의 사업소득에서 발생한 이월결손금은 상속인의 소득금액에서 공제할 수 없다.

20. 다음 중 소득세법상 종합소득공제에 대한 설명으로 옳지 않은 것은?

① 연 100만원 이하의 소득이 있는 배우자는 연령에 상관없이 기본공제를 적용받을 수 있다.

② 해당 거주자가 배우자가 없는 사람으로서 기본공제대상인 직계비속 또는 입양자가 있는 경우 연 200만원을 추가공제한다.

③ 경로우대자공제를 받기 위한 최소한의 나이는 70세이다.

④ 기본공제대상자가 장애인인 경우 1인당 연 200만원을 추가공제한다.

21. 다음 중 소득세법상 종합소득세액의 계산에 대한 설명으로 잘못된 것은?

① 기장세액공제가 100만원을 초과하는 경우 100만원을 공제하며, 그 초과액은 이월공제한다.

② 자녀세액공제는 사업소득만 있는 자도 적용받을 수 있다.

③ 부동산임대업에 대한 소득만 있는 자도 기장세액공제를 적용받을 수 있다.

④ 연령이 55세인 부친(연간 사업소득금액 2억원)을 위하여 지출한 의료비도 의료비세액공제 대상이 된다.

22. 다음 중 소득세법상 세액감면 및 세액공제가 아래와 같이 동시에 적용되는 경우의 적용 순서로 옳은 것은?

> 가. 이월공제가 되지 아니하는 세액공제
> 나. 해당 과세기간의 소득에 대한 소득세의 감면
> 다. 이월공제가 인정되는 세액공제

① 가→나→다   ② 나→가→다   ③ 다→나→가   ④ 다→가→나

23. 다음 중 소득세법상 퇴직소득에 대한 설명으로 가장 잘못된 것은?
① 퇴직소득은 종합소득에 합산하지 않고 별도로 분류과세한다.
② 퇴직소득이 있는 거주자는 퇴직소득공제를 받을 수 있으며 해당 거주자가 신청한 경우에 적용한다.
③ 퇴직소득의 수입시기는 현실적인 퇴직으로 인하여 퇴직한 날로 한다.
④ 퇴직소득은 그 지급자가 원천징수를 함으로써 퇴직소득에 대한 소득세의 납세의무가 종결된다.

24. 다음 중 소득세법상 분리과세 대상 소득에 해당하지 않는 것은?
① 일용근로자의 근로소득
② 직장공제회 초과반환금
③ 총급여액이 500만원 이하인 일반근로자의 근로소득
④ 총수입금액의 합계액이 2천만원 이하인 자의 주택임대소득

25. 다음 중 소득세법상 원천징수세액의 반기별 납부에 대한 설명으로 가장 잘못된 것은?
① 직전연도 상시고용인원이 20명 이하인 원천징수의무자는 반기별로 원천징수세액을 납부할 수 있다.
② 반기별로 납부하고자 하는 반기의 직전월의 1일부터 말일까지 관할세무서장에게 신청해야 한다.
③ 반기별로 납부할 원천징수세액은 법인세법에 따라 처분된 상여에 대한 원천징수세액도 포함한다.
④ 세적을 변경하는 경우 변경 전 납세지관할세무서장의 승인은 납세지 변경 후에도 유효한 것으로 본다.

2부 주관식　**문항 당 5점**

26. 국세기본법상 다음의 내용에서 설명하고 있는 괄호 안의 개념은 무엇인가?

> 조세심판관회의 또는 조세심판관합동회의는 (　　　　　)의 원칙에 의해 심판청구에 대한 결정을 할
> 때 심판청구를 한 처분 외의 처분에 대해서는 그 처분의 전부 또는 일부를 취소 또는 변경하거나 새
> 로운 처분의 결정을 하지 못한다. 이러한 규정은 이의신청과 심사청구에도 그대로 적용된다.

27. 다음은 국세기본법상 가산세 감면에 관한 내용이다. 괄호 안에 들어갈 숫자를 적으시오.

> 세법에 따른 제출 등의 기한이 지난 후 1개월 이내에 해당 세법에 따른 제출 등의 의무를 이행하는
> 경우, 해당 가산세액의 100분의 (　　)에 상당하는 금액을 감면한다.

28. 다음은 거주자 A의 20x1년도 기타소득 명세이다. 소득세법상 기타소득금액은 얼마인가?

> (1) 신문 및 잡지에 글을 기고하고 받은 원고료 : 300만원
> (2) 분실물 습득 보상금 : 100만원

29. 소득세법상 다음의 괄호 안에 들어갈 알맞은 숫자를 쓰시오.

> 거주자로서 종합소득과세표준 확정신고에 따라 납부할 세액이 1천만원을 초과하는 자는 그 납부할 세
> 액의 일부를 납부기한이 지난 후 (　　)개월 이내에 분할납부할 수 있다.

30. 소득세법상 아래의 괄호 안에 들어갈 알맞은 숫자를 쓰시오.

> 해당 과세기간에 출산하거나 입양 신고한 공제 대상 자녀가 있는 경우 다음 각 호의 구분에 따른 금
> 액을 종합소득산출세액에서 공제한다.
> • 출산하거나 입양 신고한 공제대상자녀가 첫째인 경우 :　　　연 (　　　)원
> • 출산하거나 입양 신고한 공제대상자녀가 둘째인 경우 :　　　연 500,000원
> • 출산하거나 입양 신고한 공제대상자녀가 셋째 이상인 경우 : 연 700,000원

제108회 세무회계2급 답안 및 해설

세법1부-법인세법, 부가가치세법

1	2	3	4	5	6	7	8	9	10	11	12	13	14	15
③	①	②	①	④	③	④	③	④	③	②	①	②	②	③

16	17	18	19	20	21	22	23	24	25
②	②	④	①	④	③	①	④	①	①

26	27	28	29	30
1	20,000,000원	24	48,000,000	30

01. 국내원천소득이 있는 외국법인은 법인세를 납부할 의무가 있다.

02. 국세 과오납금의 환급금에 대한 이자는 익금불산입 사항이다.

04. 파손으로 인한 재고자산의 평가차손은 결산조정사항이다.

05. 자본금과적립금조정명세서(갑)은 세무상 자본을 계산하는 서식이다.

06. 면세 관련 매입세액으로 불공제한 세액은 손금항목이다.

07. 투자회사 등이 보유한 집합투자재산은 시가법에 따라 평가한다.

08. 20만원 이내의 경조금은 적격증빙을 미수취하여도 손금산입한다.

10. 고유업무의 성질상 대량으로 보유하는 자산은 그 사업에 사용한 날이 속하는 사업연도의 손비로 산입할 수 있는 자산에서 제외한다.

11. 원칙적으로 가중평균차입이자율을 시가로 한다. 다만, 일정한 경우 당좌대출이자율을 시가로 한다.

12. 내국법인이 재해로 인하여 자산총액의 100분의 20 이상을 상실하여 납세가 곤란하다고 인정되는 경우에는 법인세액에 그 상실된 자산의 가액이 상실 전의 자산총액에서 차지하는 비율을 곱하여 계산한 금액(상실된 자산의 가액을 한도)을 그 세액에서 공제한다.

13. 납세지 관할 세무서장은 중간예납기간 중 휴업 등의 사유로 수입금액이 없는 법인에 대하여 그 사실이 확인된 경우에는 해당 중간예납기간에 대한 법인세를 징수하지 아니한다.

14. 납세의무자는 사업자이고, 실제로 부가가치세를 부담하는 자는 최종소비자이다.

15. 부동산임대업의 사업장은 부동산의 등기부상 소재지이다.

16. 하치장은 사업장으로 보지 아니하며, 하치장을 둔 사업자는 하치장 설치신고서를 하치장을 둔 날부터 10일 이내에 하치장 관할세무서장에게 제출하여야 한다.

17. 건설업의 경우 건설사업자가 건설자재의 전부 또는 일부를 부담하는 것은 용역의 공급으로 본다.

18. 조경공사의 부수재화로서 과세가 된다.

21. 국가, 지방자치단체가 공익단체에 무상으로 공급하는 재화는 면세한다.

24. 대손세액공제는 확정신고 시에 가능하다.

25. 미등록가산세 1%

27. 상각범위액(정액법) = 취득가액(100,000,000) × 상각률(1/5)

세법2부-국세기본법, 소득세법, 조세특례제한법

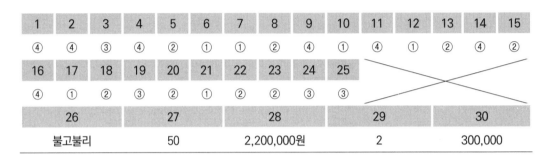

1	2	3	4	5	6	7	8	9	10	11	12	13	14	15
④	④	③	④	②	①	①	②	④	①	④	①	②	④	②

16	17	18	19	20	21	22	23	24	25					
④	①	②	③	②	①	②	②	③	③					

26	27	28	29	30
불고불리	50	2,200,000원	2	300,000

01. 납부의 고지·독촉·강제징수 또는 세법에 따른 정부의 명령과 관계되는 서류의 송달을 우편으로 할 때에는 등기우편으로 하여야 한다.

02. "사단, 재단, 그 밖의 단체의 수익을 구성원에게 분배하지 아니할 것" 법인으로 의제되는 요건이 된다.

03. 실질과세의 원칙에 해당한다.

04. 종합부동산세의 납세의무 성립시기는 매년 6월 1일(과세기준일)이다.

05. 분납기간은 소멸시효의 정지사유에 해당한다.

06. 신고·납세하는 국세의 법정기일은 그 신고일이고, 나머지의 법정기일은 납부고지서의 발송일이다.

07. 사업양수인이 보충적 납세의무를 지고, 사업양도인은 주된 납세자이다.

08. 수정신고도 과세표준과 세액을 확정하는 효력이 있다.

09. 청구서의 보정기간은 심사청구기간에 산입하지 아니한다.

10. 폐업은 세무조사 연기신청 사유에 해당하지 아니한다.

11. 세무조사 결과 통지 및 과세예고통지를 하는 날부터 국세부과 제척기간의 만료일까지의 기간이 3개월 이하인 경우 과세전적부심사를 청구할 수 없다.

13. 거주자의 납세지는 그 주소지로 하며, 사업소득이 있는 거주자의 납세지도 원칙적으로 그 주소지로 한다.

14. 사업과 관련하여 사용 중인 건물(부동산)의 처분이익은 양도소득으로 과세한다.

15. 근로자 또는 배우자의 출산이나 6세 이하 자녀의 보육과 관련하여 사용자로부터 받는 급여로서 월 20만원 이내의 금액(개정세법 24)은 비과세한다.

17. 3억 이하의 복권당첨금에 대하여 소득세를 원천징수할 때 적용하는 세율은 20%로 한다. 다만, 3억원을 초과하는 경우 그 초과하는 분에 대해서는 30%로 한다.

19. 피상속인의 소득금액에 대한 소득세와 상속인의 소득금액에 대한 **소득세는 각각 구분하여 별도로 세액을 계산**한다.(개인별 과세의 원칙)

20. 해당 거주자가 배우자가 없는 사람으로서 기본공제대상자인 직계비속 또는 입양자가 있는 경우(한부모 소득공제) 연 100만원을 추가공제한다.

21. **기장세액공제는 이월공제가 허용되지 아니한다.**

23. 퇴직소득이 있는 거주자는 누구든지 퇴직소득공제를 받을 수 있으며 **별도의 신청이 없어도 당연히 공제**한다.

24. 총급여액이 500만원 이하인 자의 **근로소득은 분리과세 대상에 해당하지 않는다.**

25. **법인세법에 의한 소득처분(상여·배당 및 기타소득)으로 인해 원천징수한 세액은 반기납부세액 대상에서 제외**됨으로 그 징수일이 속하는 달의 다음 달 10일까지 납부하여야 한다.

28. 기타소득금액 = 원고료(3,000,000)×(1 - 60%)+분실물 습득 보상금(1,000,000)

    = 2,200,000원

원고료는 필요경비 60% 추정 기타소득이고, **분실물 습득 보상금은 실제발생경비**가 필요경비가 된다.

제107회 세무회계2급

합격율	시험년월
39%	2023.10

세법1부 법인세법, 부가가치세법

01. 다음 중 법인세법상 사업연도에 관한 내용으로 가장 옳지 않은 것은?

① 사업연도는 법령 또는 법인의 정관 등에서 정하는 1회계기간으로 한다.

② 법령 또는 정관 등에 사업연도에 관한 규정이 없는 법인은 따로 사업연도를 정하여 신고하여야 한다.

③ 신고를 하지 아니한 경우에는 매년 1월 1일부터 12월 31일까지를 그 법인의 사업연도로 한다.

④ 사업연도를 변경하려는 법인은 해당 사업연도 종료일로부터 3개월 이내에 이를 신고하여야 한다.

02. 다음 중 법인세법상 법인세가 과세되는 소득으로 잘못된 것은?

① 영리내국법인의 국외원천소득

② 비영리내국법인의 청산소득

③ 영리외국법인의 국내 토지 등 양도소득

④ 비영리외국법인의 국내 토지 등 양도소득

03. 다음 중 법인세법상 소득처분에 관한 설명으로 가장 옳지 않은 것은?

① 유보는 익금에 산입한 금액이 사외로 유출되지 아니한 경우의 소득처분이다.

② 익금에 산입한 금액 중 그 귀속이 불분명하여 대표자에게 상여로 처분한 경우 당해 법인이 그 처분에 따른 소득세 등을 대납하고 이를 손비로 계상함에 따라 익금에 산입한 금액은 기타사외유출로 처분한다.

③ 업무와 관련 없는 차입금에 대한 지급이자를 손금불산입하는 경우, 소득처분은 기타사외유출로 한다.

④ 익금에 산입한 금액 중 사외로 유출된 것이 분명한 경우로서 그 귀속자가 당해 법인의 주주이면서 임원인 경우에는 그 출자임원에 대한 배당으로 처분한다.

04. 다음 중 법인세법상 익금 항목에 해당하는 것은?

① 부가가치세 매출세액   ② 의제배당수익

③ 증자 시 주식발행액면초과액   ④ 감자차익

05. 다음 중 법인세법상 손금불산입하는 벌과금 등에 해당하는 것은?

① 업무와 관련하여 발생한 교통사고 벌과금

② 산업재해보상보험료의 연체금

③ 전기요금의 납부지연으로 인한 연체가산금

④ 국유지 사용료의 납부지연으로 인한 연체료

06. 다음 중 법인세법상 손익의 귀속시기에 관한 내용으로 가장 잘못된 것은?

① 상품 등의 판매(부동산 제외) : 그 상품 등을 인도한 날

② 장기할부판매 : 잔금을 받은 날

③ 위탁매매 : 수탁자가 그 위탁자산을 매매하는 날

④ 상품 등의 시용판매 : 상대방이 그 상품 등에 대한 구입의 의사를 표시한 날

07. 다음 중 법인세법상 자산 및 부채의 평가에 대한 설명으로 옳지 않은 것은?

① 유형자산으로서 천재지변 등의 사유로 파손되거나 멸실된 경우 그 장부가액을 감액할 수 있다.

② 매매목적으로 소유하는 부동산의 평가방법의 무신고 시 선입선출법을 적용한다.

③ 유가증권의 평가방법의 무신고 시 총평균법을 적용한다.

④ 재고자산의 평가방법을 신고한 법인으로서 그 평가방법을 변경하고자 하는 법인은 변경할 평가 방법을 적용하고자 하는 사업연도 종료일의 이전 3월이 되는 날까지 신고하여야 한다.

08. 다음 중 법인세법상 기부금에 관한 설명으로 옳지 않은 것은?

① 기부금이란 내국법인이 사업과 직접적으로 관련하여 무상으로 지출하는 금액을 말한다.

② 기부금을 미지급금으로 계상한 경우 실제로 이를 지출할 때까지는 당해 사업연도의 소득금액 계산에 있어서 이를 기부금으로 보지 아니한다.

③ 특례기부금을 금전 외의 자산으로 제공한 경우 해당 자산의 가액은 기부했을 때의 장부가액으로 한다.

④ 특수관계인 외의 자에게 정당한 사유 없이 자산을 정상가액보다 낮은 가액으로 양도함으로써 실질적으로 증여한 것으로 인정되는 금액은 기부금으로 본다.

09. 다음 중 법인세법상 감가상각방법에 관한 내용으로 가장 옳지 않은 것은?

① 건축물의 경우 정액법으로 신고해야 한다.

② 건축물 외의 유형자산(광업용 유형자산 제외)은 정액법 또는 정률법을 선택할 수 있다.

③ 건축물 외의 유형자산(광업용 유형자산 제외)에 대한 상각방법의 신고를 하지 아니한 경우 정액법을 적용한다.

④ 법인이 신고한 상각방법은 그 후의 사업연도에도 계속하여 그 상각방법을 적용하여야 한다.

10. 다음 중 법인세법상 결산조정사항에 해당하는 대손금은 무엇인가?

① 채무자의 파산으로 회수할 수 없는 채권

②「상법」에 따른 소멸시효가 완성된 채권

③ 법원의 면책결정에 따라 회수불능으로 확정된 채권

④「민사집행법」에 따라 채무자의 재산에 대한 경매가 취소된 압류채권

11. 다음 중 법인세법상 유보로 처분된 금액을 관리하는 서식은 무엇인가?

① 소득자료명세서

② 자본금과적립금조정명세서(갑)

③ 자본금과적립금조정명세서(을)

④ 소득금액조정합계표

12. 다음 중 법인세법상 이월공제가 가능한 세액공제는 무엇인가?

① 외국납부세액공제   ② 재해손실세액공제

③ 배당세액공제   ④ 대손세액공제

13. 다음 중 법인세법상 신고와 납부에 대한 설명으로 옳지 않은 것은?

① 법인세의 납세의무가 있는 내국법인은 각 사업연도 종료일이 속하는 달의 말일부터 3개월 이내에 법인세 과세표준과 세액을 신고하여야 한다.

② 성실신고확인대상 내국법인이 성실신고확인서를 제출하는 경우 각 사업연도 종료일이 속하는 달의 말일부터 4개월 이내에 법인세 과세표준과 세액을 신고하여야 한다.

③ 법인세 과세표준과 세액을 신고할 때 기업회계기준에 따라 작성한 재무상태표를 제출하지 아니한 경우 무신고로 본다.

④ 중소기업인 내국법인이 납부할 세액이 1천만원을 초과하는 경우 그 초과하는 금액은 납부기한이 지난 날부터 3개월 이내에 분납할 수 있다.

14. 다음 중 부가가치세법상 사업자등록에 관한 내용으로 가장 잘못된 것은?

① 사업자는 사업장마다 사업 개시일부터 20일 이내에 사업자등록을 신청하여야 한다.

② 신규로 사업을 시작하려는 자는 사업 개시일 이전이라도 사업자등록을 신청할 수 있다.

③ 사업자등록 신청을 받은 사업장 관할 세무서장은 사업자등록을 하고, 사업자등록증을 발급하여야 한다.

④ 등록한 사업자는 폐업 등 등록사항이 변경되면 변경일이 속하는 달의 말일까지 신고하여야 한다.

15. 다음 중 부가가치세법상 용역의 공급에 해당하지 않는 것은?

① 건설업의 경우 건설사업자가 건설자재의 전부 또는 일부를 부담하는 것

② 자기가 주요자재를 전혀 부담하지 아니하고 상대방으로부터 인도받은 재화를 가공하여 단순히 가공만 해주는 것

③ 경매, 수용, 현물출자와 그 밖의 계약상 또는 법률상의 원인에 따라 재화를 인도하거나 양도하는 것

④ 산업상·상업상 또는 과학상의 지식·경험 또는 숙련에 관한 정보를 제공하는 것

16. 다음 중 부가가치세법상 공급가액에 포함되는 것은?

① 대가의 일부로 받는 운송비·포장비·하역비

② 공급받는 자에게 도달하기 전에 멸실된 재화의 가액

③ 재화 또는 용역의 공급과 직접 관련되지 않은 국고보조금

④ 공급조건에 따라 통상의 대가에서 일정액을 직접 깎아 주는 금액

17. 다음 중 부가가치세법상 사업상 증여로서 재화의 공급에 해당하는 것은?

① 사업자가 자기의 고객 중 추첨을 통하여 당첨된 자에게 재화를 경품으로 제공하는 경우

② 사업을 위하여 대가를 받지 아니하고 다른 사업자에게 인도하거나 양도하는 견본품

③ 「재난 및 안전관리 기본법」의 적용을 받아 특별재난지역에 공급하는 물품

④ 불특정 다수에게 무상으로 배포하는 광고선전용 재화

18. 다음 중 부가가치세법상 공통매입세액에 대한 설명으로 가장 잘못된 것은?

① 과세사업과 면세사업 등에 관련된 매입세액의 계산은 실지귀속에 따라 한다.

② 공통매입세액이 5만원 미만인 경우의 매입세액은 안분계산하지 않고 전액 불공제한다.

③ 사업자단위과세사업자 공통매입세액은 사업장별로 안분계산 후 본점에서 합산하여 신고·납부한다.

④ 예정신고하는 때에는 예정신고기간의 면세공급가액의 비율에 따라 안분계산하고 확정신고 하는때 정산한다.

19. 다음 중 부가가치세법상 의제매입세액의 공제에 대한 설명으로 옳지 않은 것은?

① 사업자가 면세농산물 등을 원재료로 하여 제조·가공한 재화 또는 창출한 용역의 공급에 대하여부가가치세가 과세되는 경우 매입세액이 있는 것으로 보아 공제할 수 있다.

② 음식점을 영위하는 법인사업자는 6/106 공제율을 적용한다.

③ 음식점을 영위하는 개인사업자의 과세표준이 1억원 이하인 경우 과세표준의 65/100을 곱한 금액을 한도로 의제매입세액공제를 적용한다.

④ 의제매입세액공제를 받은 농산물 등을 그대로 양도하는 경우에 공제한 금액을 납부세액에서 가산하여야 한다.

20. 다음 중 부가가치세법상 재화의 공급에 대한 과세표준으로 옳지 않은 것은?

① 폐업하는 경우 : 폐업 시 남아있는 재화의 시가

② 특수관계인에게 재화를 공급하고 아무런 대가를 받지 아니한 경우 : 공급한 재화의 시가

③ 금전으로 대가를 받는 경우 : 그 대가

④ 금전 외의 대가를 받는 경우 : 자기가 공급받은 재화의 시가

21. 다음 중 부가가치세법상 매입자발행세금계산서에 관한 설명으로 옳지 않은 것은?

① 매입자발행세금계산서를 발행하려는 자는 해당 재화 또는 용역의 공급시기가 속하는 과세기간의 종료일부터 1년 이내에 관할 세무서장에게 거래사실의 확인을 신청하여야 한다.

② 거래사실의 확인신청 대상이 되는 거래는 거래 건당 공급대가가 10만원 이상인 경우로 한다.

③ 신청을 받은 관할 세무서장은 신청서에 재화 또는 용역을 공급한 자의 인적사항이 부정확하거나 신청서 기재방식에 흠이 있는 경우에는 신청일부터 7일 이내에 일정한 기간을 정하여 보정요구를 할 수 있다.

④ 신청서를 송부받은 공급자 관할 세무서장은 신청인의 신청내용, 제출된 증빙자료를 검토하여 거래사실여부를 확인하여야 한다. 이 경우 거래사실의 존재 및 그 내용에 대한 입증책임은 신청인에게 있다.

22. 다음 중 부가가치세법상 면세가 적용되는 것이 아닌 것은?

① 「은행법」에 따른 은행업무 및 부수업무로서 전자상거래와 관련한 지급대행에 해당하는 금융 용역

② 주무관청의 허가 또는 인가를 받은 수학학원에서 제공하는 교육 용역

③ 국가 또는 지방자치단체에 유상으로 공급하는 사무실 임대용역

④ 「잡지 등 정기간행물의 진흥에 관한 법률」에 따른 정기간행물(광고는 제외)

23. 다음 중 부가가치세법상 세금계산서 교부 의무가 있는 것은?

① 부동산임대용역 중 간주임대료에 해당하는 부분

② 사용인 등이 사용·소비하는 개인적 공급

③ 판매 목적 타사업장 반출을 제외한 재화의 공급으로 보는 경우

④ 소매업을 경영하는 자가 공급하는 재화로서 공급받는 자가 세금계산서의 발급을 요구하는 경우

24. 다음 중 부가가치세법상 간이과세자에 대한 설명으로 옳지 않은 것은?

① 간이과세자는 의제매입세액공제를 적용받을 수 없다.

② 간이과세자는 해당 과세기간에 세금계산서 등을 발급받은 매입세액에 업종별 부가가치율을 곱한 금액을 납부세액에서 공제한다.

③ 간이과세자의 과세표준은 해당 과세기간의 공급대가의 합계액으로 한다.

④ 간이과세자도 영세율을 적용받을 수 있다.

25. 다음 중 부가가치세법상 조기환급의 대상에 해당하지 않는 것은?

① 사업자가 영세율을 적용받는 경우

② 사업자가 사업설비(감가상각자산 등)를 신설·취득·확장 또는 증축하는 경우

③ 사업자가 재무구조개선계획을 이행 중인 경우

④ 사업자가 일정 규모 이상의 재고자산 등을 취득하는 경우

1부 주관식　문항 당 5점

26. 중소기업인 ㈜대전이 제1기 사업연도(20x1.4.1.~20x1.12.31.)의 기업업무추진비(접대비) 한도액 계산 시 수입금액이 없더라도 법인세법상 최소한 인정받을 수 있는 기업업무추진비 한도액은 얼마인가?

27. 다음은 법인세법상 세율에 관한 일부 내용으로 아래의 괄호 안에 공통으로 들어갈 숫자를 쓰시오.

과세표준		세율
( )억원 이하		100분의 9
( )억원 초과	200억원 이하	1천800만원+ ( )억원을 초과하는 금액의 100분의 19

28. 법인세법상 다음 괄호 안에 들어갈 알맞은 숫자를 쓰시오.

> 내국법인의 각 사업연도 소득에 대한 법인세 과세표준을 계산할 때 공제하는 이월결손금은 각 사업연도 개시일 전 (   )년 이내에 개시한 사업연도에 발생한 결손금(2020.1.1. 이후 개시하는 사업연도에서 발생한 것으로 한정)을 말한다.

29. ㈜제주는 택시운송사업과 시내버스운송사업에 공통으로 사용하고 있던 수리설비를 20x1년 4월 15일 10,000,000원(부가가치세 제외)에 매각하였다. ㈜제주의 공급가액 명세가 다음과 같다면 20x1년 제1기 부가가치세 과세표준에 포함되는 수리설비의 공급가액을 계산하시오.

과세기간	택시운송사업	시내버스사업	합계
20x0년 제1기	3억원	5억원	8억원
20x0년 제2기	4억원	6억원	10억원
20x1년 제1기	3억원	9억원	12억원

30. 부가가치세법상 다음 괄호 안에 들어갈 알맞은 숫자를 쓰시오.

> 납세지 관할 세무서장은 개인사업자 및 소규모 법인사업자에 대하여 각 예정신고기간의 예정고지세액을 징수할 때 징수하여야 할 금액이 (   )원 미만인 경우에는 징수하지 아니한다.

세법2부 국세기본법, 소득세법, 조세특례제한법

01. 중 국세기본법상 세법에 따라 직접적으로 세액산출의 기초가 되는 과세대상의 수량 또는 가액을 무엇이라고 하는가?

① 원천징수   ② 납세의무자   ③ 과세기간   ④ 과세표준

02. 다음 중 국세기본법상 기한연장의 사유로 옳지 않은 것은?

① 납세자가 화재, 전화(戰禍), 그 밖의 재해를 입거나 도난을 당한 경우
② 납세자 또는 그 동거가족이 질병이나 중상해로 6개월 이상의 치료가 필요하거나 사망하여 상중(喪中)인 경우
③ 권한 있는 기관에 장부나 서류가 압수 또는 영치된 경우
④ 납세자의 장부 작성을 대행하는 세무사가 단순 부재중이라 신고가 불가능한 경우

03. 다음 중 국세기본법상 우편으로 과세표준신고서 및 이와 관련된 서류를 제출한 경우의 효력발생일로 옳은 것은?

① 해당 서류가 상대방에게 도달한 날
② 우편날짜도장이 찍힌 날
③ 우편날짜도장이 분명하지 않은 경우 통상의 배송일수를 기준으로 도달한 날
④ 해당 서류가 상대방에게 도달한 날로부터 14일이 경과한 날

04. 다음 중 국세기본법상 실질과세의 원칙에 대한 설명으로 옳지 않은 것은?

① 거래의 실질은 증여이나 그 형식이 매매이면 매매로 보아 양도소득세 납세의무를 부과한다.

② 법인세법상 부당행위계산의 부인 규정은 실질과세의 원칙을 구체화한 것이다.

③ 실질과세의 원칙은 납세자의 재산권 보호를 위하여 조세법률주의의 범위에서 행사되어야 한다.

④ 세법 중 과세표준의 계산에 관한 규정은 소득, 수익, 재산, 행위 또는 거래의 명칭이나 형식과 관계없이 그 실질 내용에 따라 적용한다.

05. 다음 중 국세기본법상 국세의 부과제척기간(역외거래 제외)으로 올바르지 않은 것은?

① 기업업무추진비신고기한까지 법인세 과세표준신고서를 제출하지 아니한 경우 : 7년

② 사기나 그 밖의 부정행위로 법인세를 포탈한 경우 : 10년

③ 부정행위로 상속세를 포탈한 경우 : 10년

④ 법정신고기한 내에 상속세 과세표준신고서를 제출하지 않은 경우 : 15년

06. 다음 중 국세기본법상 제2차납세의무의 한도에 대한 설명으로 옳지 않은 것은?

① 청산인 등의 제2차 납세의무 : 청산인은 분배하거나 인도한 재산의 가액을 한도로 제2차납세의무를 진다.

② 출자자의 제2차 납세의무 : 무한책임사원은 징수부족액의 전액에 대하여 제2차 납세의무를 진다.

③ 법인의 제2차 납세의무 : 법인은 징수부족액의 전액에 대하여 제2차납세의무를 진다.

④ 사업양수인의 제2차 납세의무 : 사업양수인은 양수한 재산의 가액을 한도로 제2차납세의무를 진다.

07. 다음 중 국세기본법상 경정청구에 관한 내용으로 가장 잘못된 것은?

① 과세표준신고서를 법정신고기한까지 제출한 자는 세액의 경정을 법정신고기한이 지난 후 5년 이내에 청구할 수 있다.

② 기한후과세표준신고서를 제출한 자는 과세표준 및 세액의 경정을 청구할 수 없다.

③ 경정으로 증가된 세액에 대하여는 해당 처분이 있음을 안 날부터 90일 이내에 경정을 청구할 수 있다.

④ 소득의 귀속을 제3자에게로 변경시키는 결정이 있을 때는 그 사유가 발생한 것을 안 날부터 3개월 이내에 경정을 청구할 수 있다.

08. 다음 중 국세기본법상 수정신고 또는 기한 후 신고 시 가산세의 감면이 적용되지 않는 것은?

① 무신고가산세   ② 납부지연가산세

③ 과소신고가산세   ④ 초과환급신고가산세

09. 다음 중 국세기본법상 조세불복에 관한 설명으로 옳지 않은 것은?

① 조세불복의 대상은 국세기본법에 열거된 것에 한하지 않는다.

② 세법에 따른 처분으로서 위법 또는 부당한 처분으로 인하여 권리와 이익을 침해당한 자는 조세불복을 청구할 수 있다.

③ 지방국세청의 세무조사 결과에 따른 처분에 대해서도 이의신청이 가능하다.

④ 동일한 처분에 대해서 심사청구와 심판청구를 선택하거나 중복하여 제기할 수 있다.

10. 다음 중 국세기본법상 납세자관리헌장에 포함된 내용으로 옳지 않은 것은?

① 통합조사 금지의 원칙   ② 세무조사권 남용 금지

③ 세무조사 시 조력을 받을 권리   ④ 납세자의 성실성 추정

11. 다음 중 국세기본법상의 내용으로 옳지 않은 것은?

① 과세예고통지를 받은 자는 통지를 받은 날부터 30일 이내에 통지를 한 세무서장이나 지방국세청장에게 통지 내용의 적법성에 관한 심사를 청구할 수 있다.

② 국세청장은 체납자의 은닉재산을 신고한 자에 대해서 10억원의 범위에서 포상금을 지급할 수 있다.

③ 납세자가 국내에 주소 또는 거소를 두지 아니하거나 국외로 주소 또는 거소를 이전할 때에는 납세관리인을 정하여야 한다.

④ 납세자가 과세표준신고서 등의 서류를 우편이나 팩스로 제출하는 경우에는 접수증을 발급하지 아니할 수 있다.

12. 다음 중 소득세법상 납세의무 등에 대한 설명으로 옳지 않은 것은?

① 비거주자의 소득세 납세지는 국내사업장의 소재지로 한다.

② 납세지가 변경된 경우 변경된 날부터 15일 이내에 그 변경 후의 납세지 관할 세무서장에게 신고해야 한다.

③ 거주자의 사업소득에 대한 소득세 납세지는 주된 사업장 소재지로 한다.

④ 거주기간을 계산할 때 국내에 거소를 둔 기간은 입국하는 날의 다음 날부터 출국하는 날까지로 한다.

13. 다음 중 소득세법상 과세기간 및 과세소득의 범위에 대한 설명으로 옳지 않은 것은?

① 거주자에게는 국내외원천소득에 대하여 과세한다.

② 비거주자에게는 국외원천소득에 대해서만 과세한다.

③ 해당 과세기간 종료일 10년 전부터 국내에 주소나 거소를 둔 기간의 합계가 5년 이하인 외국인 거주자의 국외원천소득은 국내에서 지급되거나 국내로 송금된 소득에 대해서만 과세한다.

④ 거주자가 사망한 경우의 과세기간은 1월 1일부터 사망한 날까지로 한다.

14. 다음 중 소득세법상 이자·배당소득에 대한 원천징수세율로 옳지 않은 것은?

① 비실명금융소득 : 45%

② 「민사집행법」에 의한 법원보증금과 경락대금이자 : 14%

③ 출자공동사업자의 배당소득 : 30%

④ 직장공제회 초과반환금 : 기본세율

15. 다음 중 소득세법상 비과세 사업소득에 대한 설명으로 옳지 않은 것은?

① 논·밭을 작물 생산에 이용하게 함으로써 발생하는 소득은 비과세 사업소득이다.

② 1개의 주택(고가주택과 국외 소재 주택을 제외)을 소유하는 자의 주택임대소득은 비과세 사업소득이다.

③ 조림기간 3년 이상인 임지(林地)의 임목(林木)의 벌채 또는 양도로 발생한 소득으로서 연 600만원 이하의 금액은 비과세 사업소득이다.

④ 대통령령으로 정하는 전통주를 수도권 밖의 읍·면 지역에서 제조함으로써 발생하는 연 1천200만원 이하인 소득은 비과세 사업소득이다.

16. 다음 중 소득세법상 근로소득의 수입시기로 옳지 않은 것은?

① 급여 : 급여를 지급받은 날

② 잉여금 처분에 의한 상여 : 해당 법인의 잉여금처분결의일

③ 인정상여 : 해당 사업연도 중의 근로를 제공한 날

④ 주식매수선택권 : 주식매수선택권을 행사한 날

17. 다음 중 소득세법상 연금소득에 대한 설명으로 옳지 않은 것은?

① 원칙적으로 연금 납입 시 소득공제 또는 세액공제를 인정하는 대신 연금을 받는 때에 연금소득에 대한 소득세를 과세한다.

② 공적연금납입액은 납입액 전액을 종합소득금액에서 공제한다.

③ 공적연금소득만 있고 다른 종합소득이 없는 경우에는 과세표준확정신고를 하지 않아도 된다.

④ 이연퇴직소득을 연금수령하는 연금소득이 1천500만원 이하인 경우 그 연금소득은 분리과세와 종합과세를 선택할 수 있다.

18. 다음 중 소득세법상 기타소득에 해당하지 않는 것은?

① 복권, 경품권, 그 밖의 추첨권에 당첨되어 받는 금품

② 종업원 또는 대학의 교직원이 재직 중에 받는 직무발명보상금

③ 퇴직 전에 부여받은 주식매수 선택권을 퇴직 후에 행사하거나 고용관계 없이 주식매수선택권을 부여받아 이를 행사함으로써 얻는 이익

④ 소기업 · 소상공인 공제부금의 해지일시금

19. 다음 중 소득세법상 결손금 및 이월결손금에 관한 설명으로 가장 옳지 않은 것은?

① 종합소득 중 사업소득에서 발생한 결손금만 공제할 수 있다.

② 부동산임대업(주거용 건물임대업 제외)에서 발생한 이월결손금은 부동산임대업의 소득금액에서 공제한다.

③ 해당 과세기간에 결손금이 발생하고 이월결손금이 있는 경우에는 이월결손금을 먼저 공제한다.

④ 이자소득 중 원천징수세율을 적용받는 부분은 결손금 또는 이월결손금의 공제대상에서 제외한다.

20. 다음 중 소득세법상 거주자의 기본공제에 대한 설명으로 잘못된 것은?

① 총급여액 500만원 이하의 근로소득만 있는 배우자는 기본공제대상자에 해당한다.

② 과세기간 종료일 현재 사망한 사람 또는 장애가 치유된 사람에 대해서는 사망일 전날 또는 치유일 전날의 상황에 따른다.

③ 해외에 거주 중인 미성년자녀도 기본공제대상자에 해당한다.

④ 해당 거주자가 배우자가 있는 여성의 경우로서 종합소득금액이 4천만원 이하인 경우 부녀자공제가 가능하다.

21. 다음 중 소득세법상 기장세액공제를 받을 수 없는 경우에 해당하는 것은?

① 당해연도에 음식점을 신규로 개시한 사업자가 복식부기에 따라 기장하는 경우

② 전문직 사업자가 복식부기에 따라 기장하는 경우

③ 미용실을 운영하는 직전연도 수입금액 3천만원인 사업자가 복식부기에 따라 기장하는 경우

④ 간편장부대상자인 보험모집인이 복식부기에 따라 기장하는 경우

22. 다음 중 소득세법상 양도소득의 장기보유특별공제에 대한 설명으로 잘못된 것은?

① 미등기양도자산은 장기보유특별공제를 적용받을 수 없다.

② 비상장주식을 3년 이상 보유하는 경우 장기보유특별공제가 적용된다.

③ 비사업용토지에 대해서도 장기보유특별공제가 적용된다.

④ 1세대 1주택 외의 양도자산에 대한 장기보유특별공제의 최대 적용한도는 30%이다.

23. 다음 중 소득세법상 중간예납에 대한 설명으로 옳지 않은 것은?

① 사업소득이 있는 거주자는 중간예납의무가 있다.

② 중간예납기간은 1월 1일부터 6월 30일까지이며, 당해연도의 11월 30일까지 납부하여야 한다.

③ 신규로 사업을 시작한 자는 중간예납의무를 지지 않는다.

④ 중간예납추계액이 중간예납기준액의 50%에 미달하는 경우 중간예납추계액을 납세지 관할 세무서장에게 신고 · 납부할 수 있다.

24. 다음 중 소득세법상 성실신고확인서 제출과 관련한 설명으로 옳지 않은 것은?

① 종합소득과세표준 확정신고기한이 연장된다.

② 종합소득세액의 분납기한이 3개월로 연장된다.

③ 성실신고확인서 미제출 시 가산세가 있다.

④ 세무사가 성실신고확인대상사업자인 경우에는 자신의 사업소득금액의 적정성에 대하여 해당 세무사가 성실신고확인서를 작성 · 제출할 수 없다.

25. 다음 중 소득세법상 사업용계좌에 관한 내용으로 가장 잘못된 것은?

① 복식부기의무자는 사업장별로 실제 사업용계좌를 사용한 금액 등을 구분하여 관리하여야 한다.

② 복식부기의무자는 사업용계좌를 추가개설하는 경우 추가개설일로부터 6개월 이내에 신고하여야 한다.

③ 사업용계좌는 사업장별로 2이상 신고할 수 있다.

④ 계속사업자인 복식부기의무자는 복식부기의무자에 해당하는 과세기간 개시일부터 6개월 이내에 사업용계좌를 신고하여야 한다.

2부 주관식   문항 당 5점

26. 국세기본법상 다음 (   )안에 들어갈 단어로 알맞은 것은 무엇인가?

> 국세기본법상 국세의 징수를 목적으로 하는 국가의 권리로써 5억원 미만의 국세에 대한 국세징수권의 (   )는(은) 이를 행사할 수 있는 때부터 5년의 기간 동안 행사하지 아니하면 완성된다.

27. 다음은 국세기본법상 기한후신고에 관한 내용이다. 괄호 안에 공통으로 들어갈 숫자를 적으시오.

> 기한후과세표준신고서를 제출한 경우 관할 세무서장은 세법에 따라 신고일부터 (   )개월 이내에 해당 국세의 과세표준과 세액을 결정하여 신고인에게 통지하여야 한다. 다만, 부득이한 사유로 신고일부터 (   )개월 이내에 결정할 수 없는 경우에는 그 사유를 신고인에게 통지하여야 한다.

28. 소득세법상 다음 괄호 안에 들어갈 알맞은 숫자를 쓰시오.

> 근로자가 사내급식이나 이와 유사한 방법으로 제공받는 식사 기타 음식물 또는 근로자(식사 기타 음식물을 제공받지 아니하는 자에 한정한다)가 받는 월 (   )원 이하의 식사대는 소득세를 과세하지 아니한다.

29. 다음은 소득세법상 현금영수증에 관한 내용이다. 아래 괄호 안에 들어갈 숫자를 적으시오.

> 현금영수증 발급의무자가 건당 거래금액 (   )원 이상인 재화 또는 용역을 공급하고 그 대금
> 을 현금으로 받은 경우로서 현금영수증을 발급하지 아니한 경우 미발급금액의 20%의 가산세가 부과
> 된다.

30. 다음 자료를 이용하여 소득세법상 복식부기의무자인 거주자의 사업소득금액을 계산하면 얼마인가?

> · 손익계산서상 당기순이익 : 100,000,000원
> · 손익계산서에는 아래의 내역들이 반영되어 있다.
> – 대표자급여 : 10,000,000원
> – 벌금 : 500,000원
> – 국내은행 이자수익 : 1,000,000원
> – 기계장치처분이익 : 2,000,000원

제107회 세무회계2급 답안 및 해설

세법1부-법인세법, 부가가치세법

1	2	3	4	5	6	7	8	9	10	11	12	13	14	15
④	②	④	②	①	②	②	①	③	①	③	①	④	④	③

16	17	18	19	20	21	22	23	24	25
①	①	②	③	④	②	③	④	②	④

26	27	28	29	30
27,000,000원	2	15	4,000,000원	500,000

01. 사업연도를 변경하려는 법인은 그 법인의 **직전 사업연도 종료일부터 3개월 이내에 납세지 관할 세무서장에게 이를 신고**하여야 한다.

02. 비영리내국법인은 청산시 잔여재산에 대하여 국가 등에 귀속되므로 청산소득에 대한 법인세 납세의무가 없다.

03. 귀속자가 임원 또는 직원인 경우에는 그 귀속자에 대한 상여로 처분한다.

05. **업무와의 관련성 여부와 관계없이** 벌금, 과료, 과태료 등은 손금에 산입하지 아니한다.

06. 장기할부판매의 경우 인도기준에 따라 인도일(**재고자산 외의 자산은 대금청산일, 소유권이전등기일, 인도일, 사용수익일 중 가장 빠른 날**)이 속하는 사업연도를 귀속시기로 한다.

07. 기한 내에 재고자산의 평가방법을 신고하지 아니한 경우로서 **매매를 목적으로 소유하는 부동산은 개별법에 의하여 평가**한다.

08. 기부금이란 내국법인이 **사업과 직접적인 관계없이 무상으로 지출하는 금액**을 말한다.

09. 건축물 외의 **유형자산에 대한 상각방법의 신고를 하지 아니한 경우 상각범위액은 정률법**에 의하여 계산한다.

10. 채무자의 파산으로 회수할 수 없는 채권은 대손 사유가 발생하여 법인이 손비로 계상한 날이 속하는 사업연도의 손금(결산조정)으로 한다. 나머지 보기는 모두 대손 사유가 발생한 날이 속하는 사업연도의 손금(신고조정)이다.

11. 법인세법상 유보를 관리하는 서식은 자본금과 적립금조정명세서(을)이다.

12. 외국정부에 납부하였거나 납부할 외국법인세액이 해당 사업연도의 공제한도금액을 초과하는 경우 그 초과하는 금액은 해당 사업연도의 다음 사업연도 개시일부터 **10년 이내에 끝나는 각 사업연도로 이월하여 그 이월된 사업연도의 공제한도금액 내에서 공제**받을 수 있다.

13. 중소기업인 내국법인이 납부할 세액이 1천만원을 초과하는 경우에는 납부기한이 지난 날부터 **2개월 이내에 분납할 수** 있다.

14. 등록한 사업자는 휴업 또는 폐업을 하거나 등록사항이 변경되면 **지체 없이 사업장 관할 세무서장에게 신고**하여야 한다.

15. 경매, 수용, 현물출자와 그 밖의 계약상 또는 법률상의 원인에 따라 재화를 인도하거나 양도하는 것은 재화의 공급으로 한다.

17. 사업자가 자기생산·취득재화를 자기의 고객이나 **불특정 다수에게 증여하는 경우**(증여하는 재화의 대가가 주된 거래인 재화의 공급에 대한 대가에 포함되는 경우는 제외한다)**는 재화의 공급**으로 본다.

18. 해당 과세기간 중의 공통매입세액이 5만원 미만인 경우의 매입세액은 **공통매입세액의 안분 계산을 생략하고 전액 공제되는 매입세액**으로 한다.

19. 음식점을 영위하는 개인사업자의 과세표준이 1억원 이하인 경우 과세표준의 75/100을 곱한 금액을 한도로 의제매입세액공제를 적용한다.

20. 금전 외의 대가를 받는 경우 : **자기가 공급한 재화 또는 용역의 시가**

21. 거래사실의 확인신청 대상이 되는 거래는 **거래건당 공급대가가 5만원 이상인 경우**로 한다.

22. **국가 등에 무상(無償)으로 공급하는 재화 또는 용역이 면세 대상**이다. 국가 또는 지방자치단체에 유상으로 공급하는 재화 또는 용역은 과세 대상이다.

23. 소매업은 세금계산서의 발급요구가 있는 경우 세금계산서 교부 의무가 있다.

24. 간이과세자는 해당 과세기간에 세금계산서 등을 발급받은 **재화와 용역의 공급대가에 0.5퍼센트(매입세액의 5.5%)를 곱한 금액을 납부세액에서 공제**한다.

25. 재고자산 취득하는 경우 조기환급 대상이 아니다.

26. 기업업무추진비 기본한도(중소기업) = 36,000,000원 × 9/12 = 27,000,000원

29. 과세표준 = 처분가액(10,000,000) × 전기 과세 공급가액(4억)/전기 총공급가액(10억)
    = 4,000,000원

세법2부-국세기본법, 소득세법, 조세특례제한법

1	2	3	4	5	6	7	8	9	10	11	12	13	14	15
④	④	②	①	③	③	②	②	④	①	②	③	②	③	③

16	17	18	19	20	21	22	23	24	25		
①	④	②	③	④	②	②	④	②	②		

26	27	28	29	30
소멸시효	3	200,000	100,000	109,500,000원

02. 납세자의 장부 작성을 대행하는 세무사가 화재, 전화, 그 밖의 재해를 입거나 도난을 당한 경우 기한 연장의 사유에 해당한다.

03. 우편으로 과세표준신고서 등 관련된 서류를 제출한 경우 「우편법」에 따른 **우편날짜도장이 찍힌 날**(우편날짜도장이 찍히지 아니하였거나 분명하지 아니한 경우에는 통상 걸리는 배송일수를 기준으로

발송한 날로 인정되는 날)에 신고되거나 청구된 것으로 본다.

04. **실질과세의 원칙에 따라 실질인 증여로 보아 증여세를 부과**한다.

05. 납세자가 **부정행위로 상속세·증여세를 포탈하거나 환급·공제받은 경우 부과제척기간은 15년**이다.

06. 법인의 제2차납세의무는 **순자산가액에서 출자자의 지분비율을 곱한 금액을 한도**로 한다.

07. 기한후과세표준신고서를 제출한 자는 최초신고 및 수정신고한 국세의 과세표준 및 세액의 결정 또는 경정을 **법정신고기한이 지난 후 5년 이내에 관할 세무서장에게 청구**할 수 있다.

08. 수정신고 또는 기한 후 신고 시 **납부지연가산세는 감면 대상이 아니다.**

09. **동일한 처분에 대해서는 심사청구와 심판청구를 중복하여 제기할 수 없다.**

10. 세무조사는 납세자의 사업과 관련하여 세법에 따라 **신고·납부의무가 있는 세목을 통합하여 실시하는 것을 원칙**으로 한다.

11. 국세청장은 **체납자의 은닉재산을 신고한 자에게 30억원의 범위에서 포상금을 지급**할 수 있다.

12. **거주자의 소득세 납세지는 그 주소지**로 한다. 다만, 주소지가 없는 경우에는 그 거소지로 한다.

13. **비거주자에게는 국내원천소득에 대해서만 과세**한다.

14. **출자공동사업자의 배당소득에 대해서는 25%의 원천징수세율**을 적용한다.

15. **조림기간 5년 이상인 임지(林地)의 임목(林木)의 벌채 또는 양도**로 발생하는 소득으로서 연 600만원 이하의 금액은 비과세한다.

16. **급여의 수입시기는 근로를 제공한 날**이다.

17. 이연퇴직소득을 연금수령하는 **연금소득은 무조건 분리과세**한다.

18. 종업원 등 또는 대학의 교직원이 **재직 중에 지급받는 직무발명보상금은 근로소득에 해당**한다.

19. 결손금 및 이월결손금을 공제시 **결손금을 먼저 소득금액에서 공제**한다.

20. **종합소득금액이 3천만원이하인 경우 부녀자공제가 가능**하다.

21. 전문직 사업자는 **간편장부대상자의 적용을 배제**하므로 기장세액공제를 받을 수 없다.

22. **장기보유특별공제는 토지, 건물이 적용대상**이다.

23. **중간예납기준액의 100분의 30에 미달하는 경우**에는 11월 1일부터 11월 30일까지의 기간에 중간예납추계액을 중간예납세액으로 하여 납세지 관할 세무서장에게 신고할 수 있다.

24. **분납기한은 연장되지 않는다.**

25. 복식부기의무자는 사업용 계좌를 변경하거나 추가하는 경우 확정신고기한까지 이를 신고하여야 한다.

27. 기한후과세표준신고서를 제출한 경우 관할 세무서장은 세법에 따라 신고일부터 **3개월 이내에 해당 국세의 과세표준과 세액을 결정 또는 경정하여 신고인에게 통지**하여야 한다.

29. 건당 거래금액(부가가치세액을 포함한다)이 10만원 이상인 재화 또는 용역을 공급하고 그 대금을 현금으로 받은 경우에는 상대방이 현금영수증 발급을 요청하지 아니하더라도 현금영수증을 발급하여야 하며, 이를 위반하여 현금영수증을 발급하지 아니한 경우 미발급금액의 100분의 20을 가산세로 해당 과세기간의 종합소득 결정세액에 더하여 납부하여야 한다.

30. 사업소득금액 = 당기순이익(100,000,000)+대표자급여(10,000,000)+벌금(500,000)
  − 국내은행 이자(1,000,000) = 109,500,000원

제106회 세무회계2급

합격율	시험년월
29%	2023.08

세법1부 법인세법, 부가가치세법

01. 다음 중 법인세법에 대한 설명으로 잘못된 것은?

① 내국법인의 최초 사업연도 개시일은 설립등기일로 한다.

② 비영리내국법인은 청산소득과 토지 등 양도소득에 대한 법인세 납세의무를 진다.

③ 법인의 사업연도는 원칙적으로 1년을 초과하지 못한다.

④ 각 사업연도 소득에 대한 현행 법인세율은 4단계 초과누진세율 구조이다.

02. 다음 중 법인세법상 납세지에 대한 설명으로 옳지 않은 것은?

① 외국법인은 국내사업장의 소재지를 납세지로 하고 둘 이상의 국내사업장이 있는 경우에는 주된 사업장의 소재지를 납세지로 한다.

② 내국법인은 그 법인의 등기부에 따른 본점이나 주사무소의 소재지를 납세지로 한다.

③ 관할지방국세청장은 납세지가 그 법인의 납세지로 적당하지 않다고 인정되는 경우 납세지를 기업업무추진비할 수 있다.

④ 법인은 납세지가 변경된 경우에는 그 변경된 날부터 25일 이내에 변경 후의 납세지 관할 세무서장에게 이를 신고해야 한다.

03. 다음 중 법인세법상 세무조정 및 소득처분에 관한 설명으로 가장 옳지 않은 것은?

① 신고조정사항은 손금산입시기를 조정할 수 없으나, 결산조정사항은 손금산입시기를 조정할 수 있다.

② 익금에 산입한 금액이 사외에 유출되지 아니한 경우에는 유보로 처분한다.

③ 천재지변 또는 기타 불가항력으로 장부 등이 멸실되는 경우를 제외하고 추계조사에 의하여 결정된 과세표준과 법인세비용차감전당기순이익과의 차액은 대표자에 대한 상여로 처분한다.

④ 사외유출된 소득의 귀속자가 주주이며 임원인 경우에는 배당으로 처분한다.

04. 다음 중 법인세법상 결산에 반영하지 않은 경우에는 손금으로 계상할 수 없는 항목으로만 묶인 것은?

가. 화재로 파손된 고정자산의 평가손실	다. 퇴직연금충당금
나. 업무용승용차의 감가상각비	라. 채무자의 파산으로 회수할 수 없는 채권

① 가, 나 　　　　② 가, 라 　　　　③ 나, 다 　　　　④ 나, 라

05. 다음 중 법인세법상 익금으로 보지 않는 것은?

① 자산의 양도금액 　　　　　　　② 임대보증금 등에 대한 간주익금

③ 무상으로 받은 자산의 가액 　　　④ 부가가치세 매출세액

06. 다음 중 법인세법상 감가상각방법의 변경이 가능한 경우로 옳지 않은 것은?

① 상각방법이 서로 다른 법인이 합병한 경우

② 상각방법이 서로 다른 사업자의 사업을 인수한 경우

③ 외국투자자가 내국법인의 주식 등을 100분의 10 이상 인수 또는 보유하게 된 경우

④ 해외시장의 경기변동 또는 경제적 여건의 변동으로 인하여 종전의 상각방법을 변경할 필요가 있는 경우

07. 다음 중 법인세법상 자산과 부채의 장부가액을 감액할 수 있는 경우가 아닌 것은?

① 유형자산으로서 천재지변으로 멸실된 경우

② 재고자산으로서 제품의 진부화로 정상가격으로 판매할 수 없는 경우

③ 기술의 낙후로 인하여 생산설비의 일부를 폐기한 경우

④ 주식발행법인이 파산한 경우

08. 다음 중 법인세법상 기부금과 기업업무추진비(접대비)에 관한 설명으로 옳지 않은 것은?

① 기업업무추진비는 업무와 관련 있는 지출이며, 기부금은 업무와 관련 없는 지출이다.

② 기업업무추진비는 발생주의, 기부금은 현금주의에 따라 손금 처리한다.

③ 일반기부금의 손금산입 한도 초과액은 해당 사업연도의 다음 사업연도 개시일부터 15년 이내에 끝나는 각 사업연도로 이월하여 그 이월된 각 사업연도의 소득금액을 계산할 때 그 기부금의 손금산입한도액의 범위에서 손금에 산입한다.

④ 기업업무추진비의 손금산입한도액은 수입금액을 기준으로 하나 기부금의 손금산입한도액은 소득금액을 기준으로 한다.

09. 다음 중 법인세법상 손금불산입하는 제세공과금에 해당하지 않는 것은?

① 법인세 및 법인지방소득세
② 공제 대상 부가가치세 매입세액
③ 공장 토지 및 건물에 대한 재산세
④ 장애인고용부담금

10. 다음 중 법인세법상 손익의 귀속시기로 가장 옳지 않은 것은?

① 물품의 수출 : 수출물품을 계약상 인도하여야 할 장소에 보관한 날
② 시용판매 : 상대방이 구입의사를 표시한 날
③ 위탁판매 : 수탁자가 위탁자산을 판매한 날
④ 증권시장에서 보통거래방식으로 한 유가증권의 매매 : 결제일

11. 다음 중 법인세법상 대손충당금 설정 대상 채권에 해당하지 않는 것은?

① 외상매출금
② 특수관계인에게 해당 법인이 업무와 관련 없이 지급한 가지급금
③ 어음상의 채권
④ 유형자산 등의 매각대금 미수액

12. 다음 중 법인세법상 과세표준에 대한 설명으로 옳지 않은 것은?

① 과세표준은 각 사업연도 소득금액에서 이월결손금, 비과세소득, 소득공제액을 차례로 공제한 금액으로 한다.
② 비과세소득은 이월공제가 되지 아니한다.
③ 일정 요건을 충족한 중소기업의 경우 과세표준 계산 시 공제되지 아니한 소득공제액의 소급공제가 가능하다.
④ 비과세소득에는 공익신탁의 신탁재산에서 생기는 소득이 있다.

13. 다음 중 법인세법상 법인세를 수시부과하는 사유로 옳지 않은 것은?

① 신고를 하지 아니하고 본점 등을 이전한 경우
② 사업부진 기타의 사유로 인하여 휴업 또는 폐업상태에 있는 경우
③ 조세를 포탈할 우려가 있다고 인정되는 상당한 이유가 있는 경우
④ 납부하여야 할 세액을 기한 내 납부하지 않은 경우

14. 다음 중 부가가치세법상 과세기간에 대한 설명으로 옳지 않은 것은?

① 간이과세자의 과세기간은 1월 1일부터 12월 31일까지이다.

② 신규로 사업을 시작하는 자에 대한 최초의 과세기간은 사업개시일부터 그 날이 속하는 과세기간의 종료일까지로 한다.

③ 사업개시일 이전에 사업자등록을 한 경우의 과세기간은 사업개시일부터 그 날이 속하는 과세기간의 종료일까지로 한다.

④ 사업자가 폐업하는 경우의 과세기간은 폐업일이 속하는 과세기간의 개시일부터 폐업일까지로 한다.

15. 다음 중 부가가치세법상 사업장에 대한 설명으로 가장 옳지 않은 것은?

① 광업에 있어서는 광업사무소의 소재지

② 제조업에 있어서는 최종제품을 완성하는 장소, 다만, 따로 제품의 포장만을 하거나 용기에 충전만을 하는 장소는 제외한다.

③ 부동산임대업을 영위하는 사업자의 경우 사업장은 그 사업에 관한 업무를 총괄하는 장소로 한다.

④ 수자원을 개발하여 공급하는 사업에 있어서는 그 사업에 관한 업무를 총괄하는 장소

16. 다음 중 부가가치세법상 사업자등록에 대한 설명으로 옳지 않은 것은?

① 신규로 사업을 시작하려는 자는 사업개시일 이전이라도 사업자등록을 신청할 수 있다.

② 사업자가 폐업하는 경우에는 폐업일이 속하는 달의 말일부터 25일 이내에 사업자등록을 말소하여야 한다.

③ 사업장이 둘 이상인 사업자는 사업자 단위로 해당 사업자의 본점 또는 주사무소 관할 세무서장에게 등록을 신청할 수 있다.

④ 사업자는 사업자등록의 신청을 사업장 관할 세무서장이 아닌 다른 세무서장에게도 할 수 있다.

17. 다음 중 부가가치세법상 의제매입세액에 대한 설명으로 옳지 않은 것은?

① 의제매입세액의 공제시기는 면세농산물 등을 사용한 날이 속하는 과세기간으로 한다.

② 신용카드로 농산물 등을 구입한 경우에도 의제매입세액공제가 가능하다.

③ 제조업을 경영하는 법인 중소기업의 의제매입세액 공제율은 104분의 4로 한다.

④ 의제매입세액을 공제한 면세농산물 등을 그대로 양도한 경우에는 그 공제한 금액을 납부세액에 가산하거나 환급세액에서 공제하여야 한다.

18. 다음 중 부가가치세법상 재화의 공급으로 보지 않는 것은?

① 자기가 주요자재의 전부 또는 일부를 부담하고 상대방으로부터 인도받은 재화를 가공하여 새로운 재화를 만드는 가공계약에 따라 재화를 인도하는 것

② 경매, 수용, 현물출자와 그 밖의 계약상 또는 법률상의 원인에 따라 재화를 인도하거나 양도하는 것

③ 재화의 인도 대가로서 다른 재화를 인도받는 교환계약에 따라 재화를 인도하는 것

④ 공매에 따라 재화를 인도하거나 양도하는 것

19. 다음 중 부가가치세법상 영세율이 적용되는 거래에 해당하지 않는 것은?

① 무상으로 외국에 반출하는 과세 대상 재화

② 국외에서 국외로 수송하는 외국항행용역

③ 수출업자가 대행위탁수출을 하고 받은 수출대행수수료

④ 구매확인서에 의해 공급하는 재화

20. 다음 자료에 의한 부가가치세 과세표준은 얼마인가? 단, 모든 금액은 공급가액이다.

- 외상매출액 : 100,000,000원(매출할인 3,000,000원이 차감된 금액임)
- 하치장으로 반출한 금액 : 5,000,000원(시가 : 7,000,000원)
- 비영업용소형승용차 매각액 : 10,000,000원(취득 시 매입세액공제를 받지 못함)
- 폐업 시 잔존재화 : 3,000,000원(시가 : 5,000,000원)

① 125,000,000원   ② 122,000,000원   ③ 115,000,000원   ④ 105,000,000원

21. 다음 중 부가가치세법상 매출세액에서 공제할 수 있는 매입세액으로 옳은 것은?

① 사업과 직접 관련 없는 매입세액

② 거래처 선물용 물품 구입비용에 대한 매입세액

③ 영수증에 필요적 기재사항을 기재하여 수취한 물품 구입에 대한 매입세액

④ 수입재화로서 세관장으로부터 수취한 수입세금계산서의 매입세액

22. 다음 중 부가가치세법상 재화의 수입에 해당하는 경우는?

① 국외에서 보세구역으로 재화를 반입하는 경우

② 국내에서 보세구역으로 공급하는 경우

③ 보세구역 내 거래인 경우

④ 보세구역에서 국내로 공급하는 경우

23. 다음 중 부가가치세 면세 대상이 아닌 것은?

① 작곡가가 인적·물적시설 없이 독립된 자격으로 제공하는 인적용역

② 우정사업조직이 제공하는 우편주문판매를 대행하는 용역

③ 연탄과 무연탄

④ 종교, 자선, 학술, 구호, 그 밖의 공익을 목적으로 하는 단체가 공급하는 일정한 재화 또는 용역

24. 다음 중 부가가치세법상 세금계산서에 대한 설명으로 옳지 않은 것은?

① 세금계산서의 임의적 기재사항을 누락한 경우에도 세금계산서의 효력에는 영향이 없다.

② 간이과세자도 일정 요건을 충족할 경우 세금계산서 발행이 가능하다.

③ 영수증 발급 대상 사업자는 어떠한 경우에도 세금계산서 발행을 할 수 없다.

④ 토지를 양도하는 것은 세금계산서의 발행대상이 아니다.

25. 다음 중 부가가치세법상 신고와 납부에 대한 설명으로 옳지 않은 것은?

① 부가가치세 예정고지세액이 50만원 미만인 경우에는 징수하지 아니한다.

② 조기환급을 받기 위하여 신고한 사업자는 이미 신고한 과세표준과 납부한 납부세액 또는 환급세액은 신고하지 아니한다.

③ 모든 법인사업자는 예정신고를 하여야 한다.

④ 사업자가 폐업하는 경우에는 과세기간 개시일부터 폐업일까지에 대한 부가가치세 과세표준을 신고하여야 한다.

26. 다음은 법인세법상 분납 규정에 대한 설명이다. 아래의 괄호 안에 들어갈 숫자를 쓰시오.

> 중소기업은 납부세액이 2천만원을 초과하는 경우 그 납부세액의 50% 이하의 금액을 납부기한이 지난 날부터 ( )개월 이내 분납할 수 있다.

27. 다음은 법인세법상 부당행위계산의 부인에 관한 내용이다. (   )안에 들어갈 숫자를 적으시오.

> 법인이 자산을 시가보다 높은 가액으로 매입한 경우, 시가와 거래가액의 차액이 3억원 이상이거나 시가의 (   )% 이상인 경우에 한하여 부당행위계산 부인을 적용한다.

28. 다음은 ㈜한국의 20x1년 인건비 지급 내역이다. 법인세법상 손금으로 인정되는 금액의 합계액은 모두 몇 원인가? 단, 아래의 상여금 지급액은 모두 이익처분에 의한 상여금에 해당하지 않는다.

구분	직원 상여금	임원 상여금
급여 지급기준 범위 내 금액	20,000,000원	40,000,000원
급여 지급기준 초과 금액	30,000,000원	50,000,000원

29. 부가가치세법상 아래의 괄호 안에 들어갈 알맞은 숫자를 쓰시오.

> 대통령령으로 정하는 사업자가 부가가치세가 과세되는 재화 또는 용역을 공급하고 신용카드매출전표 등을 발급하거나 대통령령으로 정하는 전자적 결제수단에 의하여 대금을 결제받는 경우에는 연간 1천만원을 한도로 하여 발급금액 또는 결제금액의 (   )%를 납부세액에서 공제한다.

30. 다음은 부가가치세법상 등록 전 매입세액에 관한 내용이다. (   ) 안에 들어갈 숫자를 적으시오.

> 사업자등록을 신청하기 전의 매입세액은 매출세액에서 공제하지 아니한다. 다만, 공급시기가 속하는 과세기간이 끝난 후 (   )일 이내에 등록을 신청한 경우 등록신청일부터 공급시기가 속하는 과세기간 기산일까지 역산한 기간 이내의 것은 제외한다.

세법2부 국세기본법, 소득세법, 조세특례제한법

01. 다음 중 국세기본법상 기한연장에 관한 설명으로 옳지 않은 것은?

① 기한연장은 6개월 이내로 하되, 해당 기한연장의 사유가 소멸되지 않는 경우 관할 세무서장은 1개월의 범위에서 그 기한을 다시 연장할 수 있다.

② 신고와 관련된 기한연장은 9개월을 넘지 않는 범위에서 관할 세무서장이 할 수 있다. ③ 기한의 연장을 받으려는 자는 기한 만료일 3일 전까지 해당 행정기관의 장에게 신청하여야 한다.

④ 기한연장의 통지대상자가 불특정 다수인 경우 관보 또는 일간신문에 공고하는 방법으로 통지를 갈음할 수 있다.

02. 다음 중 국세기본법상 서류 송달의 효력 발생 시기에 관한 설명으로 옳지 않은 것은?

① 원칙적으로 송달하는 서류는 송달받아야 할 자에게 도달한 때부터 효력이 발생한다.

② 전자송달의 경우에는 송달받을 자가 기업업무추진비한 전자우편주소에 입력된 때부터 효력이 발생한다.

③ 국세정보통신망에 저장하는 경우에는 저장된 때부터 효력이 발생한다.

④ 공시송달의 경우에는 서류의 주요 내용을 공고한 날부터 20일이 지나면 서류 송달이 된 것으로 본다.

03. 다음 중 국세기본법상 근거과세의 원칙에 관한 설명으로 옳지 않은 것은?

① 납세의무자가 세법에 따라 장부를 갖추어 기록하고 있는 경우에는 해당 국세 과세표준의 조사와 결정은 그 장부와 이와 관계되는 증거자료에 의하여야 한다.

② 국세를 조사·결정할 때 장부의 기록 내용이 사실과 다르거나 장부의 기록에 누락된 것이 있을 때에는 그 부분에 대해서만 정부가 조사한 사실에 따라 결정할 수 있다.

③ 근거과세의 원칙은 세법의 해석과 적용을 할 때 따라야 할 기본적 지침 중 하나이다.

④ 행정기관의 장은 해당 납세의무자 또는 그 대리인이 요구하면 결정서를 열람 또는 복사하게 하거나 그 등본 또는 초본이 원본과 일치함을 확인하여야 한다.

04. 다음 중 국세기본법상 납세의무가 소멸되는 경우가 아닌 것은?

① 국세의 부과가 철회된 때
② 국세환급금으로 납부할 국세가 충당된 때
③ 국세의 부과제척기간 내에 국세가 부과되지 아니하고 부과제척기간이 끝난 때
④ 납세보증인에 의해 국세가 납부된 때

05. 다음 중 국세기본법상 납세의무의 성립과 동시에 확정되는 국세가 아닌 것은?

① 원천징수하는 소득세
② 납세조합이 징수하는 소득세
③ 인지세
④ 정부가 조사 · 결정한 중간예납법인세

06. 다음 중 국세기본법상 수정신고의 요건으로 옳지 않은 것은?

① 과세표준신고서 또는 기한후과세표준신고서에 기재된 과세표준 및 세액이 세법에 따라 신고하여야 할 과세표준 및 세액에 미치지 못하는 경우
② 과세표준신고서 또는 기한후과세표준신고서에 기재된 결손금액 또는 환급세액이 세법에 따라 신고하여야 할 결손금액이나 환급세액에 미치지 못할 때
③ 원천징수의무자가 연말정산 과정에서 근로소득 등만 있는 자의 소득을 누락한 경우
④ 세무조정 과정에서 법인세법에 따른 국고보조금 및 공사부담금에 상당하는 금액을 익금과 손금에 동시에 산입하지 않은 경우

07. 다음 중 국세기본법상 가산세에 대한 설명으로 옳지 않은 것은?

① 가산세는 고의로 해당 의무를 위반한 경우 외에는 가산세 한도를 적용한다.
② 가산세는 해당 의무가 규정된 세법의 해당 국세의 세목으로 한다.
③ 가산세는 국세를 감면하는 경우에는 그 감면대상에 포함시키지 아니한다.
④ 가산세는 과세표준의 결손 또는 세액의 환급 시에는 부과하지 아니한다.

08. 다음 중 국세기본법상 관할관청에 관한 내용으로 가장 옳지 않은 것은?

① 과세표준신고서는 신고 당시 해당 국세의 납세지를 관할하는 세무서장에게 제출하여야 한다.

② 전자신고를 하는 경우에는 지방국세청장이나 국세청장에게 제출할 수 있다.

③ 과세표준신고서가 관할 세무서장 외의 세무서장에게 제출된 경우 그 신고는 효력이 없다.

④ 국세의 세액을 결정하는 때에 관할 세무서장 이외의 세무서장이 행한 결정은 그 효력이 없다.

09. 다음 중 국세기본법상 불복청구에 대한 결정으로 옳지 않은 것은?

① 심사청구가 이유있다고 인정될 경우 : 인용

② 불복청구의 대상이 되는 처분으로 권리나 이익을 침해당하지 않는 경우 : 인용

③ 청구기간이 지난 후에 청구한 경우 : 각하

④ 심사청구가 이유 없다고 인정되는 경우 : 기각

10. 다음 중 국세기본법상 물납재산의 환급에 관한 내용으로 가장 잘못된 것은?

① 납세자가 상속세를 물납한 후 환급하는 경우 해당 물납재산으로 환급하여야 한다.

② 물납재산을 환급하는 경우 국세환급가산금은 지급하지 아니한다.

③ 해당 물납재산의 성질상 분할하여 환급하는 것이 곤란한 경우 금전으로 환급한다.

④ 물납재산이 수납된 이후 발생한 법정과실 및 천연과실은 납세자에게 환급하여야 한다.

11. 다음 중 국세기본법상 납세자의 권리에 관한 내용으로 옳지 않은 것은?

① 사업자등록증을 발급하는 경우 세무공무원은 납세자권리헌장의 내용이 수록된 문서를 납세자에게 내주어야 한다.

② 세무공무원은 거래상대방에 대한 조사가 필요한 경우에도 같은 세목 및 같은 과세기간에 대하여 재조사할 수 없다.

③ 납세자가 장기출장 등으로 세무조사가 곤란하다고 판단되면 세무조사의 연기를 신청할 수 있다.

④ 증거인멸 등의 이유가 있는 경우 세무조사에 대한 사전통지를 하지 않을 수 있다.

12. 다음 중 소득세법상 납세의무자에 대한 설명으로 옳지 않은 것은?

① 거주자는 국내외원천소득 모두에 대하여 소득세 납세의무를 진다.

② 비거주자는 국내원천소득에 한하여 소득세 납세의무를 진다.

③ 현행 소득세법은 인별 과세제도를 채택하고 있으므로 공동사업에 대하여도 합산과세하는 경우는 없다.

④ 국세기본법에 따른 법인으로 보는 단체 외의 법인 아닌 국내 단체는 1 거주자로 보아 과세한다.

13. 다음의 자료에서 소득세법상 20x1년에 귀속되는 이자소득을 모두 고르시오.

> 정기예금이자 : 약정일 20x0년 12월 18일, 수령일 20x1년 1월 25일
> 비영업대금의 이자 : 약정일 20x1년 1월 31일, 수령일 20x0년 12월 25일
> 계약의 위약으로 인한 법정이자 : 약정일 20x0년 11월 30일, 수령일 20x1년 1월 31일

① 가   ② 가, 나   ③ 나, 다   ④ 가, 다

14. 다음 중 소득세법상 사업소득금액을 계산할 때 총수입금액에 산입하는 것은?

① 소득세를 환급받았거나 환급받을 금액 중 다른 세액에 충당한 금액

② 자산수증이익 중 이월결손금의 보전에 충당된 금액

③ 거주자의 사업소득금액을 계산할 때 이전 과세기간으로부터 이월된 소득금액

④ 관세환급금 등 필요경비로 지출된 세액이 환입되었거나 환입될 경우에 그 금액

15. 다음 중 소득세법상 사업소득의 필요경비 불산입 항목에 해당하지 않는 것은?

① 업무와 관련하여 고의 또는 중대한 과실로 인하여 지급되는 손해배상금

② 사업자가 가사와 관련하여 지출하였음이 확인되는 경비

③ 채권자가 불분명한 차입금 이자

④ 단체순수보장성보험의 보험료

16. 다음 중 소득세법상 근로소득으로 과세하지 않는 것은?

① 출자임원이 주택을 제공받음으로써 얻는 이익

② 비출자임원이 주택의 구입에 소요되는 자금을 저리로 대여받음으로써 얻는 이익

③ 「국민건강보험법」 또는 「고용보험법」에 따라 사용자가 부담하는 보험료

④ 퇴직으로 인하여 받는 소득으로서 퇴직소득에 속하지 아니하는 소득

17. 다음 중 소득세법상 비과세하는 근로소득의 한도가 나머지와 다른 것은?

① 「방송법」에 따라 취재활동과 관련하여 받는 취재수당

② 근로자 또는 그 배우자가 출산이나 6세 이하 자녀의 보육과 관련하여 받는 금액

③ 「초·중등교육법」 따른 교육기관의 교원이 받는 연구보조비

④ 종업원이 요건을 충족하여 지급기준에 따라 받는 자가운전보조금

18. 다음 중 소득세법상 연금소득에 대한 설명으로 옳지 않은 것은?

① 공적연금소득 외의 연금소득에 대해서는 원천징수 하지 아니한다.

② 연금소득은 필요경비가 인정되지 아니한다.

③ 공적연금 관련법에 따라 받는 장애연금은 비과세 연금소득에 해당한다.

④ 연금소득공제의 한도액은 900만원으로 한다.

19. 다음 중 소득세법상 기타소득의 필요경비로 실제 소요된 필요경비만 인정하는 것은?

① 주택입주지체상금

② 재산권에 관한 알선수수료

③ 공익법인이 주무관청의 승인을 받아 시상하는 상금

④ 광업권, 어업권, 산업재산권 등의 권리를 양도하거나 대여하고 그 대가로 받는 금품

20. 다음 중 소득세법상 부당행위계산 부인에 대한 설명으로 옳지 않은 것은?

① 부당행위계산의 부인은 해당 거주자와 특수관계인과의 거래 시 적용할 수 있다.

② 조세를 부당히 감소시킨 것으로 인정되는 경우에 적용된다.

③ 부당행위계산 부인의 대상이 되는 소득은 사업소득, 양도소득에 한한다.

④ 특수관계인으로부터 금전이나 기타 자산 또는 용역을 높은 이율 등으로 차용하거나 제공받는 경우 부당행위계산 부인이 적용될 수 있다.

21. 다음 중 소득세법상 사업소득만 있는 거주자도 적용받을 수 있는 공제에 해당하는 것은?

① 연금계좌세액공제   ② 건강보험료 등 소득공제

③ 주택임차차입금원리금상환액공제   ④ 보험료세액공제

22. 소득세법상 추가공제 중 건당 공제액이 가장 큰 항목에 해당하는 것은?

① 경로우대자공제   ② 장애인공제

③ 부녀자공제   ④ 한부모공제

23. 다음 중 소득세법상 양도소득에 대한 설명으로 틀린 것은?

① 양도소득세는 납부세액이 1천만원을 초과하는 경우 분납이 가능하다.

② 양도소득기본공제는 200만원을 적용한다.

③ 상가를 양도하는 경우 장기보유특별공제를 최대 30%까지 적용받을 수 있다.

④ 미등기양도자산에 대해서는 70%의 세율이 적용된다.

24. 다음 중 소득세법상 반드시 과세표준확정신고를 해야 하는 경우는 무엇인가?

① 근로소득만 있는 자

② 공적연금소득만 있는 자

③ 원천징수되는 연말정산 대상 사업소득만 있는 자

④ 도매 사업소득만 있는 자

25. 다음 중 소득세법상 복식부기의무자의 사업용 계좌에 관한 내용으로 가장 옳지 않은 것은?

① 복식부기의무자에 해당하는 과세기간의 개시일부터 6개월 이내에 신고하여야 한다.

② 1개의 계좌를 2 이상의 사업장에 대한 사업용계좌로 신고할 수 없다.

③ 사업용계좌를 변경하는 경우 종합소득과세표준확정신고기한까지 신고하여야 한다.

④ 사업용계좌 미신고·미사용가산세는 소득세 산출세액이 없는 경우에도 적용한다.

2부 주관식　**문항 당 5점**

26. 다음은 국세기본법상 원천징수 등 납부지연가산세에 대한 내용이다. 아래의 괄호 안에 들어갈 숫자를 적으시오.

> 「소득세법」에 따라 소득세를 원천징수하여 납부할 의무가 있는 자가 징수하여야 할 세액을 법정납부 기한까지 납부하지 아니한 경우 납부하지 아니한 세액의 10%를 한도로 하여 다음의 금액을 합한 금 액을 가산세로 한다.
> 1. 미납부세액×(　　　)%
> 2. 미납부세액×일수×22/100,000

27. 국세기본법상 다음의 (　　) 안에 들어갈 알맞은 숫자를 쓰시오.

> 국세청장은 심사청구의 내용이나 절차가 이 법 또는 세법에 적합하지 아니하나 보정할 수 있다고 인 정되면 (　　　)일 이내의 기간을 정하여 보정할 것을 요구할 수 있다.

28. 소득세법상 다음의 (　　) 안에 들어갈 알맞은 숫자를 쓰시오.

> 생산직 및 그 관련직에 종사하는 근로자의 연장근로·야간근로 또는 휴일근로를 하여 받는 급여 중 월정액 급여 210만원 이하로서 직전 과세기간의 총급여액이 (　　　　　)원 이하인 근로자에 대하 여 일정 금액을 비과세한다.

29. 소득세법상 다음의 (　　) 안에 들어갈 알맞은 숫자를 쓰시오.

> 근로소득이 있는 거주자로서 특별세액공제, 특별소득공제 및 월세액세액공제를 신청하지 아니한 경우 에는 표준세액공제로 연 (　　　　)원을 종합소득산출세액에서 공제한다.

30. 거주자 염해상은 제조업(중소기업)을 영위하는 복식부기의무자인 개인사업자로 20x1년 사업소득에 관한 자료는 다음과 같다. 소득세법상 20x1년 기업업무추진비 한도초과액은 몇 원인가? 단, 신규사업자가 아니며, 금액은 숫자로 쓰시오.

- 매출액 : 10억원(일반수입금액)
- 기업업무추진비(접대비) : 4천만원

제106회 세무회계2급 답안 및 해설

세법1부-법인세법, 부가가치세법

1	2	3	4	5	6	7	8	9	10	11	12	13	14	15
②	④	④	②	④	③	②	③	③	④	②	③	④	③	③

16	17	18	19	20	21	22	23	24	25
②	①	④	③	③	④	④	②	③	③

26	27	28	29	30
2	5	90,000,000원	1.3	20

01. 비영리내국법인은 <u>각 사업연도의 소득과 토지 등 양도소득에 대하여만 법인세 납세의무</u>를 진다. <u>청산시 잔여재산에 대해서 국가 등으로 귀속되므로 청산소득은 없다.</u>

02. 법인은 납세지가 변경된 경우 그 <u>변경된 날부터 15일 이내에 변경 후의 납세지 관할 세무서장</u>에게 이를 신고하여야 한다.

03. 주주임원인 경우 상여로 처분한다.

04. 나, 다는 강제 신고조정사항이며, 화재 등으로 인한 고정자산의 평가손실과 채무자의 파산으로 회수할 수 없는 채권은 결산조정사항이다.

06. <u>외국투자자가 내국법인의 주식 등을 100분의 20 이상 인수 또는 보유</u>하게 된 경우

07. 재고자산으로서 <u>파손·부패 등의 사유로 정상가격으로 판매할 수 없는 것</u>은 그 장부가액을 감액할 수 있다.

08. 내국법인이 각 사업연도에 지출하는 기부금 중 손금산입한도액을 초과하여 손금에 산입하지 아니한 금액은 <u>해당 사업연도의 다음 사업연도 개시일부터 10년 이내에 끝나는 각 사업연도</u>로 이월하여 그 이월된 사업연도의 소득금액을 계산할 때 그 기부금 각각의 손금산입한도액의 범위에서 손금에 산입한다.

09. 법인세와 법인세지방소득세 및 부가가치세의 매입세액, 법령에 따른 의무의 불이행 등에 대한 제재로서 부과되는 공과금(장애인고용부담금)은 손금불산입 한다.

10. 증권시장에서 <u>유가증권의 손익의 귀속시기는 매매계약을 체결한 날</u>이다.

11. 채무보증으로 인한 구상채권과 특수관계인에게 해당 법인의 업무와 관련 없이 지급한 가지급금 등의 채권은 대손충당금 설정 대상에서 제외한다.

12. 법인세법상 <u>소득공제는 이월공제 및 소급공제를 허용하고 있지 않다.</u>

14. 사업개시일 이전에 사업자등록을 신청한 경우에는 그 <u>신청한 날부터 그 신청일이 속하는 과세기간의 종료일까지</u>로 한다.

15. 부동산임대업은 부동산의 등기부상 소재지가 사업장이다.

16. **사업자가 폐업한 경우에는 지체 없이 사업자등록을 말소**하여야 한다.

17. 의제매입세액의 공제시기는 면세농산물 등을 **매입한 날이 속하는 과세기간**으로 한다.

19. 수출대행수수료는 **국내에서 공급되는 용역에 대한 대가이므로 10% 세율이 적용**된다.

20. 과세표준 = 외상매출액(100,000,000) + 비영업용소형승용차 매각액(10,000,000)

   + 폐업시 잔존재화(5,000,000) = 115,000,000원

21. 수입재화에 대하여 세관장으로부터 수취한 **수입세금계산서의 매입세액은 공제가 가능**하다.

22. ②, ③은 재화 또는 용역의 공급에 해당하고, ①은 재화의 수입에 해당하지 않는다.

   보세구역에서 국내로 공급하는 경우 재화의 수입에 해당한다.

23. **우편주문 판매를 대행하는 용역은 면세에 해당하지 아니한다.**

24. 영수증 발급 대상 사업자라 하더라도 재화 또는 용역을 공급받는 자가 **사업자등록증을 제시하고 세금계산서의 발급을 요구하는 경우로서 세금계산서를 발급**하여야 한다.

25. **개인사업자와 소규모법인사업자의 경우에는 예정신고하지 아니하고 예정고지 세액을 납부할 수 있다.**

26. 납부할 세액이 2천만원을 초과하는 경우에는 그 세액의 **100분의 50 이하의 금액 납부기한이 지난 날부터 1개월(중소기업의 경우에는 2개월) 이내에 분납**할 수 있다.

27. 법인이 자산을 시가보다 높은 가액으로 매입한 경우 **시가와 거래가액의 차액이 3억원 이상이거나 시가의 100분의 5에 상당하는 금액 이상인 경우에 한하여 적용**한다.

28. 손금(상여금) = 직원 상여금(20,000,000 + 30,000,000) + 지급기준 범위 내 임원 상여금

   (40,000,000) = 90,000,000원

   법인이 **근로자에게 지급하는 상여금은 원칙적으로 손금에 산입**하나, 법인이 임원에게 지급하는 상여금 중 정관·주주총회·사원총회 또는 이사회의 결의에 따라 결정된 급여지급기준에 의하여 지급하는 금액을 초과하여 지급한 경우 그 초과금액은 손금에 산입하지 않는다.

세법2부-국세기본법, 소득세법, 조세특례제한법

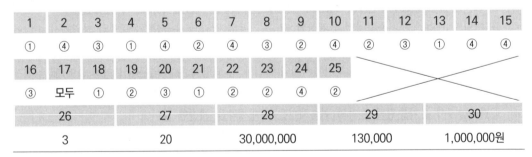

1	2	3	4	5	6	7	8	9	10	11	12	13	14	15
①	④	③	①	④	②	④	③	②	④	②	③	①	④	④

16	17	18	19	20	21	22	23	24	25
③	모두	①	②	③	①	②	②	④	②

26	27	28	29	30
3	20	30,000,000	130,000	1,000,000원

01. **기한연장은 3개월 이내로 하되**, 해당 기한연장의 사유가 소멸되지 않는 경우 관할 세무서장은 1개월의 범위에서 그 기한을 다시 연장할 수 있다.

02. 공시송달의 경우에는 서류의 주요 내용을 **공고한 날부터 14일이 지나면 서류 송달이 된 것**으로 본다.

03. **근거과세의 원칙은 국세 부과의 원칙 중 하나이다.**

04. 부과가 취소된 때 납세의무가 소멸하고, **부과의 철회는 납세의무의 소멸사유**가 아니다.

05. **중간예납하는 법인세**는 원칙적으로 납세의무가 성립하는 때에 **특별한 절차없이 그 세액이 확정**된다. 다만, 세법에 따라 정부가 조사·결정하는 경우는 제외한다.

06. 수정신고는 과세표준신고서 또는 기한후과세표준신고서에 기재된 결손금액 또는 환급세액이 세법에 따라 신고하여야 할 **결손금액이나 환급세액을 초과할 때에 할 수 있다.**

07. **가산세는 과세표준의 결손 시에도 부과**하며, 납부할 세액에 가산하거나 환급받을 세액에서 공제한다.

08. 과세표준신고서가 **관할 세무서장 외의 세무서장에게 제출된 경우**에도 그 **신고의 효력에는 영향이 없다.**

09. 불복청구의 대상이 되는 처분으로 **권리나 이익을 침해당하지 않는 경우는 각하 결정 사유**에 해당한다.

10. 물납재산이 수납된 이후 발생한 **법정과실 및 천연과실은 납세자에게 환급하지 아니하고 국가에 귀속**된다.

11. 거래상대방에 대한 조사가 필요한 경우에는 같은 세목 및 같은 과세기간에 대하여 재조사할 수 있다.

12. 거주자 1인과 그의 특수관계인이 공동사업자에 포함되어 있는 경우로서 손익분배비율을 거짓으로 정하는 등 경우에 **공동사업합산과세 제도**가 있다.

13. 보통예금·정기예금 등의 이자의 수입시기는 실제로 이자를 지급받는 날(20X1년)이다.
비영업대금의 이익 : 약정에 의한 이자지급일. 다만, 약정에 의한 이자지급일 전에 이자를 받는 경우 그 이자지급일(20X0년)
위약을 원인으로 하는 손해배상금에 대한 법정이자는 기타소득이다

16. 「국민건강보험법」, 「고용보험법」 또는 「노인장기요양보험법」에 따라 국가, 지방자치단체 또는 **사용자가 부담하는 보험료는 비과세소득에 해당**한다.

17. 근로자 또는 그 배우자의 출산이나 6세 이하 자녀의 보육과 관련하여 **사용자로부터 받는 급여는 월 20만원(개정세법 24) 이내의 금액을 한도로 비과세**한다. 모두 20만원이내의 금액은 비과세이다.

18. **공적연금소득 외 연금소득에 대해서도 원천징수**한다.

19. **재산권에 관한 알선수수료는 의제필요경비가 적용되지 아니한다.**

20. 부당행위계산의 부인은 **출자공동사업자의 배당소득, 사업소득, 기타소득, 양도소득**에 대해서 적용한다.

21. 종합소득이 있는 거주자가 **연금계좌에 납입한 금액이 있는 경우 해당 과세기간의 종합소득산출세액에서 공제**한다.

22. 경로우대자공제 1명당 연 100만원, 장애인공제 1명당 연 200만원, 부녀자공제 연 50만원, 한부모공제 연 100만원

23. **양도소득기본공제는 각 호의 소득별로 각각 250만원을 적용**한다.

24. 사업소득만 있는 사업자는 무조건 과세표준확정신고를 해야 한다.

25. **1개의 계좌를 2 이상의 사업장에 대한 사업용계좌로 신고할 수 있다.**

26. 소득세를 원천징수하여 납부할 의무를 지는 자가 징수하여야 할 세액을 법정납부 기한까지 납부하지 아니한 경우 **납부하지 아니한 세액의 10%를 한도**로 하여 다음의 금액을 합한 금액을 가산세로 한다.

27. 국세청장은 심사청구의 내용이나 절차가 이 법 또는 세법에 적합하지 아니하나 보정할 수 있다고 인정되면 **20일 이내의 기간을 정하여 보정할 것을 요구**할 수 있다.

29. 근로소득이 있는 거주자로서 특별세액공제, 특별소득공제 및 월세액에 대한 세액공제 신청을 하지 아니한 경우 : 연 13만원

30. 기업업무추진비한도액(중소기업) = 기본한도(36,000,000) + 수입금액(1,000,000,000) × 0.3%
$$= 39,000,000원$$

기업업무추진비(40,000,000) - 기업업무추진비한도액(39,000,000) = 1,000,000원

제104회 세무회계2급

합격율	시험년월
23%	2023.04

세법1부 **법인세법, 부가가치세법**

01. 다음 중 법인세법상 납세지에 관한 설명으로 틀린 것은?

① 법인은 납세지가 변경된 경우 그 변경된 날부터 15일 이내에 변경 후의 납세지 관할 세무서장에게 이를 신고하여야 한다.

② 납세지 변경신고를 하지 아니한 경우에는 종전의 납세지를 그 법인의 납세지로 한다.

③ 신고기한을 경과하여 변경신고를 한 경우에는 다음 사업연도부터 변경된 납세지를 그 법인의 납세지로 한다.

④ 외국법인이 납세지를 국내에 가지지 아니하게 된 경우에는 그 사실을 납세지 관할 세무서장에게 신고하여야 한다.

02. 다음 중 법인세법상 사업연도에 대한 설명으로 가장 옳지 않은 것은?

① 내국법인이 사업연도 중에 합병에 따라 해산한 경우에는 그 사업연도 개시일부터 합병등기일까지의 기간을 그 해산한 법인의 1사업연도로 본다.

② 외국법인의 최초사업연도의 개시일은 국내에 사업자등록을 신청한 날이다.

③ 사업연도는 법령이나 법인의 정관 등에서 정하는 1회계기간으로 한다. 다만 그 기간은 1년을 초과하지 못한다.

④ 사업연도를 변경하려는 법인은 그 법인의 직전 사업연도 종료일부터 3개월 이내에 납세지 관할 세무서장에게 신고하여야 하며, 이 기한까지 신고하지 아니한 경우에는 사업연도가 변경되지 아니한 것으로 본다.

03. 다음 중 법인세법에 따른 결산조정사항에 해당하는 것은?

① 업무용승용차의 감가상각비의 손금산입

② 소멸시효 완성분 대손금의 손금산입

③ 파손으로 인한 재고자산평가손실의 손금산입

④ 감가상각의제 대상 법인의 의제상각액

04. 다음 중 법인세법상 소득처분에 관한 내용으로 옳지 않은 것은?

① 기타사외유출로 소득처분되는 경우에는 사후관리가 불필요하다.

② 사외유출된 소득이 주주인 임원에게 귀속된 경우 상여로 처분한다.

③ 개인주주에게 배당으로 소득처분되는 경우에는 법인에게 소득세 원천징수의무가 발생한다.

④ 유보로 소득처분 되는 경우에는 소득구분계산서 서식에서 관리한다.

05. 다음 중 법인세법상 익금불산입 항목에 해당하는 것은?

① 자산의 양도금액

② 자기주식처분이익

③ 「보험업법」에 의한 자산의 평가증

④ 지방세 과오납금의 환급금에 대한 이자

06. 다음 중 법인세법상 손금에 대한 설명으로 옳지 않은 것은?

① 손금은 자본 또는 출자의 환급, 잉여금의 처분을 제외하고 해당 법인의 순자산을 감소시키는 거래로 인하여 발생하는 손실 또는 비용의 금액으로 한다.

② 법령에 따라 의무적으로 납부하는 공과금은 손금에 산입한다.

③ 해당 법인의 소액주주가 아닌 주주인 임원이 사용하고 있는 사택 유지비는 손금에 산입한다.

④ 업무와 관련하여 발생한 교통사고 벌과금은 손금에 산입하지 아니한다.

07. 다음은 ㈜한국의 재고자산 평가에 관한 자료이다. 다음 중 ㈜한국의 기말 재고자산에 대하여 적용할 법인세법상 재고자산의 평가방법으로 옳은 것은?

> 사업연도는 20x1.01.01.~20x1.12.31.이다.
> 당초 신고한 재고자산 평가방법은 총평균법이다.
> 재고자산 평가방법을 20x1.12.15일에 이동평균법으로 변경신고하고, 변경신고한 방법으로 평가하였다.
> 20X1년 기말 재고자산 평가액
> • 선입선출법 : 50,000,000원　　　　　• 총평균법 : 30,000,000원
> • 이동평균법 : 40,000,000원　　　　　• 후입선출법 : 20,000,000원

① 선입선출법　　　　② 총평균법　　　　③ 이동평균법　　　　④ 후입선출법

08. 다음 중 법인세법상 기부금 손금산입 한도액이 다른 것은?
① 사회복지법인에 고유목적사업비로 지출하는 기부금
② 종교단체에 고유목적사업비로 지출하는 기부금
③ 사회복지공동모금회에 지출하는 기부금
④ 유엔난민기구에 지출하는 기부금

09. 다음 중 법인세법상 현실적인 퇴직에 해당하지 않는 경우는 어느 것인가?
① 법인의 직원이 해당 법인의 임원으로 취임한 경우
② 법인의 임직원이 그 법인의 조직변경에 의하여 퇴직한 경우
③ 임원이 연임된 경우
④ 무주택자인 근로자가 본인 명의로 주택을 구입하기 위해 퇴직급여를 중간정산하여 지급한 경우

10. 다음 중 법인세법상 의제배당에 관한 내용으로 가장 옳지 않은 것은?
① 「상법」상의 배당은 아니지만, 주주 등이 실질적으로 이와 유사한 경제적 이익을 받게 될 때 세법상 배당으로 본다.
② 자기주식처분이익의 전입으로 수령한 무상주는 배당으로 의제한다.
③ 주주인 내국법인이 취득하는 합병대가가 그 피합병법인의 주식 등을 취득하기 위하여 사용한 금액을 초과하는 금액은 배당으로 본다.
④ 해산으로 인한 의제배당의 귀속시기는 해산등기일이다.

11. 다음 중 법인세법상 감가상각방법을 신고하지 아니한 경우에 적용되는 상각방법이 다른 것은?

    ① 건축물   ② 광업권   ③ 폐기물매립시설   ④ 광업용 유형자산

12. 다음 중 법인세법상 부당행위계산의 부인에 관한 설명으로 옳지 않은 것은?

    ① 내국법인의 행위 또는 소득금액의 계산이 특수관계인과의 거래로 인하여 그 법인의 소득에 대한 조세의 부담을 부당하게 감소시킨 것으로 인정되는 경우에 부당행위계산의 부인을 적용한다.

    ② 부당행위계산을 적용할 때에는 건전한 사회 통념 및 상거래 관행과 특수관계인이 아닌 자 간의 정상적인 거래에서 적용되거나 적용될 것으로 판단되는 가격을 기준으로 한다.

    ③ 특수관계인에는 발행주식총수 또는 출자총액의 100분의 1에 미달하는 주식을 소유한 주주 등은 해당하지 않는다.

    ④ 자산을 시가보다 낮은 가액으로 매입한 경우에도 조세의 부담을 부당하게 감소시킨 것으로 인정된다.

13. 다음 중 법인세법상 신고 및 납부에 대한 설명으로 옳지 않은 것은?

    ① 법인세 납세의무가 있는 내국법인은 각 사업연도 종료일이 속하는 달의 말일부터 3개월(성실신고확인서를 제출하는 경우에는 4개월) 이내에 그 사업연도의 소득에 대한 법인세의 과세표준과 세액을 신고하여야 한다.

    ② 각 사업연도 소득금액이 없거나 결손금이 발생한 경우에도 법인세 신고를 하여야 한다.

    ③ 내국법인이 납부할 세액이 1천만원을 초과하는 경우에는 납부기한이 지난 날부터 2개월(중소기업의 경우에는 3개월) 이내에 분납할 수 있다.

    ④ 내국법인의 중간예납기간은 해당 사업연도의 개시일부터 6개월이 되는 날까지로 한다.

14. 다음 중 부가가치세법상 사업자에 대한 설명으로 가장 옳지 않은 것은?

    ① 사업자는 일반과세자와 간이과세자로 분류된다.

    ② 수익사업을 영위하는 비영리법인은 사업자에 해당하지 아니한다.

    ③ 국가와 지방자치단체도 사업자가 될 수 있다.

    ④ 면세사업자는 부가가치세법상 납세의무를 지지 아니한다.

15. 다음 중 부가가치세법상 과세기간에 대한 설명으로 옳지 않은 것은?

① 간이과세자의 과세기간은 1월 1일부터 12월 31일까지이다.

② 신규로 사업을 시작하는 자에 대한 최초의 과세기간은 사업 개시일부터 그 날이 속하는 과세기간의 종료일까지로 한다.

③ 사업 개시일 이전에 사업자등록을 신청한 경우에는 그 신청한 날부터 그 신청일이 속하는 과세기간의 종료일까지로 한다.

④ 사업자가 폐업하는 경우의 과세기간은 폐업일이 속하는 과세기간의 개시일부터 폐업을 신청한 날까지로 한다.

16. 다음 중 부가가치세법상 사업자 단위 과세에 관한 설명으로 가장 옳지 않은 것은?

① 사업장이 둘 이상인 사업자는 사업자 단위로 해당 사업자의 본점 또는 주사무소 관할 세무서장에게 등록을 신청할 수 있다.

② 사업장 단위로 등록한 사업자가 사업자 단위 과세 사업자로 변경하려면 적용받으려는 과세기간 개시 20일 전까지 사업자의 본점 또는 주사무소 관할 세무서장에게 변경등록을 신청하여야 한다.

③ 사업자 단위 과세 사업자는 각 사업장을 대신하여 그 사업자의 본점 또는 주사무소의 소재지를 부가가치세 납세지로 한다.

④ 사업자 단위 과세 사업자가 각 사업장별로 신고·납부하려는 경우에는 그 납부하려는 과세기간 개시 30일 전에 사업자 단위 과세 포기신고서를 사업자 단위 과세 적용 사업장 관할 세무서장에게 제출하여야 한다.

17. 다음 중 부가가치세법상 과세하는 타사업장 반출 재화에 해당하는 것은?

① 자기의 다른 사업장에서 원료 등으로 사용하기 위하여 반출하는 경우

② 주사업장 총괄 납부 사업자가 판매 목적으로 타사업장에 반출하는 경우로서 세금계산서를 발급하고 확정신고한 경우

③ 상품진열 등의 목적으로 자기의 다른 사업장으로 반출하는 경우

④ 판매 목적으로 타사업장에 반출하는 경우로서 사업자 단위 과세 사업자인 경우

18. 다음 중 부가가치세법상 재화의 공급시기로 가장 옳지 않은 것은?

① 장기할부판매 : 대가의 각 부분을 받기로 한 때

② 사업상 증여 : 재화를 증여하는 때

③ 완성도기준지급조건부 판매 : 그 조건이 성취되거나 기한이 지나 판매가 확정되는 때

④ 폐업 시 잔존재화 : 폐업일

19. 다음 중 부가가치세법상 공제하지 않는 매입세액에 해당하지 않는 것은?

① 토지의 조성을 위한 자본적 지출에 대한 매입세액

② 기업업무추진비 관련 매입세액

③ 일반과세자가 면세사업자에게 공급한 재화에 대응하는 원재료 매입가액에 대한 매입세액

④ 비영업용 개별소비세 과세 대상 소형승용차의 구입에 관련된 매입세액

20. 다음 중 부가가치세법상 용역의 공급으로 보지 않는 것은?

① 고용관계에 따라 근로를 제공하는 것

② 건설업의 경우 건설사업자가 건설자재의 전부 또는 일부를 부담하는 것

③ 자기가 주요자재를 전혀 부담하지 않고 상대방으로부터 인도받은 재화를 단순히 가공만 해주는 것

④ 특수관계인에게 사업용 부동산의 임대용역을 공급하는 것

21. 다음 중 부가가치세법상 과세표준에 포함되는 것으로 옳은 것은?

① 대가의 지급 지연으로 인하여 받는 연체이자

② 환입된 재화의 가액

③ 공급받는 자에게 도달하기 전에 파손된 재화의 가액

④ 장기할부판매의 이자상당액

22. 다음 중 부가가치세법상 면세포기에 관하여 옳지 않은 것은?

① 부가가치세의 면세포기를 적용받기 위해서는 그 적용을 받으려는 달의 마지막 날까지 사업장 관할 세무서장에게 신고해야 한다.

② 부가가치세의 면세를 포기하려는 사업자는 면세포기신고서에 의하여 관할 세무서장에게 신고하고, 지체 없이 사업자등록을 해야 한다.

③ 부가가치세의 면세포기신고를 한 사업자는 신고한 날로부터 3년간은 부가가치세의 면제를 받지 못한다.

④ 부가가치세가 면제되는 재화 또는 용역의 공급이 영세율 적용의 대상이 되는 경우와 학술등 연구단체가 그 연구와 관련하여 실비 또는 무상으로 공급하는 재화 또는 용역의 경우는 부가가치세의 면세포기가 가능하다.

23. 다음 중 부가가치세법상 세금계산서 발급의무가 있는 경우로 옳은 것은?

① 무인자동판매기를 이용하여 공급되는 재화

② 부동산임대용역 중 간주임대료

③ 사업상 증여

④ 내국신용장에 의하여 공급하는 재화

24. 다음 중 부가가치세법상 의제매입세액공제율에 관한 설명으로 옳지 않은 것은?

① 음식점을 경영하는 법인사업자 : 6/106

② 음식점을 경영하는 해당 과세기간 과세표준 2억 이하인 개인사업자 : 9/109

③ 음식점을 경영하는 해당 과세기간 과세표준 2억 초과인 개인사업자 : 8/108

④ 제조업 중 떡방앗간을 경영하는 개인사업자 : 4/104

25. 다음 중 부가가치세법상 간이과세자에 대한 규정으로 가장 옳지 않은 것은?

① 제조업을 영위하는 사업자로서 직전 연도의 공급대가의 합계액이 4천800만원 이상인 사업자는 세금계산서를 발급할 수 있다.

② 세금계산서를 교부받은 경우 '매입세액 × 업종별부가율'의 금액을 납부세액에서 공제한다.

③ 간이과세자는 의제매입세액공제를 적용받을 수 없다.

④ 해당 과세기간에 대한 공급대가의 합계액이 4천800만원 미만인 경우 납부의무가 면제된다.

1부 주관식   문항 당 5점

26. 중소기업인 ㈜발전의 제1기 사업연도(20x1.7.1.~20x1.12.31.) 기업업무추진비한도액 계산 시 수입금액이 없더라도 법인세법상 최소한 인정받을 수 있는 기업업무추진비한도액을 숫자로 표시하시오.

27. 다음은 법인세법상 감가상각 중 즉시상각의제에 관한 내용이다. 괄호 안에 들어갈 알맞은 숫자를 쓰시오.

> 취득가액이 거래단위별로 (   )원 이하인 감가상각자산에 대해서는 그 사업에 사용한 날이 속하는 사업연도의 손비로 계상한 것에 한정하여 손금에 산입한다.

28. 법인세법상 다음 괄호 안에 들어갈 알맞은 숫자를 쓰시오.

> 각 사업연도 소득에서 공제하는 이월결손금은 각 사업연도 소득의 100분의 (   )을 한도로 한다(중소기업과 회생계획을 이행 중인 기업 등 대통령령으로 정하는 법인은 제외).

29. 부가가치세법상 다음 괄호 안에 알맞은 숫자는?

> 사업자가 사업개시일로부터 20일 이내에 등록을 신청하지 아니한 경우에는 사업개시일로부터 등록을 신청한 날의 직전일까지의 공급가액 합계액의 (   )%를 가산세로 한다.

30. 부가가치세법상 다음 빈칸에 들어갈 숫자를 쓰시오.

> 2023년도 사업장별 재화 및 용역의 공급가액의 합계액이 (   )억원 이상인 개인사업자가 2024.07.01. 이후 공급분에 대해 세금계산서를 발급하려면 대통령령으로 정하는 전자적 방법으로 세금계산서를 발급하여야 한다.

세법2부 **국세기본법, 소득세법, 조세특례제한법**

---

01. 다음 중 국세기본법상 기간과 기한에 대한 설명으로 가장 잘못된 것은?

① 세법에서 규정하는 신고 등에 관한 기한이 공휴일인 경우에는 그 다음 날을 기한으로 한다.

② 세법에서 규정하는 신고기한 만료일에 국세정보통신망이 프로그램의 오류로 전자신고를 할 수 없는 경우에는 그 장애가 복구되어 신고할 수 있게 된 날의 다음 날을 기한으로 한다.

③ 우편으로 과세표준신고서를 제출한 경우 과세관청에 도달한 때에 신고된 것으로 본다.

④ 신고서 등을 전자신고 하는 경우에는 해당 신고서 등이 국세청장에게 전송된 때에 신고된 것으로 본다.

02. 다음 중 국세기본법상 서류의 송달에 관한 내용으로 잘못된 것은?

① 송달을 받아야 할 자가 송달받기를 거부하지 아니하면 다른 장소에서 교부할 수 있다.

② 송달받아야 할 자를 만나지 못하였을 때에는 그 사용인 등으로서 사리를 판별할 수 있는 사람에게 서류를 송달할 수 있다.

③ 납부의 고지와 관계되는 서류의 송달을 우편으로 할 때에는 원칙적으로 등기우편으로 하여야 한다.

④ 국세정보통신망의 장애로 전자송달을 할 수 없는 경우 공시송달의 방법으로 송달하여야 한다.

03. 다음 중 국세기본법상의 세법적용의 원칙에 해당하지 않는 것은?

① 소급과세금지의 원칙

② 실질과세의 원칙

③ 세무공무원의 재량과 한계

④ 기업회계의 존중

04. 다음 중 국세기본법상 납세의무의 확정에 대한 설명으로 옳지 않은 것은?

① 소득세와 법인세는 납세의무자가 과세표준과 세액을 정부에 신고했을 때 확정된다.

② 인지세는 납세의무가 성립하는 때에 특별한 절차 없이 그 세액이 확정된다.

③ 정부부과제도의 세목이라 하더라도 납세자가 과세표준과 세액을 정부에 신고하면 확정된다.

④ 납세의무자가 과세표준과 세액을 무신고 하는 경우 정부가 결정 또는 경정하는 때에 확정된다.

05. 다음 중 국세기본법상 국세징수권에 관한 설명으로 옳지 않은 것은?

① 5억원 이상의 국세의 국세징수권 소멸시효기간은 7년이다.

② 5억원 미만의 국세의 국세징수권 소멸시효기간은 5년이다.

③ 과세표준과 세액의 신고에 의하여 납세의무가 확정되는 국세의 경우 신고한 세액에 대해서는 그 법정 신고납부기한의 다음 날 국세징수권을 행사할 수 있다.

④ 과세표준과 세액을 정부가 결정, 경정 또는 수시부과결정하는 경우 납부고지한 세액에 대해서는 그 고지에 따른 납부기한의 다음 날 국세징수권을 행사할 수 있다.

06. 다음 중 국세기본법상 수정신고에 관한 내용으로 가장 잘못된 것은?

① 원천징수의무자의 정산 과정에서의 누락으로 불완전한 신고를 한 경우 수정신고를 할 수 있다.

② 과세표준신고서를 법정신고기한까지 제출한 자만 수정신고 할 수 있다.

③ 법정신고기한까지 신고한 자가 신고기한이 지난 후 2년 이내에 수정신고한 경우 가산세가 감면 된다.

④ 소득세를 법정신고기한까지 신고한 자의 수정신고는 당초 신고에 따라 확정된 세액을 증액하여 확정하는 효력을 가진다.

07. 국세기본법상 제2차 납세의무에 대한 설명 중 옳은 것은?

① 제2차 납세의무를 지는 무한책임사원의 납부책임에는 한도가 없다.

② 청산인의 제2차 납세의무의 범위에는 한도가 없다.

③ 출자자의 제2차 납세의무자는 납부기간 종료일 현재의 무한책임사원 등이다.

④ 사업양수인은 양도인이 사업용 부동산을 양도함으로써 납부하여야 할 양도소득세에 대하여 제2 차 납세의무를 진다.

08. 다음 중 국세기본법상 국세의 우선권에서 우선 여부를 판단하는 법정기일로 옳지 않은 것은?

① 과세표준과 세액의 신고에 따라 납세의무가 확정되는 국세로서 신고한 세액 : 그 신고일

② 과세표준과 세액을 정부가 결정하는 경우의 고지한 세액 : 해당 세액의 결정일

③ 원천징수의무자나 납세조합으로부터 징수하는 국세 : 그 납세의무 확정일

④ 제2차 납세의무자의 재산에서 징수하는 국세 : 그 납부고지서의 발송일

09. 다음 중 국세기본법상 조세불복제도에 대한 설명으로 옳지 않은 것은?

① 심사청구는 세무서장을 거쳐 국세청장에게 하여야 한다.

② 동일한 처분에 대해서는 심사청구와 심판청구를 중복하여 제기할 수 없다.

③ 종합소득금액이 5천만원을 초과하는 경우 신청 또는 청구 시 국선대리인의 선정을 신청할 수 없다.

④ 심사청구와 심판청구는 정보통신망을 이용하여 제출할 수 없다.

10. 다음 중 국세기본법상 국세환급금에 관한 설명으로 옳지 않은 것은?

① 세무서장은 납세의무자가 국세 및 강제징수비로서 납부한 금액 중 잘못 납부한 금액이 있을 때에는 즉시 그 잘못 납부한 금액을 국세환급금으로 결정하여야 한다.

② 국세환급금 중 충당한 후 남은 금액은 국세환급금의 결정을 한 날부터 20일 내에 대통령령으로 정하는 바에 따라 납세자에게 지급하여야 한다.

③ 납세자는 국세환급금에 관한 권리를 타인에게 양도할 수 있다.

④ 세무서장은 국세환급금에 관한 권리의 양도 요구가 있는 경우에 양도인 또는 양수인이 납부할 국세 및 강제징수비에 충당하고, 남은 금액에 대해서는 양도의 요구에 지체 없이 따라야 한다.

11. 다음 중 국세기본법에 대한 설명으로 옳지 않은 것은?

① 납세자가 작성·비치한 장부 및 증빙서류는 그 거래사실이 속하는 과세기간 종료일부터 10년간 보존하여야 한다.

② 납세자가 국내에 주소 또는 거소를 두지 않은 때에는 세무사를 납세관리인으로 둘 수 있다.

③ 국세청장은 국세기본법에 규정한 사항, 기타 납세자의 권리보호에 관한 사항을 포함하는 납세자권리헌장을 제정하여 고시하여야 한다.

④ 납세자가 과세표준신고서를 우편으로 제출하는 경우에는 접수증을 교부하지 않을 수 있다.

12. 다음 중 소득세법에 대한 설명으로 가장 옳은 것은?

① 외국 국적을 가진 자는 거주자가 될 수 없다.

② 거주자의 소득세 납세지는 그 주소지로 하며, 주소지가 없는 경우에는 그 사업장 소재지로 한다.

③ 신규사업자의 과세기간은 사업개시일부터 12월 31일까지이다.

④ 현행 종합소득세의 세율은 8단계 초과누진세율이 적용된다.

13. 다음 중 소득세법상 국내원천소득에 대해서만 납세의무를 지는 자는?

① 계속하여 183일 이상 국내에 거주할 것을 통상 필요로 하는 직업을 가진 자

② 국내에 생계를 같이하는 가족이 있고, 그 직업 및 자산상태에 비추어 계속하여 183일 이상 국내에 거주할 것으로 인정되는 자

③ 외국을 항행하는 항공기의 승무원으로서 근무기간 외의 기간 중 통상 체재하는 장소가 국내에 있는 자

④ 국내에 주소를 둔 주한 외교관(대한민국 국민 아님)

14. 다음 중 소득세법상 배당가산(Gross-up) 대상이 되는 배당소득은?

① 법인으로 보는 단체로부터 받는 배당

② 출자공동사업자가 손익분배비율에 따라 받는 금액

③ 외국법인으로부터 받는 배당소득

④ 일반 집합투자기구로부터의 이익

15. 다음 중 소득세법상 사업소득에 대한 총수입금액에 산입하지 않는 것은?

① 거래상대방으로부터 받는 장려금 기타 이와 유사한 성질의 금액

② 관세환급금 등 필요경비로 지출된 세액이 환입되었거나 환입될 금액

③ 사업과 관련하여 해당 사업용 자산의 손실로 취득하는 보험차익

④ 부가가치세의 매출세액

16. 다음 중 소득세법상 복식부기의무자의 업무용승용차 관련비용에 대한 설명으로 옳지 않은 것은?

① 업무용승용차의 감가상각비를 계산할 때에는 정액법으로 상각하여야 한다.

② 간편장부대상자는 업무용승용차 관련비용에 대한 규정을 적용받지 아니한다.

③ 업무전용자동차보험에 가입하지 않은 경우 업무용승용차 관련비용은 전액 필요경비 불산입된다.

④ 업무용승용차별 감가상각비는 일반적인 경우 800만원까지 인정된다.

17. 다음 중 소득세법상 근로소득으로 과세하는 것은?

① 비출자임원이 사택을 제공받음으로써 얻는 이익

② 사용자가 국민건강보험법에 따라 부담한 국민건강보험료

③ 임직원의 고의(중과실 포함) 외의 업무상 행위로 인한 손해배상청구를 지급 사유로 하고 임직원을 피보험자로 하여 사용자가 부담한 손해배상보험의 보험료

④ 총급여액 5천만원인 생산직근로자가 받는 연 240만원 이내의 시간외근무수당

18. 다음 중 소득세법상 기타소득에 대한 설명으로 옳지 않은 것은?

① 저작자가 저작권법에 의한 저작권사용료로서 받는 금품은 사업성 유무와 관계없이 자유직업소득으로서 기타소득에 해당한다.

② 물품을 일시적으로 대여하고 사용료로서 받는 금품은 기타소득이다.

③ 일시적인 문예창작소득은 기타소득이지만 소설가가 소설을 쓰고 받는 인세의 경우는 사업소득이다.

④ 복권, 경품권, 그 밖에 추첨권에 당첨되어 받는 금품은 기타소득이다.

19. 다음 중 소득세법상 결손금에 관한 내용으로 옳지 않은 것은?

　① 사업소득에서 발생하는 결손금은 근로·연금·기타·이자·배당소득금액에서 순서대로 공제한다.

　② 부동산임대업(주거용 건물 임대업 제외)에서 발생한 결손금은 부동산임대업의 소득금액에서만 공제한다.

　③ 해당 과세기간의 소득금액을 추계조사결정하는 경우에는 결손금을 공제할 수 없다.

　④ 배당소득 또는 이자소득 중 원천징수세율을 적용받는 부분은 결손금의 공제대상에서 제외한다.

20. 다음 중 소득세법상 부양가족의 연령 및 소득금액의 제한 없이 적용받을 수 있는 공제항목으로 옳은 것은?

　① 특별세액공제 – 장애인전용보장성보험료세액공제

　② 특별세액공제 – 의료비세액공제

　③ 기본공제 – 직계비속

　④ 추가공제 – 장애인

21. 다음 중 소득세법상 세액공제 금액이 가장 큰 것으로 옳은 것은? (단, 공제요건은 모두 충족한 것으로 가정한다.)

　① 기본공제대상자에 해당하는 8세 이상의 자녀가 4명인 경우

　② 장애인전용보장성보험료로 200만원을 지출한 경우

　③ 대학생인 아들의 대학교 등록금으로 500만원을 지출한 경우

　④ 당해 과세기간에 출산한 공제대상자녀가 넷째인 경우

22. 다음 중 소득세법상 양도소득세 과세 대상에 해당하는 것은?

　① 토지소유권의 무상 이전

　② 골프장 회원권의 유상 양도

　③ 사업용 기계장치의 양도

　④ 이혼 시 재산분할

23. 다음 중 소득세법상 근로소득의 과세 방법에 대한 설명으로 옳지 않은 것은?

    ① 원천징수의무자는 매월분의 근로소득을 지급할 때 근로소득 간이세액표에 따라 소득세를 원천징수한다.

    ② 일용근로소득은 원천징수로서 납세의무가 종결된다.

    ③ 원천징수의무자는 원천징수한 소득세를 그 징수일의 다음 달 10일까지 납부하여야 한다.

    ④ 일용근로소득자는 1일 15만원의 근로소득세액공제를 적용하며, 별도의 세액공제는 적용하지 아니한다.

24. 다음 중 소득세법상 중간예납 신고를 할 수 있는 자는?

    ① 해당 과세기간의 개시일 현재 사업자가 아닌 자로서 해당 과세기간 중에 사업을 개시한 자

    ② 종합소득이 있는 거주자 중 중간예납추계액이 중간예납기준액의 30%에 미달하는 자

    ③ 이자·배당·근로·연금소득 또는 기타소득만 있는 자

    ④ 사업소득자로서 휴·폐업 등으로 수시부과 소득만 있는 자

25. 다음 중 소득세법상 사업장현황신고를 반드시 해야 하는 경우는?

    ① 해당 과세기간 중 폐업한 면세사업자의 경우

    ② 사업자가 사망함으로써 과세표준확정신고 특례가 적용되는 경우

    ③ 부가가치세 과세·면세사업 겸영하는 사업자가 면세사업 수입금액 등을 신고하는 경우

    ④ 독립된 자격으로 보험모집 용역을 제공하고 그 실적에 따라 모집수당을 받는 자의 경우

2부 주관식   문항 당 5점

26. 국세기본법상 다음 괄호 안에 들어갈 알맞은 숫자를 쓰시오.

> 과세표준신고서를 법정신고기한까지 제출한 자가 법정신고기한이 지난 후 1개월 이내에 수정신고한 경우, 과소신고·초과환급신고가산세액의 100분의 (   )에 상당하는 금액을 감면한다.

27. 다음은 국세기본법상 세무조사 사전통지에 관한 내용이다. 빈칸에 들어갈 숫자를 적으시오.

> 세무공무원은 세무조사를 하는 경우에는 조사를 받을 납세자(납세자가 납세관리인을 정하여 관할 세무서장에게 신고한 경우에는 납세관리인)에게 조사를 시작하기 (   )일 전에 납세자 또는 납세관리인의 성명과 주소 또는 거소, 조사기간, 조사대상 세목, 과세기간 및 조사 사유, 부분조사를 실시하는 경우에는 해당 부분조사의 범위를 적은 문서로 통지해야 한다.

28. 다음은 소득세법상 연금소득에 관한 내용이다. 다음 괄호 안에 들어갈 숫자를 적으시오.

> 연금소득은 종합과세를 원칙으로 한다. 다만, 무조건 분리과세 대상 연금소득 외의 사적연금소득의 합계액이 연 (   )원 이하인 경우 종합소득과세표준에 합산하지 아니하고 분리과세하되, 이 경우에도 해당 소득이 있는 거주자가 종합소득과세표준을 계산할 때 이를 합산하고자 하는 때에는 종합과세한다.

29. 소득세법상 다음 괄호 안에 공통으로 들어갈 알맞은 숫자를 쓰시오.

> 고용관계 없이 다수인에게 강연을 하고 강연료 등의 대가를 받은 20x1년 귀속 기타소득에 대해서는 거주자가 받은 금액의 100분의 (   )에 상당하는 금액을 필요경비로 한다. 다만, 실제 소요된 필요경비가 거주자가 받은 금액의 100분의 (   )에 상당하는 금액을 초과하면 그 초과하는 금액도 필요경비에 산입한다.

30. 근로소득이 있는 여성인 나기쁨 씨의 부양가족에 관련된 다음 자료를 이용하여 20x1년 나기쁨 씨의 종합소득공제 중 인적공제액을 계산하여 숫자로 표시하시오. 단, 세부담 최소화를 가정하며, 제시된 금액은 적법하게 수령한 소득으로 이 외의 자료는 없다.

> • 본인(만 42세) 근로소득금액 90,000,000원
> • 모친(만 72세) 논을 작물생산에 이용하게 함으로써 발생한 소득 20,000,000원
> • 남편(만 45세) 사업소득금액 57,000,000원
> • 장남(만 21세) 대학생, 소득 없음
> • 차남(만 18세) 고등학생, 소득 없음

제104회 세무회계2급 답안 및 해설

세법1부-법인세법, 부가가치세법

1	2	3	4	5	6	7	8	9	10	11	12	13	14	15
③	②	③	④	④	③	①	③	③	④	①	④	③	②	④

16	17	18	19	20	21	22	23	24	25		
④	②	③	③	①	④	①	④	④	②		

26	27	28	29	30
18,000,000원	1,000,000	80	1	0.8

01. 납세지가 변경된 법인이 신고기한을 경과하여 변경신고를 한 경우에는 **변경신고를 한 날부터 그 변경된 납세지를 당해법인의 납세지로 한다.**

02. 외국법인의 최초사업연도의 개시일은 **국내사업장을 가지게 된 날**(국내사업장이 없는 경우에는 **국내 원천 부동산소득 또는 국내원천 부동산등 양도소득이 최초로 발생한 날**)로 한다.

03. **파손·부패 등의 사유로 정상가격으로 판매할 수 없는 재고자산의 장부가액**을 해당 감액사유가 발생한 사업연도에 당해 재고자산을 사업연도종료일 현재 처분가능한 시가로 평가한 가액으로 감액하고, 그 감액한 금액을 해당 사업연도의 손비로 계상할 경우, 손금으로 산입할 수 있다.

04. 법인세법상 유보로 소득처분된 경우에는 **자본금과적립금조정명세서(을) 서식**에서 관리한다.

05. **국세 또는 지방세의 과오납금의 환급금에 대한 이자**는 익금불산입사항이다.

06. 해당 법인의 주주 등(소액주주 등은 제외)이거나 출연자인 임원 또는 그 친족이 사용하고 있는 사택의 유지비·관리비·사용료와 이와 관련되는 지출금은 해당 업무와 직접 관련이 없다고 인정되는 지출금액으로서 각 사업연도의 소득금액을 계산할 때 손금에 산입하지 아니한다.

07. 기말재고자산 = MAX(선입선출법 50,000,000원, 총평균법 30,000,000원)=50,000,000원
기한 후(12.15)에 신고하였으므로 선입선출법과 당초 신고한 방법(총평균법) 중 큰 금액으로 평가한다.

08. **사회복지공동모금회에 지출하는 기부금은 특례기부금**에 해당하고 나머지는 일반기부금에 해당한다.

10. 법인의 해산에 따른 의제배당의 귀속시기는 해당 법인의 **잔여재산의 가액이 확정된 날**이다.

11. 상각방법의 신고를 하지 아니한 경우 건축물은 정액법, **광업권 또는 폐기물매립시설과 광업용 유형 자산은 생산량비례법에 의하여 상각범위액을 계산**한다.

12. **부당행위계산의 부인의 유형에 저가양도·고가양수**가 대표적인 사항이다. 저가양수시 조세의 부담한 감소는 없고, 저가로 양도한 상대방 법인이 조세가 부당하게 감소된다.

13. 내국법인이 납부할 세액이 1천만원을 초과하는 경우에는 납부기한이 지난 날부터 **1개월(중소기업의 경우에는 2개월) 이내에 분납**할 수 있다.

14. "사업자"란 사업 목적이 **영리이든 비영리이든 관계없이 사업상 독립적으로 재화 또는 용역을 공급하는 자**를 말한다.

15. 사업자가 폐업하는 경우의 과세기간은 폐업일이 속하는 **과세기간의 개시일부터 폐업일**까지로 한다.

16. 사업자 단위 과세 사업자가 각 사업장별로 신고·납부하거나 주사업장 총괄 납부를 하려는 경우에는 그 납부하려는 **과세기간 개시 20일 전**에 사업자 단위 과세 포기신고서를 사업자 단위 과세 적용 사업장 관할 세무서장에게 제출하여야 한다.

17. 사업장이 둘 이상인 사업자가 **자기의 사업과 관련하여 생산 또는 취득한 재화를 판매할 목적으로 자기의 다른 사업장에 반출하는 것은 재화의 공급**으로 본다.

18. 완성도기준지급조건부로 재화를 공급하는 경우 **대가의 각 부분을 받기로 한 때**를 재화의 공급시기로 본다.

20. 고용관계에 따라 **근로를 제공하는 것은 용역의 공급으로 보지 아니한다.**

21. **할부판매의 이자상당액은 과세표준에 포함**한다.

22. **면세포기는 시기의 제한이 없으며**, 언제든지 포기신고를 할 수 있다.

23. 내국신용장 또는 구매확인서에 의하여 공급하는 재화는 세금계산서 발급의무의 면제에서 제외한다.

24. 과자점업, 도정업, 제분업 및 떡류 제조업 중 **떡방앗간을 경영하는** 개인사업자의 의제매입세액공제 **율은 6/106**이다.

25. 간이과세자가 다른 사업자로부터 세금계산서 등을 발급받은 경우 해당 재화와 용역의 '**공급대가에 0.5퍼센트를 곱한 금액(매입세액의 5.5%)**'을 납부세액에서 공제한다.

26. 기본한도(중소기업) = 기본(36,000,000)÷12개월×6개월 = 18,000,000원

세법2부-국세기본법, 소득세법, 조세특례제한법

1	2	3	4	5	6	7	8	9	10	11	12	13	14	15
③	④	②	③	①	②	①	②	④	②	①	④	④	①	④

16	17	18	19	20	21	22	23	24	25
③	④	①	③	②	①	②	④	②	①

26	27	28	29	30
90	15	15,000,000 (개정세법 24)	60	5,500,000원

01. 우편으로 과세표준신고서 등과 관련된 서류를 제출한 경우 **우편날짜도장이 찍힌 날에 신고되거나 청구된 것**으로 본다.

02. 국세정보통신망의 장애로 전자송달을 할 수 없는 경우에는 **교부 또는 우편의 방법으로 송달할 수 있다.**

03. **실질과세의 원칙은 국세부과의 원칙에 해당**한다.

04. 정부부과제도의 세목은 **정부가 과세표준과 세액에 대하여 결정하여야** 확정된다.

05. **5억원 이상의 국세의 소멸시효는 10년**이다.

06. 기한후과세표준신고서를 제출한 자는 관할 세무서장이 각 세법에 따라 해당 국세의 과세표준과 세액을 결정 또는 경정하여 통지하기 전으로서 국세부과제척기간이 끝나기 전까지 과세표준수정신고서를 제출할 수 있다.

07. ② **분배한 재산가액을 한도**로 한다

③ **납세의무 성립일 현재의 무한책임사원** 등이다.

④ **대상 국세는 해당 사업에 관한 국세(양도소득세 제외)에 한정**된다.

08. 과세표준과 세액을 정부가 결정하는 경우의 고지한 **세액의 법정기일은 그 납부고지의 발송일**로 한다.

09. **이의신청, 심사청구, 심판청구는 모두 정보통신망에 의하여 제출**할 수 있다.

10. 국세환급금 중 충당한 후 남은 금액은 **국세환급금의 결정을 한 날부터 30일 내**에 납세자에게 지급하여야 한다.

11. 납세자는 각 세법에서 규정하는 바에 따라 작성·비치한 장부 및 증거서류를 그 거래사실이 속하는 과세기간에 대한 해당 국세의 **법정신고기한이 지난 날부터 5년간(역외거래의 경우 7년간) 보존**하여야 한다.

12. ① 거주자 여부의 판단은 국적과 무관하다.

② **거주자의 주소지가 없는 경우에는 그 거소지를 납세지**로 한다.

③ 소득세의 과세기간은 1월 1일부터 12월 31일까지 1년으로 한다.

13. 국내원천소득에 대하여만 납세의무를 부담하는 자는 비거주자이며, 주한외교관과 그 외교관의 세대에 속하는 가족은 국내에 주소가 있는지 여부 및 국내 거주기간에 불구하고 그 신분에 따라 비거주자로 본다.

14. 법인으로 보는 단체로부터 받는 배당 외의 나머지는 배당가산하지 않는 배당소득에 해당한다.

15. 부가가치세의 매출세액은 총수입금액불산입 사항이다.

16. 성실신고확인대상자와 전문직 업종 사업자가 **업무전용자동차보험에 가입하지 않은 경우(사업자별 1대 제외) 업무사용비율금액의 100분의 50에 상당하는 금액을 업무용 사용금액으로 인정**한다.

17. 월정액급여 210만원 이하로서 직전 과세기간의 총급여액이 3천만원 이하인 생산직근로자(일용근로자 포함)가 연장근로·야간근로 또는 휴일근로를 하여 통상임금에 더하여 받는 급여 중 연 240만원 이하의 금액은 소득세를 과세하지 아니한다.

18. **저작자의 저작권사용료는 사업소득에 해당**한다.

19. 해당 과세기간의 소득금액에 대해서 추계조사 결정하는 경우에는 이월결손금 공제를 적용하지 아니하나, **당해연도에 발생한 결손금은 공제가 가능**하다.

20. **의료비세액공제는 나이 및 소득제한 요건 없이 적용**받을 수 있다.

21. 자녀세액공제 = 350,000원(개정세법 24) + (4명 - 2명) × 300,000원 = 950,000원

장애인보험료세액공제 = MIN[지출액(2,000,000), 한도(1,000,000)] × 15% = 150,000원

교육비세액공제 = MIN[지출액(5,000,000), 한도(9,000,000)) × 15% = 750,000원

출산입양공제(셋째 이상) = 700,000원

22. ① "양도"란 자산을 유상으로 사실상 이전하는 것을 말한다.

　　③ 기계장치는 양도소득세 과세 대상 자산에 해당하지 않는다.

　　④ 이혼시 재산분할은 사실상 공유물의 분할과 같다.

23. 일용근로소득에 대한 산출세액의 100분에 55에 해당하는 금액을 그 산출세액에서 공제한다.

24. 종합소득이 있는 거주자가 중간예납기간 종료일까지 중간예납추계액이 **중간예납기준액의 30%에 미달하는 경우**에는 11월 1일부터 11월 30일까지의 기간에 중간예납추계액을 중간예납세액으로 하여 납세지 관할 세무서장에게 신고할 수 있다.

25. 개인면세사업(해당 과세기간 중 사업을 폐업 또는 휴업한 사업자를 포함한다)는 해당 **사업장의 현황을 해당 과세기간의 다음 연도 2월 10일까지** 사업장 소재지 관할 세무서장에게 신고하여야 한다.

28. 연 1천 500만원(개정세법 24) 이하의 사적연금소득은 납세자가 종합과세 또는 분리과세 여부를 선택할 수 있다.

30.

관계	요 건		기본 공제	추가 공제	판　　　단
	연령	소득			
본인(여성)	–	–	○		종합소득금액 3천만원 초과자
모(72)	○	○	○	경로	**작물(식량)생산은 비과세 사업소득임**
배우자	–	×	×		소득금액 1백만원 초과자
장남(21)	×	○	×		
차남(18)	○	○	○		장애인은 연령요건을 따지지 않는다.

• **기본공제(4명)** = 1,500,000×3 = 4,500,000원　　　• **경로우대(1명)** = 1,000,000원

제100회 세무회계2급

합격율	시험년월
26%	2022.08

세법1부 법인세법, 부가가치세법

01. 다음 중 법인세법상 청산소득에 대한 납세의무자에 해당하는 것은?

① 영리내국법인
② 국내원천소득이 있는 외국법인
③ 비영리내국법인
④ 국가 및 지방자치단체

02. 다음 중 법인세법상 사업연도에 대한 설명으로 틀린 것은?

① 법령이나 정관 등에 사업연도에 관한 규정이 없는 경우로서 따로 사업연도를 정하여 신고하지 않은 경우 매년 1월 1일부터 12월 31일까지를 사업연도로 한다.
② 사업연도를 변경하려는 법인은 직전 사업연도 종료일부터 3개월 이내에 납세지 관할 세무서장에게 신고하여야 한다.
③ 법인은 1년을 초과하지 않는 범위라도 법령이나 법인의 정관으로 사업연도를 임의로 정할 수 없다.
④ 사업연도가 변경된 경우에는 종전의 사업연도 개시일부터 변경된 사업연도 개시일 전날까지의 기간을 1사업연도로 한다.

03. 다음 중 법인세법상 납세지에 대한 설명으로 옳지 않은 것은?

① 관할지방국세청장은 일정한 경우 납세지를 기업업무추진비할 수 있다.
② 내국법인의 납세지는 그 법인의 등기부에 따른 본점이나 주사무소의 소재지로 한다.
③ 국내사업장이 없는 외국법인으로서 국내 원천 부동산 등 양도소득이 있는 경우 법인세 납세지는 각각 그 자산의 소재지로 한다.
④ 법인은 납세지가 변경된 경우에는 변경 전 15일 이내에 변경 전의 납세지 관할 세무서장에게 납세지 변경신고를 하여야 한다.

04. 다음 중 법인세법상 소득처분이 유보가 가능한 것은?

① 기업업무추진비 한도초과액　　　　② 임대보증금에 대한 간주익금

③ 감가상각부인액　　　　　　　　　④ 가지급금 인정이자

05. 다음 중 법인세법상 세금과 공과금에 대한 설명으로 가장 옳지 않은 것은?

① 업무와 관련하여 발생한 교통사고 벌과금은 손금에 불산입한다.

② 외국 법률에 따라 국외에 납부한 벌금은 손금에 불산입한다.

③ 법령에 따라 의무적으로 납부하는 것이 아닌 공과금은 손금에 산입한다.

④ 폐수배출부담금은 전액 손금에 불산입한다.

06. 다음 중 법인세법상 손익의 귀속시기로 옳지 않은 것은?

① 상품의 판매 : 상품 등을 인도한 날

② 시용판매 : 상대방이 현금을 지급한 날

③ 위탁판매 : 수탁자가 위탁자산을 매매한 날

④ 매출할인 : 약정에 의한 지급기일(약정이 없다면 지급한 날)

07. 다음 중 법인세법상 지급이자에 대한 설명으로 가장 옳지 않은 것은?

① 업무무관가지급금 지급이자 손금불산입을 적용함에 있어 지급이자에는 현재가치할인차금의 상각액을 포함한다.

② 지급이자 손금불산입의 적용순서는 채권자 불분명 사채이자, 비실명채권이자, 건설자금이자, 업무무관자산에 대한 지급이자의 순서로 적용한다.

③ 사업용 유형자산 및 무형자산의 건설 등에 소요되는 차입금에 대한 지급이자의 경우 건설 등이 준공된 후에 남은 차입금에 대한 이자는 각 사업연도의 손금으로 한다.

④ 채권자 불분명 사채이자는 전액 손금불산입하며 이자에 대한 원천징수세액은 기타사외유출로 소득처분하고, 나머지는 상여로 소득처분된다.

08. 다음 중 법인세법상 기업업무추진비에 대한 설명으로 가장 옳지 않은 것은?

① 기업업무추진비란 접대, 교제, 사례 또는 그 밖에 어떠한 명목이든 상관없이 이와 유사한 목적으로 지출한 비용으로서 판단은 실질 내용에 따라 판단하여야 한다.

② 기업업무추진비는 한도 내에서 손금으로 인정된다.

③ 기업업무추진비의 귀속시기는 기업업무추진비를 지출한 날로 한다.

④ 불특정 다수에게 지출한 광고선전비는 기업업무추진비가 아니다.

09. ㈜태산의 손익계산서상 계상된 수익은 다음과 같다. 법인세법상 익금불산입액의 합계액은 얼마인가?

> ㄱ. 외환차익 500,000원
>
> ㄴ. 자기주식처분이익 5,000,000원
>
> ㄷ. 법인세 과오납금의 환부이자 300,000원

① 300,000원　　　② 800,000원　　　③ 5,300,000원　　　④ 5,500,000원

10. 다음 중 법인세법상 인건비에 대한 설명으로 가장 옳지 않은 것은?

① 법인이 지배주주인 직원에게 정당한 사유 없이 동일직위에 있는 그 외 직원에게 지급하는 금액을 초과하여 보수를 지급한 경우 그 초과금액은 손금불산입한다.

② 정관 등에 의하여 결정된 급여지급기준이 없는 경우의 임원상여금은 전액 손금불산입하고 상여로 처분한다.

③ 근로자에 대한 이익처분에 의한 상여금은 손금에 산입한다.

④ 비상근 임원에게 지급된 보수 중 직무 범위 내의 금액은 손금에 산입할 수 있다.

11. 다음 중 법인세법상 법인의 업무용승용차 관련 비용에 관한 설명으로 가장 옳지 않은 것은? (단, 해당 법인은 부동산임대업을 주업으로 하지 아니하며, 업무전용자동차보험에 가입함)

① 승용차가 업무무관자산에 해당할 경우 전액 손금으로 인정되지 않는다.

② 업무용승용차의 감가상각비의 내용연수는 5년으로 하고, 상각방법은 정률법 또는 정액법으로 하여야 한다.

③ 업무용승용차의 감가상각비가 연간 800만원을 초과할 경우 초과한 금액은 손금불산입하여 차기로 이월한다.

④ 업무용승용차에는 운수업 등에서 수익을 얻기 위하여 사업에 직접 사용하는 승용자동차는 제외한다.

12. 다음은 법인세법상 중간예납에 대한 설명이다. 가장 옳지 않은 것은?

① 신설법인(합병·분할의 경우 제외)의 경우 최초 사업연도에는 중간예납세액 납부의무가 없다.

② 중간예납 시 분납은 적용받을 수 없다.

③ 직전 사업연도의 중소기업으로서 직전 사업연도의 납부실적기준으로 계산한 중간예납세액이 50만원 미만인 내국법인은 중간예납의무가 없다.

④ 중간예납세액은 원칙적으로 중간예납기간이 지난 날부터 2개월 이내 납부하여야 한다.

13. 다음 중 법인세법상 법인세 과세표준 및 세액 신고 시 첨부해야 할 필수서류에 해당하지 않는 것은?

① 재무상태표 및 손익계산서
② 세무조정계산서
③ 이익잉여금처분계산서
④ 합계잔액시산표

14. 다음 중 부가가치세에 대한 설명으로 틀린 것은?

① 사업자에 해당하는 자로서 개인, 법인(국가 · 지방자치단체와 지방자치단체조합을 포함한다), 법인격이 없는 사단 · 재단 또는 그 밖의 단체는 부가가치세를 납부할 의무가 있다.
② 국제거래되는 상품에 대하여 생산지국 과세원칙을 채택함으로써 수입하는 경우 부가가치세를 과세하지 않는다.
③ 납세의무자와 담세자가 일치하지 않는 간접세이다.
④ 부가가치세는 면세대상을 제외한 모든 재화 또는 용역의 소비에 대하여 과세하는 일반소비세이다.

15. 다음 중 부가가치세법상 사업자등록에 대한 설명으로 가장 옳지 않은 것은?

① 사업자가 사업자등록을 하지 않는 경우에는 사업장 관할 세무서장이 조사하여 등록할 수 있다.
② 사업자는 사업장마다 사업개시일로부터 20일 이내에 사업장 관할 세무서장에게 사업자등록을 신청하여야 한다.
③ 사업자등록을 사업장 관할 세무서장이 아닌 다른 세무서장에게 할 경우에는 신고하지 않은 것으로 본다.
④ 사업을 휴업하는 경우 지체없이 휴업신고를 해야 한다.

16. 부가가치세법상 주사업장 총괄 납부에 관한 설명으로 틀린 것은?

① 법인의 경우 지점을 주된 사업장으로 하여 주사업장 총괄 납부를 적용할 수 있다.
② 주사업장 총괄 납부 제도는 주된 사업장에서 각 사업장의 신고 및 납부를 총괄하여 할 수 있다.
③ 신규사업자가 총괄 납부하려는 경우에는 주된 사업장의 사업자등록증을 받은 날부터 20일 이내에 신청하여야 한다.
④ 수정신고 또는 경정청구 사유가 발생한 때에는 그 사유가 발생한 각 사업장 관할 세무서장에게 수정신고서 또는 경정청구서를 제출하여야 한다.

17. 다음 중 부가가치세법상 과세되는 용역의 공급에 해당하는 것은?

① 특허권의 대여
② 상표권의 양도
③ 전기의 공급
④ 상품권의 양도

18. 다음 중 부가가치세법상 영세율에 관한 설명으로 잘못된 것은?

① 영세율이란 특정한 재화 또는 용역의 공급에 대하여 영의 세율을 적용하고 그 전 단계에서 부담한 부가가치세를 공제 또는 환급함으로써 부가가치세 부담을 완전히 면제하는 제도를 말한다.

② 영세율 적용대상자는 부가가치세법상 과세사업자가 이행하여야 할 제반의무를 이행하여야 하고 불이행 시에는 가산세 등의 제재를 받는다.

③ 영세율을 적용할 때 사업자가 비거주자 또는 외국법인이면 그 해당 국가에서 대한민국의 거주자 또는 내국법인에 대한 면세적용 여부에 관계없이 영세율을 적용한다.

④ 선박 또는 항공기에 의한 외국항행용역의 공급에 대하여는 영세율을 적용한다.

19. 다음 중 부가가치세법상 면세에 대한 설명으로 가장 옳지 않은 것은?

① 국내 생산 비식용 농산물은 면세한다.

② 의약품 조제용역은 과세하나 의약품 단순판매는 면세한다.

③ 도서의 공급은 면세한다.

④ 수돗물의 공급은 면세한다.

20. 다음 중 부가가치세법상 세금계산서에 관한 설명으로 가장 옳지 않은 것은?

① 부동산임대용역 중 간주임대료에 해당하는 부분은 세금계산서를 발급하지 아니한다.

② 세금계산서에 작성연월일은 필요적 기재사항이므로 이를 기재하지 않은 경우에는 세금계산서 불성실 가산세 적용대상이다.

③ 전자세금계산서를 발급한 사업자가 국세청장에게 전자세금계산서 발급명세를 전송한 경우에는 세금계산서를 5년간 보존해야 하는 의무가 면제된다.

④ 직전 연도의 사업장별 재화 등의 공급가액의 합계액이 0.8억원 이상인 개인사업자는 당해연도 6월 공급분 세금계산서 발급 시 전자세금계산서로 발급하여야 한다.

21. 다음 중 부가가치세법상 과세표준에 대한 설명으로 가장 옳지 않은 것은?

① 부가가치세의 과세표준은 해당 과세기간에 공급한 재화 또는 용역의 공급가액을 합한 금액이다.

② 금전 외의 대가를 받는 경우에는 자기가 공급한 재화 또는 용역의 시가를 과세표준으로 한다.

③ 공급대가는 부가가치세를 포함하지 않은 금액이다.

④ 세액이 별도로 표시되지 않은 경우는 거래금액의 100/110을 과세표준으로 한다.

22. 다음 중 부가가치세법상 대손세액공제에 대한 설명으로 잘못된 것은?

① 사업자가 과세되는 재화를 공급한 후 그 공급일부터 5년이 지난 날이 속하는 과세기간에 대한 확정신고 기한까지 대손금으로 인정되는 사유로 확정되는 대손세액으로 한다.

② 예정신고 시 대손세액공제를 한 경우에는 과소신고가산세 또는 초과환급신고가산세가 적용된다.

③ 대손세액을 공제받은 사업자가 대손금액의 전부 또는 일부를 회수한 경우에는 그 대손금액에 관련된 대손세액을 회수한 날이 속하는 과세기간의 매출세액에 가산한다.

④ 대손세액공제를 적용받고자 하는 사업자는 대손금액이 발생한 사실을 증명하는 서류를 제출하여야 한다.

23. 다음 중 부가가치세법상 신고 및 납부, 환급에 관한 설명으로 옳지 않은 것은?

① 예정신고를 한 개인사업자는 확정신고 시 예정신고한 과세표준과 납부세액 등은 신고하지 아니한다.

② 재화의 수입에 대한 부가가치세는 세관장에게 납부한다.

③ 사업자만이 대리납부의무자에 해당할 수 있다.

④ 관할 세무서장의 경정에 따라 추가로 발생한 환급세액이 있는 경우에는 지체없이 환급해야 한다.

24. 다음 중 부가가치세법상 의제매입세액에 관한 설명으로 잘못된 것은?

① 면세를 포기하고 영세율을 적용받는 경우에도 의제매입세액공제를 적용받을 수 있다.

② 의제매입세액은 면세농산물 등을 공급받은 날이 속하는 예정신고 또는 확정신고기간의 매입세액으로 공제된다.

③ 의제매입세액의 공제대상이 되는 원재료의 매입가액은 운임 등의 부대비용을 제외한 매입원가로 한다.

④ 제조업을 영위하는 사업자도 의제매입세액 공제를 적용받을 수 있다.

25. 다음 중 부가가치세법상 간이과세를 적용받을 수 있는 업종에 해당하는 것은?

① 변호사업, 공인회계사업, 세무사업 등의 사업서비스업

② 부동산매매업

③ 상품중개업

④ 최종소비자에게 직접 재화를 공급하는 과자점업

1부 주관식 **문항 당 5점**

26. 다음 자료를 이용하여 중소기업으로서 ㈜대구의 제1기 사업연도(20x1.7.1.~20x1.12.31.)의 법인세 산출세액을 계산하시오.

> 1.㈜대구는 도매업을 영위하는 법인으로 당기 사업연도의 과세표준은 300,000,000원이다.
> 2. 법인세율은 2억이하 9%, 2억 초과 19%로 가정한다.

27. 다음은 법인세법상 가산세에 관한 설명으로 괄호 안에 들어갈 알맞은 숫자는 무엇인가?

> 내국법인이 장부의 비치·기장의무를 이행하지 않은 경우 둘 중 큰 금액을 가산세로 납부하여야 한다.
> ① 산출세액×( )%　　　　　② 수입금액×7/10,000

28. 다음 자료에서 법인세법상 상여로 소득처분할 금액의 합계액은 얼마인가?

> • 정치자금기부금 3,000,000원
> • 업무와 관련하여 발생한 교통사고 벌과금 500,000원
> • 증명서류가 없는 기업업무추진비(귀속자불분명) 4,000,000원
> • 퇴직한 주주인 임원의 퇴직급여 한도초과액 2,000,000원

29. 다음은 부가가치세법상 예정신고에 관한 설명이다. 괄호 안에 들어갈 알맞은 숫자는 무엇인가?

> 납세지 관할 세무서장은 개인사업자에 대하여는 각 예정신고기간마다 직전 과세기간에 대한 납부세액의 50퍼센트로 결정하여 해당 예정신고기간이 끝난 후 25일까지 징수한다.
> 그러나 휴업 또는 사업 부진으로 인하여 사업실적이 악화된 경우 등 각 예정신고기간의 공급가액 또는 납부세액이 직전 과세기간의 공급가액 또는 납부세액의 (   )에 미달하는 자는 예정신고를 하고 예정신고기간의 납부세액을 납부할 수 있다. 이 경우 예정고지는 없었던 것으로 본다.

30. 다음 중 부가가치세법상 공제받을 수 있는 매입세액의 합계액은 얼마인가?

> • 토지조성과 관련된 매입세액 2,000,000원
> • 사업자가 지출한 사용인의 복리후생과 관련된 매입세액 500,000원
> • 기업업무추진비의 지출과 관련된 매입세액 300,000원
> • 업무용으로 사용하는 개별소비세과세대상 승용자동차의 유지에 관련된 매입세액 200,000원
> • 사업상 피해재산의 복구와 관련된 매입세액 1,000,000원

세법2부 국세기본법, 소득세법, 조세특례제한법

01. 국세기본법상 용어의 정의에 관한 설명으로 옳지 않은 것은?

① '납세의무자'는 세법에 따라 국세를 납부할 의무(국세를 징수하여 납부할 의무 포함)가 있는 자를 말한다.

② '지방세'는 국세에 해당하지 아니하고 지방세기본법에서 규정하는 세목을 말한다.

③ '세무공무원'은 국세청장, 지방국세청장, 세무서장 또는 그 소속 공무원을 말한다.

④ '과세표준'이란 세법에 따라 직접적으로 세액산출의 기초가 되는 과세대상의 수량 또는 가액을 말한다.

02. 다음 중 국세기본법상 기한의 연장에 대한 설명으로 잘못된 것은?

① 관할 세무서장은 천재지변이나 그 밖에 사유로 납세자가 기한 연장을 신청한 경우에만 그 기한을 연장할 수 있다.

② 기한의 연장을 받으려는 자는 기한 만료일 3일 전까지 문서로 관할 세무서장에게 신청하여야 한다.

③ 관할 세무서장은 그 승인 여부를 통지하여야 한다.

④ 기한연장은 3개월 이내로 하되, 해당 기한연장의 사유가 소멸되지 않는 경우 관할 세무서장은 1개월의 범위에서 그 기한을 다시 연장할 수 있다.

03. 다음 중 국세기본법상 납세의무의 성립시기가 다른 세목은?

① 법인세(청산소득 제외) 　　　　② 종합소득세

③ 부가가치세(수입재화 제외) 　　④ 종합부동산세

04. 다음 중 국세기본법상 제척기간 및 소멸시효에 관한 설명으로 가장 옳지 않은 것은?

① 소멸시효는 납부고지, 독촉, 교부청구, 압류의 사유로 중단된다.

② 국세징수권은 행사할 수 있는 날부터 5년(5억원 이상 10년) 동안 행사하지 않으면 소멸시효가 완성된다.

③ 내국법인이 역외거래에 의하여 이중장부 작성을 하고 법인세를 포탈한 경우 국세의 부과제척기간은 법인세를 부과할 수 있는 날부터 10년간이다.

④ 부과제척기간이 만료하면 부과권이 장래를 향하여 소멸한다.

05. 다음은 국세기본법상 사업양수인의 제2차 납세의무에 대한 것이다. 가장 틀린 것은?

① 주된 납세의무자는 사업양수인이다.

② 사업양수인의 납세의무는 양수한 재산가액을 한도로 한다.

③ 사업양도인의 재산으로 징수가 부족한 경우이어야 한다.

④ 양도일 이전에 양도인의 납세의무가 확정된 그 사업에 관한 국세 및 강제징수비에 대해 제2차 납세의무를 진다.

06. 다음 중 국세기본법상 수정신고 및 경정청구에 관한 설명으로 가장 옳지 않은 것은?

① 후발적 사유로 인한 경정청구는 그 사유가 발생한 것을 안 날부터 3개월 이내에 경정을 청구할 수 있다.

② 경정의 청구를 받은 세무서장은 그 청구를 받은 날부터 2개월 이내에 과세표준 및 세액을 결정 또는 경정하거나 할 이유가 없다는 뜻을 청구자에게 통지해야 한다.

③ 신고납세제도를 취하는 국세의 수정신고는 증액 확정력이 없다.

④ 법정신고기한이 지난 후 1개월 이내 수정신고한 경우 과소신고가산세의 90%를 감면한다.

07. 거주자 권민우 씨의 체납된 소득세를 징수하기 위하여 관할 세무서장은 권민우 씨 소유의 주택을 압류하였다. 다음 중 국세기본법상 국세와 다른 채권의 우선순위로 맞게 짝지은 것은?

ㄱ. 소득세 체납액(20x0년 5월 31일 신고)	ㄴ. 체납처분비
ㄷ. 압류주택에 대한 은행의 채권(저당권설정일 : 20x0년 5월 20일)	ㄹ. 일반채권

① ㄴ > ㄷ > ㄱ > ㄹ

② ㄱ > ㄴ > ㄷ > ㄹ

③ ㄴ > ㄱ > ㄷ > ㄹ

④ ㄱ > ㄷ > ㄴ > ㄹ

08. 다음 중 국세기본법상 불복대상에서 제외되는 처분이 아닌 것은?

① 조세범 처벌절차법에 따른 통고처분

② 감사원법에 따라 심사청구를 한 처분이나 그 심사청구에 대한 처분

③ 국세기본법 및 세법에 따른 과태료 처분

④ 국세기본법에 따른 처분으로서 필요한 처분을 받지 못한 경우

09. 다음 중 국세기본법상 가산세를 부과하는 경우는?

① 가산세 부과의 원인이 천재지변 등 기한연장사유에 해당하는 경우

② 세법해석에 관한 질의 · 회신 등에 따라 신고 · 납부하였으나 이후 다른 과세처분을 하는 경우

③ 「국토의 계획 및 이용에 관한 법률」에 따른 도시 · 군계획 또는 그 밖의 법령 등으로 인해 세법상 의무를 이행할 수 없게 된 경우

④ 법령의 부지 · 착오로 납세의무를 이행하지 않은 경우

10. 다음 중 국세기본법상 세무조사 정기선정사유에 해당하지 않는 것은?

① 납세자가 세법에서 정하는 신고, 성실신고확인서의 제출, 세금계산서 또는 계산서의 작성 · 교부 · 제출, 지급명세서의 작성 · 제출 등의 납세협력의무를 이행하지 아니한 경우

② 국세청장이 납세자의 신고 내용에 대하여 과세자료, 세무정보 등 회계성실도 자료 등을 고려하여 정기적으로 성실도를 분석한 결과 불성실 혐의가 있다고 인정하는 경우

③ 최근 4과세기간 이상 같은 세목의 세무조사를 받지 아니한 납세자에 대하여 업종 등을 고려하여 신고 내용이 적정한지를 검증할 필요가 있는 경우

④ 무작위추출방식으로 표본조사를 하려는 경우

11. 다음 중 국세기본법상 과세전적부심사의 청구에 대한 설명으로 가장 틀린 설명은?

① 청구기간이 지난 과세전적부심사에 대해서 과세관청은 채택하지 아니한다는 결정을 내린다.

② 과세전적부심사 청구를 받은 과세관청은 청구를 받은 날로부터 30일 이내에 청구인에게 통지해야 한다.

③ 과세전적부심사 청구가 이유가 있을 경우 채택하거나 일부 채택 결정할 수 있다.

④ 과세예고통지를 하는 날부터 국세부과 제척기간의 만료일까지의 기간이 3개월 이하인 경우에는 과세전적부심사를 청구할 수 없다.

12. 소득세법상 거주자와 비거주자에 대한 설명으로 가장 옳지 않은 것은?

① 비거주자는 거주자가 아닌 개인을 말한다.

② 거주자는 국외원천소득에 대하여 납세의무가 있다.

③ 거주자와 비거주자의 구분은 국적에 따라 판단한다.

④ 비거주자는 국내원천소득에 대해 납세의무가 있다.

13. 다음 중 소득세법상 배당소득에 대한 설명으로 가장 옳지 않은 것은?

① 잉여금처분에 의한 배당의 수입시기는 해당 법인의 잉여금처분결의일이다.

② 외국법인으로부터 받는 이익이나 잉여금의 배당은 배당소득에 해당하지 않는다.

③ 법인세법에 의하여 처분된 배당의 수입시기는 해당 법인의 해당 사업연도 결산확정일이다.

④ 법인으로 보는 단체로부터 받는 분배금은 배당소득에 해당한다.

14. 다음 중 소득세법상 주택임대소득에 대한 설명으로 옳지 않은 것은?

① 해당 과세기간에 주택임대수입금액의 합계액이 2천만원 이하인 자의 주택임대소득은 분리과세 특례의 적용이 가능하다.

② 주택 수를 계산할 때 다가구주택은 1개의 주택으로 보되, 구분등기된 경우 각각을 1개의 주택으로 본다.

③ 주택 수를 계산할 때 본인과 자녀가 각각 주택을 소유하는 경우에는 이를 합산하지 아니한다.

④ 1개의 주택을 소유하는 자의 주택임대소득은 전액 비과세된다.

15. 다음 중 소득세법상 사업소득에 대한 설명으로 틀린 것은?

① 복식부기의무자가 사업용 유형자산의 양도가액을 총수입금액에 산입한 경우 해당 사업용 유형자산의 양도 당시 장부가액은 필요경비이다.

② 업무와 관련하여 고의 또는 중대한 과실로 타인의 권리를 침해한 경우에 지급되는 손해배상금은 필요경비로 산입한다.

③ 거래상대방으로부터 받는 장려금 기타 이와 유사한 성질의 금액은 총수입금액에 이를 산입한다.

④ 작물재배업에서 발생하는 소득으로서 해당 과세기간의 수입금액의 합계액이 10억원 이하는 비과세이다.

16. 다음 중 소득세법상 비과세 대상 근로소득에 대한 설명으로 가장 옳지 않은 것은?

① 회사로부터 수령한 근로자 본인 또는 가족에 대한 학자금은 비과세된다.

② 요건을 충족한 자가운전보조금 중 월 20만원 이내의 금액은 비과세된다.

③ 사내 급식 등으로 제공받는 식사 기타 음식물은 비과세된다.

④ 종업원이 지급받는 직무발명보상금으로서 연 700만원 이하의 금액은 비과세된다.

17. 다음 중 소득세법상 근로소득 원천징수 및 연말정산에 대한 설명으로 가장 옳지 않은 것은?

   ① 일용근로자의 근로소득은 원천징수로써 과세를 종결한다.

   ② 국외 근로소득은 원천징수의 대상이 되지 않는다.

   ③ 일반근로자의 경우 2월분 소득 지급 시 지급자가 연말정산을 행한다.

   ④ 원천징수의무자는 원천징수한 소득세를 그 징수일이 속하는 반기의 마지막 달의 다음 달 10일까지 납부해야 한다.

18. 다음 중 소득세법상 기타소득의 필요경비에 대한 설명으로 옳은 것은?

   ① 다수가 순위 경쟁하는 대회에서 입상자가 받는 상금은 수입금액의 80%를 필요경비로 인정받을 수 있다.

   ② 계약의 위약으로 인하여 받는 위약금과 배상금 중 주택입주 지체상금은 50%를 필요경비로 인정받을 수 있다.

   ③ 일시적인 문예창작소득에 대해서는 수입금액의 70%를 필요경비로 인정받는다.

   ④ 슬롯머신 등을 이용하여 받는 당첨금품은 필요경비를 인정받을 수 없다.

19. 다음 중 소득세법상 기타소득의 과세최저한으로 소득세가 과세되지 않는 경우는?

   ① 슬롯머신 등 당첨금품이 건별 300만원인 경우

   ② 승마투표권 등에 따른 환급금으로서 건별로 권면에 표시된 금액의 합계액과 적중한 개별투표당 환급금이 각각 15만원인 경우

   ③ 일시적 인적용역 제공으로 인한 기타소득금액이 건별로 5만원인 경우

   ④ 연금계좌에서 연금외수령하는 기타소득금액이 건별로 5만원인 경우

20. 다음 중 소득세법상 거주자의 양도소득에 대한 설명으로 옳지 않은 것은?

   ① 양도소득의 비과세 대상에서 제외되는 고가주택은 양도 당시 실지거래가액의 합계액이 9억원을 초과하는 것을 말한다.

   ② 양도담보는 그 실질이 채권담보에 해당하므로 양도로 보지 않는다.

   ③ 부동산의 양도시기는 원칙적으로 대금청산일이다.

   ④ 토지의 양도소득이 있는 거주자에 대해서는 해당 과세기간의 양도소득금액에서 연 250만원을 공제한다.

21. 다음 중 소득세법상 거주자의 인적공제에 대한 설명으로 옳지 않은 것은?

① 부양가족이 장애인에 해당하는 경우에는 나이의 제한을 받지 않는다.

② 본인이 배우자가 없는 사람으로서 기본공제대상자인 직계비속이 있는 경우 연 100만원의 추가 공제가 가능하다.

③ 본인은 나이의 제한은 없으나 소득금액이 1억원을 초과할 경우 기본공제가 적용되지 않는다.

④ 인적공제를 할 때 공제대상자에 해당하는지 여부의 판정은 원칙적으로 해당 과세기간 종료일 현재의 상황에 따른다.

22. 다음 중 소득세법상 세액공제에 대한 설명으로 잘못된 것은?

① 비치·기록한 장부에 의하여 신고하여야 할 소득금액의 100분의 20 이상을 누락하여 신고한 경우 기장세액공제를 적용하지 않는다.

② 일용근로자의 근로소득에 대해서 원천징수를 하는 경우에는 해당 근로소득에 대한 산출세액의 100분의 55에 해당하는 금액을 그 산출세액에서 공제한다.

③ 해당 과세기간에 출산하거나 입양 신고한 공제대상자녀가 첫째인 경우 연 15만원을 종합소득산 출세액에서 공제한다.

④ 외국소득세액이 해당 과세기간의 공제한도금액을 초과하는 경우 그 초과하는 금액은 이월하여 그 이월된 과세기간의 공제한도금액 내에서 공제받을 수 있다.

23. 다음 중 소득세법상 공동사업의 소득금액계산 특례에 대한 설명으로 가장 옳지 않은 것은?

① 출자공동사업자의 배당소득 수입시기는 그 배당을 지급받는 날이다.

② 공동사업의 소득분배는 손익분배비율에 따라 각 공동사업자별로 분배한다.

③ 공동사업장에서 발생한 채무에 대하여 무한책임을 부담하기로 약정한 자는 출자공동사업자에 해당하지 아니한다.

④ 출자공동사업자의 배당소득 원천징수세율은 25%이다.

24. 다음 중 소득세법상 거주자가 반드시 과세표준 확정신고를 해야 하는 경우는?

① 사업소득(도매업)과 근로소득(일용직 아님)이 있는 경우

② 분리과세 이자소득과 양도소득이 있는 경우

③ 양도소득과 퇴직소득이 있는 경우

④ 100만원의 기타소득금액과 근로소득(일용직 아님)이 있는 경우

25. 다음 중 소득세법상 종합소득세의 납세 절차에 대한 설명으로 옳지 않은 것은?

① 소득세의 중간예납세액은 고지서의 발급으로 징수하는 것이 원칙이다.

② 해당 과세기간 중 신규로 사업을 시작하는 자는 중간예납의무를 지지 않는다.

③ 부가가치세가 면세되는 개인사업자는 사업장 현황신고의무가 있다.

④ 성실신고확인대상사업자가 성실신고확인서를 제출하는 경우에는 종합소득과세표준 확정신고를 그 과세기간의 다음 연도 6월 1일부터 6월 30일까지 해야 한다.

2부 주관식   문항 당 5점

26. 국세기본법상 다음 괄호 안에 들어갈 내용은 무엇인가?

> 연대납세의무자에게 서류를 송달할 때에는 대표자를 명의인으로 한다. 다만, (   )와 독촉에 관한 서류는 연대납세의무자 모두에게 각각 송달하여야한다.

27. 국세기본법상 아래의 빈칸에 들어갈 내용은 무엇인가?

> 국세부과의 원칙 중 (   )원칙에 대한 설명으로 납세의무자가 세법에 따라 장부를 갖추어 기록하고 있는 경우에는 해당 국세 과세표준의 조사와 결정은 그 장부와 이와 관계되는 증거자료에 의하여야 한다.

28. 소득세법상 아래의 괄호 안에 공통으로 들어갈 알맞은 숫자는?

> 주택을 대여하고 보증금을 받은 경우에는 ( ) 주택 이상을 소유하고 보증금의 합계액이 (   )억원을 초과하는 경우에만 간주임대료를 계산한다.

29. 다음은 거주자 강태오 씨의 금융소득 내역이다. 소득세법상 과세되는 금융소득의 합계액은 얼마인가?

내역	금액
법원의 판결에 의한 손해배상금에 대한 법정이자	3,000,000원
외국법인으로부터 받은 배당금(원천징수되지 않음)	2,000,000원
정기예금이자	1,000,000원

30. 소득세법상 아래의 빈 칸에 들어갈 가산세율로 알맞은 숫자는?

> 사업자(소규모사업자 및 소득금액이 추계되는 자는 제외)가 영수증 수취명세서를 미제출하는 경우에는 그 제출하지 아니한 분의 지급금액 (   )%를 가산세로 해당 과세기간의 종합소득 결정세액에 더하여 납부하여야 한다.

제100회 세무회계2급 답안 및 해설

세법1부-법인세법, 부가가치세법

1	2	3	4	5	6	7	8	9	10	11	12	13	14	15
①	③	④	③	③	②	①	③	①	③	②	②	④	②	③

16	17	18	19	20	21	22	23	24	25
②	①	③	②	④	③	①	③	①	④

26	27	28	29	30
47,000,000원	20	6백만원	1/3	150만원

01. **영리내국법인의 경우 청산소득에 대하여 법인세 납세의무**가 있다.

02. 사업연도는 법령이나 법인의 정관 등에서 정하는 1회계기간으로 한다. 다만, 그 기간은 1년을 초과하지 못한다.

03. 법인은 납세지가 변경된 경우에는 그 변경된 날부터 **15일 이내에 변경 후의 납세지 관할 세무서장**에게 납세지 변경신고를 해야 한다.

04. 기업업무추진비한도초과액과 임대보증금에 대한 간주익금은 기타사외유출로, 가지급금 인정이자는 귀속자에 대하여 상여처분한다.

05. 법령에 따라 **의무적으로 납부하는 것이 아닌 공과금은 손금에 산입하지 않는다.**

06. 시용판매는 상대방이 그 **상품 등에 대한 구입의 의사를 표시한 날을 귀속시기**로 한다.

07. 업무무관 가지급금 지급이자 손금불산입을 적용함에 있어 **지급이자에는 현재가치할인차금의 상각액을 포함하지 않는다.**

08. 기업업무추진비는 **접대행위를 한 날**이 속하는 사업연도로 한다.

09. 법인세 과오납금의 환부이자(300,000)만 익금불산입한다.

10. 법인이 그 임원 또는 직원에게 **이익처분에 의하여 지급하는 상여금은 이를 손금에 산입하지 아니한다.**

11. 업무용승용차는 정액법을 상각방법으로 하고 내용연수를 5년으로 하여 계산한 금액을 감가상각비로 하여 손금에 산입하여야 한다.

12. 내국법인이 **납부할 중간예납세액이 1천만원을 초과하는 경우**에는 분납할 수 있다.

13. 법인세의 과세표준과 세액을 신고할 때 그 신고서에 **재무상태표, 손익계산서, 이익잉여금처분계산서, 세무조정계산서**를 첨부하지 않은 경우 무신고로 본다.

14. 재화의 수입에 대해서는 **소비지국 과세원칙**에 따른다.

15. **다른 세무서장에게 신고**할 수 있다.

16. 신고는 사업장별로 하여야 한다.

17. **시설물, 권리(특허권) 등 재화를 사용하게 하는 것은 용역의 공급**에 해당한다.

18. 영세율을 적용할 때 사업자가 비거주자 또는 외국법인이면 그 해당 국가에서 대한민국의 거주자 또는 내국법인에 대하여 동일하게 면세하는 경우에만 영세율을 적용(**상호면세주의**)한다.

19. **의약품의 조제용역은 면세**이고 단순판매는 과세이다.

20. 직전 연도의 사업장별 재화 및 용역의 공급가액(면세공급가액을 포함)의 합계액이 0.8억원 이상(**당해 연도 7월 1일 이후**)인 개인사업자는 전자세금계산서 의무발급 대상자이다.

21. 공급대가는 부가가치세가 포함된 대가를 말한다.

22. 대손세액공제의 범위는 사업자가 부가가치세가 과세되는 재화 또는 용역을 공급한 후 그 **공급일부터 10년이 지난 날이 속하는 과세기간에 대한 확정신고 기한까지** 대손금으로 인정되는 사유로 확정되는 대손세액으로 한다.

23. 대리납부 대상 용역 또는 권리를 공급받는 자는 그 대가를 지급하는 때에 그 대가를 받은 자로부터 부가가치세를 징수하여 대리납부할 의무가 있으므로 **사업자 여부와는 관계가 없다.**

24. **면세를 포기하고 영세율을 적용받는 경우는 제외**한다.

25. 최종소비자에게 직접 재화를 공급하는 과자점업, 도정업, 양복점업 등은 간이과세의 적용이 가능하다.

26. 연환산과세표준 = 300,000,000÷6개월×12개월 = 600,000,000원

   연환산산출세액 = 2억×9% + (6억 − 2억)×19% = 94,000,000원

   산출세액(6개월) = 94,000,000÷12개월×6개월 = 47,000,000원

28. 귀속자 불분명 기업업무추진비는 대표자상여, 임원퇴직금한도초과액은 해당 임원의 상여로 처분한다. 그리고 **법인은 정치자금법에 의하여 정치자금기부를 할 수 없다.**

> **제6장 기부의 제한**
>
> ☐ **제31조(기부의 제한)** ①외국인, 국내 · 외의 **법인** 또는 단체는 정치자금을 기부할 수 없다.
>
>   ②누구든지 국내 · 외의 법인 또는 단체와 관련된 자금으로 정치자금을 기부할 수 없다.

   만약 법인이 정치자금을 기부하거나 받은 자는 "정치자금부정수수죄"로서 5년 이하의 징역 또는 1천만원의 벌금에 처한다. 본 문제는 **정치자금기부의 불법행위에 대해서 잘못된 정보를 제공**하고 있다.

30. 개별소비세 과세 대상 승용차, 기업업무추진비, 토지에 관련된 매입세액은 불공제매입세액이다.

세법2부-국세기본법, 소득세법, 조세특례제한법

1	2	3	4	5	6	7	8	9	10	11	12	13	14	15
①	①	④	③	①	③	①	④	④	①	①	③	②	④	②

16	17	18	19	20	21	22	23	24	25		
①	④	①	③	①	③	③	①	①	④		

26	27	28	29	30
납부의 고지	근거과세	3	3백만원	1

01. 납세의무자의 범위에 **국세를 징수하여 납부할 의무가 있는 자(징수납부의무자)는 제외**한다.

02. 관할 세무서장은 천재지변이나 그 밖에 사유로 신고, 신청, 청구, 그 밖에 서류의 제출 또는 통지를 정하여진 **기한까지 할 수 없다고 인정하는 경우에도 그 기한을 연장할 수 있다.**

03. 종합부동산세는 **과세기준일에 납세의무가 성립**한다.

04. **국제거래 등의 역외거래**에 의하여 사기나 그 밖의 부정행위로 인한 국세를 포탈한 경우 **부과제척기간은 15년**이다.

05. 사업양수시 **주된 납세의무자는 사업양도인**이다.

06. 신고납세제도를 취하는 국세의 **수정신고는 당초의 신고에 따라 확정된 과세표준과 세액을 증액하여 확정하는 효력**을 가진다.

07. **체납처분비, 법정기일 전 권리가 설정된 재산**을 매각하여 그 매각금액에서 국세를 징수하는 경우 그 권리에 의하여 담보된 채권은 국세 등에 우선하여 징수한다.

08. 국세기본법 또는 세법에 따른 처분으로서 위법 또는 부당한 처분을 받거나 필요한 처분을 받지 못함으로 인하여 권리나 이익을 침해당한 자는 이 장의 규정에 따라 그 처분의 취소 또는 변경을 청구하거나 필요한 처분을 청구할 수 있다.

09. 법령의 부지(알지못함)·착오는 정당한 사유로 보지 아니한다.

10. ①은 **수시세무조사**에 대한 사유이고, ②③④는 **정기세무조사 대상 선정기준**이다.

11. 청구기간이 지난 **과세전적부심사의 청구는 심사하지 아니한다는 결정**을 내린다.

12. **거주자 및 비거주자의 구분은 주소와 거소로 판단**한다.

13. 외국법인으로부터 받는 이익이나 잉여금의 배당 또는 분배금은 배당소득에 해당한다.

14. 1개의 주택을 소유하는 자의 주택이 고가주택(과세기간 종료일 기준시가 12억원 이상)에 해당하는 경우 그 주택임대소득은 과세된다.

15. **업무와 관련하여 고의 또는 중대한 과실로 타인의 권리를 침해한 경우에 지급되는 손해배상금은 필요경비에 산입하지 아니한다.**

16. 회사로부터 수령한 근로자 본인에 대한 학자금은 법정 요건 충족 시 비과세되지만, **근로자 가족에 대한 학자금은 요건을 충족할 수 없으므로 비과세를 적용받을 수 없다.**

17. 원천징수의무자는 원천징수한 소득세를 원칙적으로 그 징수일이 속하는 달의 다음 달 10일까지 납부해야 한다. **반기납부는 예외사항**이다.

18. ② 주택입주지체상금은 **80%필요경비 추정 기타소득**이다.

   ③ 일시문예창작소득은 **60%필요경비 추정 기타소득**이다.

   ④ 당첨금품에 대한 필요경비는 **당첨당시 슬롯머신에 투입한 금액이 필요경비**이다.

19. ① **슬롯머신 등 당첨금품의 과세최저한은 200만원 이하**이다.

   ② **승마투표권의 과세최저한은 10만원이하**이다.

   ④ 세액공제 받은 연금계좌 납입액과 연금계좌 운용실적에 따라 증가된 금액을 연금외 수령한 소득에 대해서는 과세최저한이 적용되지 않는다.

20. 고가주택은 **양도 당시 실지거래가액의 합계액이 12억원을 초과하는 것**을 말한다.

21. 본인 기본공제를 적용할 경우 나이와 소득에 제한을 받지 않는다.

22. 해당 과세기간에 출산하거나 입양 신고한 공제대상자녀가 **첫째인 경우 연 30만원을 종합소득산출세액에서 공제**한다.

23. **출자공동사업자의 배당소득 수입시기는 과세기간 종료일**이다.

24. 근로소득만 있는 자, 공적연금소득만 있는 자, 연말정산되는 사업소득만 있는 자 및 원천징수되는 기타소득으로서 종교인소득만 있는 자 중 두 가지 이상의 소득이 있는 자는 과세표준확정신고를 해야 한다.

25. **성실신고확인대상사업자**가 성실신고확인서를 제출하는 경우에는 종합소득과세표준 확정신고를 그 과세기간의 **다음 연도 5월 1일부터 6월 30일까지** 해야 한다.

26. 연대납세의무자에게 서류를 송달할 때에는 그 대표자를 명의인으로 하며, 대표자가 없을 때에는 연대납세의무자 중 국세를 징수하기에 유리한 자를 명의인으로 한다. 다만, **납부의 고지와 독촉에 관한 서류는 연대납세의무자 모두에게 각각 송달**하여야 한다.

27. 납세의무자가 세법에 따라 장부를 갖추어 기록하고 있는 경우에는 해당 국세 과세표준의 조사와 결정은 그 장부와 이와 관계되는 증거자료에 의하여야 한다.

29. **손해배상금에 대한 법정이자는 과세대상에서 제외**되고, 나머지는 과세대상 금융소득이다.

제96회 세무회계2급

합격율	시험년월
31%	2021.12

세법1부 법인세법, 부가가치세법

01. 다음 중 법인세법상 법인의 소득에 대한 설명으로 옳지 않은 것은?

① 손금의 범위에는 잉여금의 처분을 포함한다.

② 익금이란 순자산을 증가시키는 거래로 인하여 발생하는 수익을 의미한다.

③ 현행 법인세법은 열거되지 않은 소득이라도 순자산증가액을 과세소득으로 본다.

④ 각 사업연도의 소득은 그 사업연도에 속하는 익금의 총액에서 손금의 총액을 뺀 금액으로 한다.

02. 다음 중 법인세법상 반드시 기타사외유출로 처분하는 경우가 아닌 것은?

① 업무용승용차 임차료 중 감가상각비 상당액 한도초과액

② 추계에 의해 결정된 과세표준과 결산서상의 법인세비용차감전순이익과의 차액

③ 임대보증금 등의 간주익금

④ 손금불산입한 채권자 불분명 사채이자에 대한 원천징수세액 상당액

03. 다음 중 법인세법상 손익의 귀속시기가 옳지 않은 것은?

① 상품 판매(부동산 제외)에 따른 손익의 귀속시기는 그 상품을 인도한 날이다.

② 자산의 위탁판매로 인한 손익의 귀속시기는 수탁자가 그 위탁자산을 판매한 날이다.

③ 비상장 중소기업이 제공하는 장기건설용역의 경우 특례로 인도기준을 선택할 수 있다.

④ 자산의 임대 손익으로서 임대료 지급기간이 1년을 초과하는 경우 기간 경과분을 강제로 인식한다.

04. 다음 중 법인세법상 손금에 대한 설명으로 옳지 않은 것은?

① 일반적으로 손금으로 인정받기 위해서는 법인의 사업과 관련된 것으로 거래증빙에 의하여 입증 되어야 한다.

② 법인세법 시행령에 열거된 손비의 범위에 대해서만 손금으로 인정이 가능하다.

③ 법인은 원칙적으로 모든 거래에 관한 증명서류를 과세표준 신고기한이 지난 날부터 5년간 보관 해야 한다.

④ 손금 항목이라도 지출된 사업연도에 전액 인정되지 않고, 지출 성격에 따라 비용 배분에 의하여 인식 시기를 달리하는 경우도 있다.

05. 다음은 ㈜행복의 비품에 관한 자료이다. 법인세법상 비품의 처분이익은 얼마인가?

| • 취득가액 | 10,000,000원 | • 감가상각누계액 | 7,000,000원 |
| • 상각부인액 | 1,000,000원 | • 양도가액 | 5,000,000원 |

① 1,000,000원　　② 2,000,000원　　③ 3,000,000원　　④ 5,000,000원

06. 다음 중 법인세법상 자산 및 부채의 평가방법으로 옳지 않은 것은?

① 일반 법인이 유가증권 평가방법을 신고하지 않은 경우 총평균법을 적용한다.

② 재고자산의 평가방법은 원칙적으로 법인이 신고한 방법(원가법 또는 저가법)에 의한다.

③ 기업회계기준에 따라 인식한 외환차손익에 대해서 별도 세무조정이 필요 없다.

④ 매매목적용 부동산의 평가방법을 신고하지 않은 경우 선입선출법을 적용한다.

07. 다음 중 법인세법상 지급이자에 대한 설명으로 옳지 않은 것은?

① 사업용 유형자산의 매입과 관련된 일반차입금에 대한 지급이자도 자본화를 선택할 수 있다.

② 건설자금이자 자본화 대상 자산은 사업용 유형자산, 무형자산, 투자자산 및 제조 등에 장기간이 소요되는 재고자산을 포함한다.

③ 건설자금 명목으로 차입한 것으로 준공 후 남은 차입금에 대한 이자는 각 사업연도의 손금으로 한다.

④ 차입한 건설자금의 일시예금에서 생기는 수입이자는 자본적 지출금액에서 차감한다.

08. 다음 중 법인세법상 업무용승용차에 관한 설명으로 옳지 않은 것은?

① 업무용승용차를 처분하여 발생하는 손실 중 한도초과액은 손금불산입하고 기타사외유출로 처분한다.

② 업무용승용차란 개별소비세 과세대상인 승용차로서 법에서 열거한 "특정 영업용승용차"를 제외한 것을 말한다.

③ 업무전용자동차보험에 가입하지 않더라도 업무용승용차 관련비용의 업무사용비율만큼 손금으로 인정 가능하다.

④ 업무용승용차별 감가상각비 중 업무사용비율에 해당하는 금액은 연간 800만원(특정 요건을 충족하는 부동산임대업을 주업으로 하는 내국법인 등은 400만원) 한도 내에서만 손금으로 인정한다.

09. 다음 중 법인세법상 기업업무추진비(접대비)에 관한 설명으로 옳지 않은 것은?

① 적격증빙을 수취하지 아니한 기업업무추진비는 손금불산입하고 대표자의 상여로 처리한다.

② 기업업무추진비를 금전 외의 자산으로 제공한 경우 해당 자산의 가액은 장부가액으로 한다.

③ 사업연도를 무신고한 중소기업(신설법인 및 부동산임대업을 주업으로 하는 특정 법인 제외)의 기업업무추진비 한도액은 최소 3,600만원이다.

④ 약정에 따라 채권의 일부를 포기하는 경우에도 기업업무추진비로 볼 수 있다.

10. 다음 중 법인세법상 수시부과하는 사유로서 옳지 않은 것은?

① 신고를 하지 아니하고 본점 등을 이전한 경우

② 사업부진 기타의 사유로 인하여 휴업 또는 폐업상태에 있는 경우

③ 기한 내에 신고를 하지 아니한 경우

④ 기타 조세를 포탈할 우려가 있다고 인정되는 상당한 이유가 있는 경우

11. 다음 중 법인세법상 과세표준 등의 신고에 관한 설명으로 옳지 않은 것은?

① 내국법인은 원칙적으로 각 사업연도의 종료일이 속하는 달의 말일부터 3개월 이내에 그 사업연도의 소득에 대한 법인세의 과세표준과 세액을 납세지 관할세무서장에게 신고하여야 한다.

② 내국법인이 성실신고확인서를 제출하는 경우에는 각 사업연도의 종료일이 속하는 달의 말일부터 4개월 이내에 그 사업연도의 소득에 대한 법인세의 과세표준과 세액을 납세지 관할세무서장에게 신고하여야 한다.

③ 내국법인으로서 각 사업연도의 소득금액이 없거나 결손금이 있는 법인의 경우에는 신고하지 않을 수 있다.

④ 납세지 관할세무서장 및 관할지방국세청장은 제출된 신고서 또는 그 밖의 서류에 미비한 점이 있거나 오류가 있을 때에는 보정할 것을 요구할 수 있다

12. 다음 중 법인세법상 원천징수에 대한 설명으로 옳지 않은 것은?

① 법인세를 원천징수할 시기는 원칙적으로 원천징수 대상 소득을 실제 지급하는 때이다.

② 원천징수세액이 1천원 미만인 경우 해당 법인세를 징수하지 아니한다.

③ 원천징수의무자가 납세의무자로부터 법인세를 원천징수한 경우 그 납세의무자에게 원천징수영수증을 발급하여야 한다.

④ 이자소득과 배당소득은 법인세 원천징수 대상 소득이다.

13. 다음 중 법인세법상 세액공제에 대한 설명으로 옳지 않은 것은?

① 재해손실세액공제 적용 시 자산의 가액에는 토지의 가액을 포함한다.

② 외국납부세액공제는 이월공제가 가능하지만, 재해손실세액공제는 이월공제가 허용되지 아니한다.

③ 법인세 과세표준을 추계결정(천재지변 제외)하는 경우 외국납부세액공제를 적용하지 아니한다.

④ 외국납부세액 공제한도금액을 계산할 때 국외사업장이 2 이상의 국가에 있는 경우에는 국가별로 구분하여 이를 계산한다.

14. 다음 중 부가가치세법에 대한 설명으로 잘못된 것은?

① 과세 대상 사업자는 간이과세자와 일반과세자로 구분한다.

② 직전 연도 공급대가의 합계액이 4,000만원 이상인 간이과세자는 원칙적으로 세금계산서를 발급해야 한다.

③ 사업자단위과세는 본점 또는 주사무소에서 총괄하여 각 사업장을 대신하여 신고 및 납부한다.

④ 사업자등록은 원칙적으로 사업장마다 사업개시일 부터 20일 내에 등록신청하여야 한다.

15. 다음 중 부가가치세법상 과세거래에 해당하지 않는 것은? 단, 아래 지문에 해당하는 재화 및 용역의 매입세액은 매입세액공제를 받은 것으로 가정한다.

① 사업자가 자기의 고객 중 추첨을 통하여 당첨된 자에게 재화를 경품으로 제공하는 경우

② 사업자가 사업용 건물을 현물출자하는 경우

③ 사업자가 사업을 폐업하는 때 잔존하는 재화

④ 사업자가 자기의 사업을 위하여 직접 용역을 공급하는 경우

16. 다음 중 부가가치세법상 사업장에 관한 설명으로 잘못된 것은?

① 광업의 경우 광업사무소의 소재지로 한다.

② 직매장은 사업장으로 보며 하치장은 사업장으로 보지 않는다.

③ 부동산상의 권리만을 대여하는 부동산임대업은 부동산의 등기상 소재지를 사업장으로 한다.

④ 건설업 법인의 경우 법인의 등기부상 소재지를 사업장으로 한다.

17. 다음 중 부가가치세법상 재화 및 용역의 공급시기에 대한 설명으로 잘못된 것은?

① 장기할부판매의 경우는 재화가 인도되거나 이용가능하게 되는 때

② 폐업시 잔존재화는 폐업하는 때

③ 재화의 이동이 필요한 경우는 재화가 인도되는 때

④ 내국물품의 국외 반출은 수출재화의 선적일 또는 기적일

18. 다음 중 부가가치세 과세표준에 대한 설명으로 잘못된 것은?

① 재화를 공급한 후 공급받는 자에게 지급하는 장려금은 과세표준에서 공제하지 않는다.

② 공급받는 자에게 도달하기 전에 파손되거나 훼손되거나 멸실한 재화의 가액은 과세표준에 포함하지 않는다.

③ 자기적립마일리지 등으로 대금의 전부 또는 일부를 결제받은 금액은 과세표준에서 제외한다.

④ 하자보증금은 과세표준에서 공제한다.

19. 다음 중 부가가치세법상 과세사업과 면세사업에 공통으로 사용되는 매입세액을 안분계산하지 않고 전액 공제하는 사유가 아닌 것은?

① 해당 과세기간의 총공급가액 중 면세공급가액이 5% 미만이면서 공통매입세액이 5백만원 미만인 경우

② 공통사용재화를 매입한 과세기간과 동일한 과세기간에 공급한 경우

③ 해당 과세기간 중의 공통매입세액 합계액이 5만원 미만인 경우

④ 신규로 사업을 개시한 해당 과세기간에 매입한 공통사용재화를 해당 과세기간에 매각하여 과세표준 안분계산을 생략한 경우

20. 다음 중 부가가치세법상 영세율에 대한 설명으로 잘못된 것은?

① 영세율은 원칙적으로 거주자 또는 내국법인에 대하여 적용하며, 비거주자 또는 외국법인의 경우는 상호주의에 의한다.

② 선박 또는 항공기에 의한 외국항행용역의 공급은 영세율을 적용한다.

③ 영세율을 적용받는 경우 조기환급이 가능하다.

④ 수출을 대행하고 수출대행수수료를 받는 수출대행용역은 영세율에 해당한다.

21. 다음 중 부가가치세법상 면세포기에 관한 설명으로 옳지 않은 것은?

① 면세포기는 시기의 제한이 없으며, 언제든지 포기신고를 할 수 있다.

② 면세포기의 효력은 면세포기신고를 하고, 사업자등록을 한 이후의 거래분부터 적용된다.

③ 부가가치세의 면세포기를 하려면 영세율 적용의 대상이 되는 경우 또는 학술연구단체·기술연구단체가 그 연구와 관련하여 실비 또는 무상으로 공급하는 경우에 해당하여야 가능하다.

④ 면세포기신고를 한 사업자는 신고한 날로부터 언제든 면세사업자를 신청할 수 있다.

22. 다음 중 부가가치세법상 대손세액공제와 관련된 설명으로 옳지 않은 것은?

① 대손세액공제는 확정신고 시에 가능하다.

② 어음의 부도발생일로부터 6개월이 지난 경우라면 채무자의 재산에 대하여 저당권을 설정하고 있더라도 대손세액공제를 받을 수 있다.

③ 대손금을 회수한 경우 회수한 날이 속하는 과세기간의 매출세액에 가산한다.

④ 대여금에 대해서는 대손세액공제를 적용할 수 없다.

23. 다음 중 부가가치세법상 세금계산서 발급의무가 면제되는 경우에 해당하지 않는 것은?

① 면세사업에 전용되는 자가공급

② 항공기에 의해 외국항행용역을 제공하는 경우

③ 재화를 직접 수출하는 경우

④ 내국신용장에 의해 수출업자에게 재화를 공급하는 경우

24. 다음의 자료는 일반과세자인 김한세(음식점업)씨의 20x1년 1기 과세기간에 대한 세금계산서 수취내역이다. 부가가치세법상 공제받을 수 있는 매입세액의 합계액은 얼마인가?

내역	매입세액
• 01월 01일 : 세무대행 수수료	500,000원
• 01월 15일 : 배달용 오토바이(125cc 이하) 유류대금	10,000원
• 02월 06일 : 종업원 회식비	300,000원
• 03월 05일 : 거래처 기업업무추진비	100,000원
• 05월 08일 : 개별소비세 과세 대상 자동차 구입대금	10,000,000원

① 510,000원   ② 810,000원   ③ 910,000원   ④ 10,910,000원

25. 다음 중 부가가치세법상 납부세액에 관한 설명으로 옳지 않은 것은?

① 매입처별세금계산서합계표를 제출하지 아니한 경우의 세금계산서 수령분 매입세액은 원칙적으로 매출세액에서 공제하지 아니한다.

② 토지조성을 위한 자본적 지출에 관련된 매입세액으로서 토지취득 및 형질변경 등에 관련된 것은 매출세액에서 공제하지 아니한다.

③ 법에 따른 매입자발행세금계산서에 기재된 매입세액은 공제대상 매입세액으로 본다.

④ 일반과세자가 간이과세자로 변경되면 변경 당시의 재고품에 대해 일정부분 매입세액공제를 받을 수 있다.

1부 주관식   문항 당 5점

26. 아래 자료에서 법인세 세무조정계산서 작성 시 소득금액조정합계표 및 자본금과적립금조정명세서(乙)의 작성과 모두 연관되는 항목의 합계액을 구하시오.

- 기업업무추진비 한도초과액 : 1,200,000원
- 임원상여금 : 1,500,000원
- 업무무관자산 등에 대한 지급이자 손금불산입액 : 700,000원
- 대손충당금 한도초과액 : 1,000,000원
- 건물 감가상각비 한도초과액 : 1,000,000원

27. 다음은 법인세법상 부당행위계산의 부인 요건에 대한 설명으로 괄호 안에 알맞은 숫자를 넣으시오.

> 법인세법상 부당행위계산의 부인은 특수관계인과의 거래로 인하여 그 법인의 소득에 대한 조세의 부담을 부당하게 감소시킨 것으로 인정되는 경우에 적용한다. 조세의 부담을 부당하게 감소시킨 것으로 인정되는 경우란 고가매입 또는 저가양도의 경우 시가와 거래가액의 차액이 (   )원 이상이거나 시가의 100분의 5에 상당하는 금액 이상인 경우를 말한다.

28. 다음 자료를 이용하여 ㈜한세의 제1기 사업연도 법인세 산출세액을 구하시오.

> • ㈜한세는 신설중소법인으로 설립등기일은 20x1년 7월 1일이다.
> • 각 사업연도의 소득금액 : 150,000,000원
> • 비과세소득 : 20,000,000원
> • 소득공제액 : 10,000,000원

29. 부가가치세법상 아래의 괄호 안에 알맞은 숫자를 쓰시오.

> 직전 연도의 공급가액 요건을 충족하는 개인사업자가 부가가치세가 과세되는 재화 또는 용역을 공급하고 신용카드매출전표 등을 발급하는 경우 신용카드매출전표 등의 발급금액 또는 결제금액의 1.3%를 연간 (   )원을 한도로 납부세액에서 공제할 수 있다.

30. 부가가치세법상 아래의 괄호 안에 알맞은 숫자를 쓰시오.

> 개인사업자와 직전 과세기간 공급가액의 합계액이 (   )원 미만인 영세법인사업자에 대하여는 납세지 관할세무서장이 각 예정신고기간마다 직전 과세기간에 대한 납부세액의 50%에 상당하는 금액을 결정하여 예정 신고기한 내에 징수하도록 규정하고 있다.

세법2부 국세기본법, 소득세법, 조세특례제한법

01. 다음 중 국세기본법상 국세부과의 원칙과 세법적용의 원칙에 대한 설명으로 잘못된 것은?

① 납세의무가 성립된 후에는 그 성립 후의 새로운 세법에 따라 소급하여 과세하지 않는다.

② 신의성실의 원칙은 과세당국과 납세자 모두에게 적용된다.

③ 세무공무원이 재량으로 직무를 수행할 때에는 과세의 형평과 해당 세법의 목적에 비추어 일반적으로 적당하다고 인정되는 한계를 엄수해야 한다.

④ 명의신탁 부동산을 양도한 경우 납세의무자는 명의수탁자이다.

02. 다음 중 국세기본법상 기한연장의 사유로 옳지 않은 것은?

① 납세자가 화재, 전화, 그 밖의 재해를 입거나 도난을 당한 경우

② 납세자 또는 그 동거가족이 질병이나 중상해로 6개월 이상의 치료가 필요하거나 사망하여 상중인 경우

③ 권한 있는 기관에 장부나 서류가 압수 또는 영치된 경우

④ 납세자의 장부 작성을 대행하는 세무사가 폐업을 하는 경우

03. 아래의 보기 중 국세기본법상 납세의무자가 과세표준과 세액을 정부에 신고했을 때 확정되는 세목끼리 짝지어진 것으로 옳은 것은?

① 소득세 – 상속세

② 법인세 – 증여세

③ 부가가치세 – 소득세

④ 상속세 – 종합부동산세

04. 다음 중 국세기본법상 상속세 및 증여세 외의 일반적인 국세의 부과제척기간에 대한 설명으로 옳지 않은 것은?

① 국가가 국세를 결정, 경정결정 및 부과취소를 할 수 있는 기간을 '국세의 부과제척기간'이라 한다.

② 과세표준과 세액을 신고하는 국세의 부과제척기간의 원칙적인 기산일은 과세기간 종료일이다.

③ 납세자가 사기나 그 밖의 부정한 행위로 국세를 포탈하거나 환급, 공제를 받은 경우 해당 국세를 부과할 수 있는 날부터 10년(역외거래 15년)이다.

④ 납세자가 법정신고기한까지 과세표준신고서를 제출하지 않은 경우 해당 국세를 부과할 수 있는 날부터 7년(역외거래 10년)이다.

05. 다음 중 국세기본법상 소멸시효의 정지사유기간에 해당하지 않는 것은?

① 세법에 따른 분납기간

② 세법에 따른 납부고지의 유예기간

③ 체납자가 국외에 3개월 이상 계속 체류하는 경우 해당 국외 체류 기간

④ 세법에 따른 압류·매각의 유예기간

06. 다음 중 국세기본법상 제2차 납세의무에 대한 설명으로 옳지 않은 것은?

① 사업양수인은 양도인이 사업용 부동산을 양도함으로써 납부하여야 할 양도소득세에 대하여는 제2차 납세의무를 지지 않는다.

② 주된 납세의무에 관하여 생긴 사유는 제2차 납세의무에도 효력이 있다.

③ 법인의 재산으로 그 법인이 납부할 국세에 충당하여도 부족한 경우에는 그 법인의 무한책임사원 이나 과점주주는 그 부족한 금액에 대하여 제2차 납세의무를 진다.

④ 출자자의 제2차 납세의무자는 과세기간 개시일 현재 무한책임사원이 부담한다.

07. 다음 중 국세기본법상 국세환급금에 대한 설명으로 옳지 않은 것은?

① 납부한 국세 중 잘못 납부하거나 초과하여 납부한 금액이 있는 납세의무자는 환급을 청구할 권리 가 있다.

② 세무서장은 직권으로 납세자의 동의 없이 국세환급금을 세법에 따라 자진납부하는 국세에 충당 할 수 있다.

③ 납세자의 국세환급금에 관한 권리는 행사할 수 있는 때부터 5년간 행사하지 않으면 소멸시효가 완성된다.

④ 납세자는 국세환급금에 관한 권리를 타인에게 양도할 수 있다.

08. 다음 중 국세기본법상 국세가 우선하는 채권은 무엇인가?

> 거주자 갑이 2021년 귀속 소득세를 납부하지 않음에 따라 관할세무서장은 갑의 주택을 2023년 8월 31일에 압류하여 2024년 4월 30일에 매각하였다. 소득세 신고일은 2022년 5월 20일이다.

① 최우선변제 임차보증금

② 갑이 운영하는 기업체 종업원의 최종 3년간의 퇴직급여

③ 갑의 주택에 설정된 저당권(설정일 2023.6.30.)에 의해 담보되는 채권

④ 강제징수비

09. 다음 중 국세기본법상 수정신고, 경정 등의 청구 및 기한 후 신고에 대한 설명으로 잘못된 것은?

① 통상적인 경정청구는 법정 신고기한 경과 후 10년 이내에 청구할 수 있다.

② 기한 후 신고는 납세의무 확정력이 없다.

③ 관할을 위반하여 신고서를 제출한 경우에도 그 신고의 효력에는 영향이 없다.

④ 경정청구의 경우 납세의무의 확정력이 없다.

10. 다음 중 국세기본법상 불복대상과 불복청구인에 대한 설명으로 옳지 않은 것은?

① 이의신청에 대한 처분에 대해서는 심판청구를 할 수 있다.

② 이의신청은 임의적 절차이므로 이의신청을 제기하지 않고 심사청구를 제기할 수 있다.

③ 동일한 처분에 대하여 심사청구를 한 후 인용되지 않을 경우 심판청구를 제기할 수 있다.

④ 국세기본법에 의해 위법한 처분을 받음으로써 권리의 침해를 당한 자뿐만 아니라 이로 인해 이익의 침해를 받게 될 납세보증인 또한 위법한 처분을 받은 자의 처분에 대하여 불복청구를 할 수 있다.

11. 다음 중 국세기본법상 납세자의 권리에 대한 설명으로 잘못된 것은?

① 납세자에 대한 구체적인 탈세 제보가 있는 경우 수시 세무조사 대상이 된다.

② 세무조사를 하는 경우(증거인멸 우려가 있는 경우 등 제외) 납세자에게 조사개시 30일 전에 통지하여야 한다.

③ 세무조사를 마친 날부터 20일(공시송달 사유에 해당하는 경우 40일) 이내에 조사결과를 통지하여야 한다.

④ 납세자의 질병으로 세무조사가 곤란할 때 세무조사 연기신청을 할 수 있다.

12. 다음 중 소득세법에 관한 설명으로 옳지 않은 것은?

① 소득세법상 과세기간은 사업개시일로부터 해당 과세기간 종료일까지이다.

② 신탁재산에 귀속되는 소득은 그 신탁의 이익을 받을 수익자에게 귀속되는 것으로 본다.

③ 소득세법은 종합과세제도이지만 양도소득과 퇴직소득은 분류과세 한다.

④ 사업소득이 있는 거주자의 소득세 납세지는 원칙적으로 납세자의 주소지로 한다.

13. 다음 중 소득세법상 금융소득에 대한 원천징수세율이 나머지 보기와 같지 않은 것은?

① 출자공동사업자의 배당소득 ② 법원보관금 등의 이자

③ 보통예금의 이자 ④ 기명주식의 이익배당

14. 다음 중 소득세법상 근로소득에 대한 설명으로 잘못된 것은?

① 법인세법상 임원의 퇴직급여 한도초과액은 근로소득으로 과세한다.

② 일용근로자란 동일한 고용주에게 3월(건설공사 1년) 이상 계속하여 고용되어 있지 않은 자(하역종사자는 기간 제한 없음)를 말한다.

③ 중소기업의 종업원이 얻는 주택자금대여이익은 근로소득으로 과세한다.

④ 출자 임원에 대한 사택제공이익은 근로소득으로 과세한다.

15. 다음 중 소득세법상 사업소득금액 계산시 총수입금액에 산입하지 않는 것은?

① 거래상대방으로부터 받는 장려금 기타 이와 유사한 성질의 금액

② 사업용 유형자산인 상가 양도금액

③ 사업과 관련된 자산수증이익·채무면제이익

④ 사업과 관련하여 해당 사업용 자산의 손실로 인하여 취득하는 보험차익

16. 다음 중 소득세법상 주택임대소득에 관한 설명으로 옳지 않은 것은?

① 주택 수 계산에 있어 본인과 배우자가 각각 주택을 소유하는 경우 이를 합산한다.

② 주택 수 계산에 있어 다가구주택은 1개의 주택으로 보되, 구분 등기된 경우에는 각각을 1개의 주택으로 계산한다.

③ 국외소재주택의 임대소득은 1주택 소유자의 소득이라도 과세한다.

④ 비과세대상에서 제외하는 고가주택이라 함은 과세기간 종료일 또는 주택 양도일 현재 실지거래가액이 9억원을 초과하는 주택이다.

17. 다음 중 소득세법상 기타소득의 수입시기로 옳지 않은 것은?

① 일반적인 기타소득 : 그 지급을 받은 날

② 법인세법에 따라 처분된 기타소득 : 기타소득 처분결의일

③ 산업재산권을 양도하고 받은 기타소득 : 대금청산일, 인도일, 사용·수익일 중 빠른 날

④ 연금계좌에서 연금외수령한 기타소득 : 연금외수령한 날

18. 다음 중 소득세법상 종교인소득에 대한 설명으로 옳지 않은 것은?

① 종교인소득의 지급자는 소득 지급시 원천징수 여부를 선택할 수 있다.

② 소득의 지급자가 기타소득으로 원천징수하여 지급하는 경우 해당 종교인소득은 무조건 종합과세 대상이다.

③ 식사를 제공받지 않은 경우 식사대로 받는 월 20만원 이하의 수당은 비과세소득이다.

④ 종교인소득은 원칙적으로 기타소득으로 구분하나, 근로소득으로 원천징수하거나 과세표준확정 신고를 한 경우에는 근로소득으로 구분한다.

19. 다음 중 소득세법상 소득금액 계산과 관련된 설명으로 잘못된 것은?

① 직계존속에게 주택을 무상으로 사용하게 하고 직계존속이 그 주택에 실제 거주하는 경우 부당행위계산의 부인 대상이 아니다.

② 공동사업자의 구성원 변동이 있는 경우 기장의무는 직전 연도 당해 공동사업장의 수입금액에 의해 판정한다.

③ 이자소득, 연금소득에 대해서는 부당행위계산 부인이 적용되지 않는다.

④ 피상속인의 소득금액은 상속인에게 승계되며 상속인의 소득금액과 합산된다.

20. 다음 중 소득세법상 종합소득공제에 대한 설명으로 옳지 않은 것은?

① 100만원 이하의 소득이 있는 배우자는 연령에 상관없이 기본공제가 가능하다.

② 기본공제대상자가 아닌 자는 추가공제대상자가 될 수 없다.

③ 경로우대자공제를 받기 위한 최소한의 나이는 65세이다.

④ 기본공제대상자가 장애인인 경우 1명당 연 200만원을 추가공제한다.

21. 다음 중 소득세법 및 조세특례제한법상 근로소득자 및 사업소득자 모두 적용받을 수 있는 공제가 아닌 것은?

① 표준세액공제　　　　　　　　② 신용카드등소득공제

③ 연금계좌세액공제　　　　　　④ 연금보험료공제

22. 다음 중 소득세법상 양도소득에 관한 설명으로 옳지 않은 것은?

① 양도란 자산에 대한 등기 또는 등록과 관계없이 매도 등을 통하여 그 자산을 유상으로 사실상 이전하는 것을 말한다.

② 골프회원권을 양도하는 경우 양도소득세 과세 대상에 해당한다.

③ 양도자산의 원칙적인 취득시기 및 양도시기는 해당 자산의 대금청산일로 한다.

④ 양도소득은 부당행위계산의 부인 특례규정을 적용받지 아니한다.

23. 다음 중 소득세법상 공제대상자녀 수에 따른 자녀세액공제액으로 연결이 잘못된 것은? 단, 해당 과세기간에 출산하거나 입양한 공제대상자녀는 없는 것으로 가정한다.

① 공제대상자녀 수가 1명인 경우 : 연 15만원

② 공제대상자녀 수가 2명인 경우 : 연 35만원

③ 공제대상자녀 수가 3명인 경우 : 연 65만원

④ 공제대상자녀 수가 4명인 경우 : 연 105만원

24. 다음 중 소득세법상 중간예납에 대한 설명으로 옳지 않은 것은?

① 원칙적으로 사업소득이 있는 거주자가 중간예납의무를 지며, 퇴직소득 및 양도소득에 대해서는 중간예납을 하지 않는다.

② 중간예납기간은 1월 1일부터 6월 30일까지이며, 당해연도의 10월 31일까지 납부하여야 한다.

③ 신규로 사업을 시작한 자는 중간예납의무를 지지 않는다.

④ 중간예납추계액이 중간예납기준액의 30%에 미달하는 경우 중간예납추계액을 신고·납부할 수 있다.

25. 다음 중 소득세법상 납부에 관한 설명으로 잘못된 것은?

① 종합소득세 납부세액이 1천만원을 초과하는 경우 분할납부가 가능하다.

② 양도소득세는 예정신고 및 납부를 하여야 한다.

③ 세액을 분할납부하는 경우 분납기한은 납부기한 경과 후 45일 이내이다.

④ 이자소득에 대한 원천징수세액이 1천원 미만인 경우에도 소득세 원천징수의무가 있다.

2부 주관식 　 문항 당 5점

26. 다음 자료에서 설명하는 국세기본법상 제도로서 아래의 빈칸에 들어갈 용어는 무엇인가?

> (　　　　　　　　　)(이)란 최초신고 및 수정신고한 과세표준 및 세액 또는 결정이나 경정된 과세표준 및 세액 등이 세법에 따라 신고하여야 할 과세표준 및 세액을 초과(결손금액 또는 환급세액이 미달)하는 경우에 과세관청으로 하여금 과세표준 및 세액을 정정하여 결정 또는 경정하도록 촉구하는 납세의무자의 청구를 말한다. 이는 과세표준과 세액이 과대신고된 경우 납세의무자의 권리구제를 가능케 하기 위한 제도로서 매우 중요하다.

27. 국세기본법상 다음 괄호 안에 들어갈 내용은 무엇인가?

> 출자자의 제2차 납세의무를 부담하는 과점주주란 합자회사의 유한책임사원 등 법에서 정한 1인과 그의 특수관계인으로서 그들의 소유주식의 합계 또는 출자액의 합계가 해당 법인의 발행 주식 총수 또는 출자총액의 (　　)%를 초과하면서 그 법인의 경영에 지배적인 영향력을 행사하는 자들을 말한다.

28. 소득세법상 괄호 안에 들어갈 알맞은 숫자를 쓰시오.

> 아래의 기타소득은 최소 (　　)%의 추정 필요경비율이 적용된다.
> ① 공익법인이 주무관청의 승인을 받아 시상하는 상금 및 부상과 다수가 순위 경쟁하는 대회에서 입상자가 받는 상금 및 부상
> ② 계약의 위약 또는 해약으로 인하여 받는 위약금과 배상금 중 주택입주지체상금

29. 소득세법상 다음의 괄호 안에 들어갈 알맞은 숫자를 쓰시오.

> 직전 연도의 상시고용인원이 (　　)명 이하인 원천징수의무자로서 원천징수 관할 세무서장으로부터 승인을 받은 자는 원천징수세액을 그 징수일이 속하는 반기의 마지막 달의 다음 달 10일까지 납부할 수 있다.

30. 소득세법상 다음의 괄호 안에 들어갈 내용은 무엇인가?

> 복식부기의무자는 업무용승용차에 대한 감가상각비를 계산할 때 정액법을 상각방법으로 하고, 내용연수를 (　　)년으로 하여 계산한 금액을 감가상각비로 하여 필요경비에 산입해야 한다.

제96회 세무회계2급 답안 및 해설

세법1부-법인세법, 부가가치세법

1	2	3	4	5	6	7	8	9	10	11	12	13	14	15
①	②	③	②	①	④	②	③	②	③	③	④	①	②	④

16	17	18	19	20	21	22	23	24	25		
③	①	④	②	④	④	②	④	②	④		

26	27	28	29	30
2,000,000	3억	12,800,000	1천만	1억5천만

01. 해당 법인의 순자산을 감소시키는 거래로 인하여 발생하는 손실 또는 비용의 금액으로 한다. 다만, 자본 또는 출자의 환급, **잉여금의 처분을 제외**한다.

02. 추계에 의해 결정된 과세표준과 법인의 재무상태표상의 법인세비용차감전순이익과의 차액은 대표자에 대한 이익처분에 의한 **상여로 처분**한다. 다만, 천재지변 등으로 장부나 그 밖의 증명서류가 멸실된 경우 능 부득이한 경우 기타사외유출로 처분한다.

03. 단기건설의 경우 원칙은 진행기준이나 예외적으로 중소기업인 경우 인도기준으로 신고조정이 가능하나, **장기건설의 경우 중소기업여부를 불문하고 진행기준으로 손익을 인식**해야 한다.

04. 손비는 법인세법 및 다른 법률에서 달리 정하고 있는 것을 제외하고는 그 법인의 사업과 관련하여 발생하거나 지출된 손실 또는 비용으로서 일반적으로 인정되는 통상적인 것이거나 수익과 직접 관련된 것으로 한다. 따라서 **열거되지 않아도 순자산감소액은 원칙적으로 손금에 해당**한다.

05. 세법상 장부가액= 장부가액(10,000,000-7,000,000)+상각부인액(1,000,000)=4,000,000원
처분이익 = 양도가액(5,000,000) - 세법상 장부가액(4,000,000)=1,000,000원
감가상각자산을 양도한 경우 당해 자산의 상각부인액은 양도일이 속하는 사업연도의 손금(유보추인)에 이를 산입한다.

06. 기한 내에 재고자산의 평가방법을 신고하지 아니한 경우 납세지 관할세무서장이 선입선출법에 의하여 재고자산을 평가한다. 다만, **매매를 목적으로 소유하는 부동산의 경우에는 개별법**으로 한다.

07. 건설자금에 충당한 차입금의 이자란 그 명목 여하에 불구하고 사업용 유형자산 및 무형자산의 매입·제작 또는 건설에 소요되는 차입금에 대한 지급이자 또는 이와 유사한 성질의 지출금을 말한다. 따라서 **투자자산 및 재고자산의 건설 등을 위한 차입금의 지급이자 등은 자본화할 수 없다.**

08. 업무전용자동차보험에 가입하지 아니한 경우 : 전액 손금불인정

09. 법인이 기업업무추진비를 금전 외의 자산으로 제공한 경우 해당 자산의 가액은 제공한 때의 **장부가액과 시가 중 큰 금액으로 산정**한다.

11. 내국법인으로서 **각 사업연도의 소득금액이 없거나 결손금이 있는 법인의 경우에도 적용**한다.

12. 법인세 원천징수 대상 소득은 소득세법에 따른 이자소득과 집합투자기구로부터의 이익 중 「자본시장과 금융투자업에 관한 법률」에 따른 투자신탁의 이익이다.

13. 재해손실세액공제 적용시 상실된 자산의 가액에 토지의 가액을 포함하지 아니한다.

14. 직전 연도의 공급대가의 합계액이 **4천 800만원 이상인 간이과세자는 세금계산서를 발급**해야 한다.

15. 사업자가 자신의 용역을 자기의 사업을 위하여 대가를 받지 아니하고 공급함으로써 다른 사업자와의 과세형평이 침해되는 경우에는 자기에게 용역을 공급하는 것으로 본다. 이 경우 그 용역의 범위는 대통령령으로 정한다. 다만, 현재 대통령령으로 용역의 **자가공급 중과세 대상으로 정한 바가 없어 용역의 자가공급은 과세거래로 보지 않는다.**

16. 부동산상의 권리만을 대여하는 경우 그 사업에 관한 **업무를 총괄하는 장소를 사업장**으로 한다.

17. 장기할부판매의 경우 대가의 **각 부분을 받기로 한 때를 재화의 공급시기**로 본다.

18. 하자보증금은 예치금에 불과하기 때문에 과세표준에서 공제하지 않는다.

19. 과세사업과 면세사업 등에 공통으로 사용되는 재화를 공급받은 과세기간 중에 그 재화를 공급한 경우 그 재화에 대한 매입세액의 안분 계산은 **직전 과세기간의 공급가액을 기준으로 한다.**

20. 수출을 대행하고 수출대행수수료를 받는 수출대행용역은 수출품 생산업자의 수출대행계약에 의해 수출업자의 명의로 수출하는 경우에 해당하지 않으므로 영세율 적용대상 용역에 해당하지 않는다.

21. 면세의 포기를 신고한 사업자는 신고한 날부터 **3년간 부가가치세를 면제받지 못한다.**

22. 부도발생일부터 6개월 이상 지난 수표 또는 어음상의 채권으로서 채무자의 재산에 대하여 **저당권을 설정하고 있는 경우에는 대손세액공제를 적용받을 수 없다.**

23. 내국신용장에 의해 수출업자에게 재화를 공급하는 경우에는 영세율이 적용되더라도 국내 거래이므로 세금계산서 발급 대상 거래이다.

24. 공제매입세액=세무대행 수수료(500,000)+배달용 125CC이하 오토바이 유류대금(10,000)+종업원 회식비(300,000)=810,000원

    개별소비세법 과세 대상 자동차(**운수업, 자동차판매업 등의 업종에 직접 영업으로 사용되는 것 제외**)의 구입과 임차 및 유지에 관한 매입세액과 기업업무추진비 및 이와 유사한 비용의 지출에 관련된 매입세액은 매출세액에서 공제하지 않는다.

25. 일반과세자가 간이과세자로 변경되는 경우 과세유형 변경일 현재 재고품, 건설중인자산, 감가상각자산에 대하여 일정 금액을 납부세액에 더하여 납부한다.(**재고납부세액**)

26. 유보 = 대손충당금 한도초과액(1,000,000)+건물 감가상각비 한도초과액(1,000,000)

    기업업무추진비 한도초과액과 업무무관자산 등에 대한 지급이자는 기타사외유출, 임원상여금은 상여로 처리한다.

28. 과세표준(6개월) = 각 사업연도의 소득금액(150,000,000) - 비과세소득(20,000,000)

    　　　　　　　　　 - 소득공제(10,000,000) = 120,000,000원

    연환산과세표준 = 120,000,000÷6개월×12개월 = 240,000,000원

    연산출세액 = 18,000,000+40,000,000×19% = 25,600,000원

    산출세액(6개월) = 25,600,000÷12개월×6개월 = 12,800,000원

세법2부-국세기본법, 소득세법, 조세특례제한법

1	2	3	4	5	6	7	8	9	10	11	12	13	14	15
④	④	③	②	③	④	②	③	①	③	②	①	①	③	②

16	17	18	19	20	21	22	23	24	25
④	②	②	④	③	②	④	④	②	③

26	27	28	29	30
경정청구	50	80	20	5

01. 과세의 대상이 되는 소득, 수익, 재산, 행위 또는 거래의 귀속이 명의일 뿐이고 사실상 귀속되는 자가 따로 있을 때에는 사실상 귀속되는 자를 납세의무자로 하여 세법을 적용한다. 따라서 **명의신탁한 부동산을 양도한 경우 납세의무자는 명의신탁자**이다.

02. 납세자의 장부 작성을 대행하는 세무사 또는 공인회계사가 화재, 전화, 그 밖의 재해를 입거나 도난을 당한 경우에는 기한연장의 사유가 된다.

03. 법인세, 소득세, 종합부동산세(납세자가 신고하는 경우)는 신고했을 때 확정되며, 상속세, 증여세, 종합부동산세(납세자가 신고하는 경우 제외)는 정부가 결정하는 때에 확정된다.

04. 국세 부과제척기간의 기산일은 과세표준과 세액을 신고하는 국세의 경우 해당 국세의 **과세표준과 세액에 대한 신고기한 또는 신고서 제출기한의 다음 날**이다.

05. 체납자가 국외에 **6개월 이상 계속 체류하는 경우** 해당 국외 체류 기간이 정지사유에 해당한다.

06. 법인의 재산으로 그 법인에 부과되거나 그 법인이 납부할 국세 및 강제징수비에 충당하여도 부족한 경우에는 그 국세의 **납세의무 성립일 현재** 무한책임사원 또는 과점주주는 그 부족한 금액에 대하여 제2차 납세의무를 진다.

07. 세무서장은 국세환급금으로 결정한 금액을 납부기한 전 징수 사유에 해당하는 납부고지에 의한 국세와 체납된 국세 및 강제징수비에 충당하여야 한다. 다만, 세법에 따라 **자진납부하는 국세에의 충당은 납세자가 그 충당에 동의하는 경우에만 한다.**

08. 강제징수비 〉 최우선변제 임차보증금 및 임금채권 〉 국세(신고일 2022.05.20.) 〉 담보권설정일이 국세의 법정기일보다 늦은 피담보채권(2023.06.30.)

09. 과세표준신고서를 법정신고기한까지 제출한 자 및 기한후과세표준신고서를 제출한 자는 최초신고 및 수정신고한 국세의 과세표준 및 세액의 결정 또는 경정을 **법정신고기한이 지난 후 5년 이내에 관할세무서장에게 청구**할 수 있다.

10. 동일한 처분에 대하여 심사청구를 한 후 인용되지 않을 경우에는 심판청구를 제기할 수 없다.

11. 세무공무원은 세무조사를 하는 경우에는 조사를 받을 납세자에게 **조사를 시작하기 15일** 전에 조사대상 세목, 조사기간 및 조사 사유, 그 밖에 대통령령으로 정하는 사항을 통지하여야 한다. 다만, 사전통지를 하면 증거인멸 등으로 조사 목적을 달성할 수 없다고 인정되는 경우에는 그러하지 아니하다.

12. 소득세의 과세기간은 1월 1일부터 12월 31일까지 1년으로 한다. 다만, 거주자가 사망한 경우 1월 1일부터 사망한 날까지, 거주자가 출국한 경우 1월 1일부터 출국한 날까지로 한다.

13. **출자공동사업자의 배당소득에 대해서는 25%**, 나머지 보기들은 14%의 원천징수세율이 적용된다.

14. 중소기업의 종업원이 주택(주택에 부수된 토지를 포함한다)의 구입·임차에 소요되는 자금을 저리 또는 무상으로 대여받음으로써 얻는 이익은 비과세하는 근로소득이다.

15. 양도소득세 과세대상인 토지, 건축물(상가양도)을 양도함으로써 발생하는 소득은 양도소득으로 과세한다.

16. 비과세되는 주택임대소득에서 제외하는 고가주택이라 함은 과세기간 종료일 또는 해당 주택의 **양도일 현재 기준시가가 12억원을 초과하는 주택**이다.

17. 법인세법에 따라 **처분된 기타소득은 그 법인의 해당 사업연도의 결산확정일**을 수입시기로 한다.

18. 소득의 지급자가 기타소득으로 원천징수하지 아니한 경우 종교인소득을 지급받은 자는 종합소득과세표준을 신고하여야 한다. **기타소득으로 원천징수하여 지급한 종교인소득은 조건부 종합과세대상 (300만원 이하인 경우)이다.**

19. 피상속인의 소득금액에 대한 소득세로서 상속인에게 과세할 것과 상속인의 소득금액에 대한 소득세는 구분하여 계산하여야 한다.

20. 기본공제대상자 중 70세 이상인 사람에 대하여는 경로우대자 추가공제를 적용한다.

21. 근로소득이 있는 거주자(일용근로자 제외)의 신용카드등 사용금액의 연간합계액이 해당 과세연도 총급여액의 100분의 25를 초과하는 경우 신용카드등 소득공제를 적용한다.

22. 납세지 관할세무서장 또는 지방국세청장은 양도소득이 있는 거주자의 행위 또는 계산이 거주자의 특수관계인과의 거래로 인하여 그 소득에 대한 조세 부담을 부당하게 감소시킨 것으로 인정되는 경우에는 그 거주자의 행위 또는 계산과 관계 없이 해당 과세기간의 소득금액을 계산할 수 있다. 특수관계인으로부터 시가보다 높은 가격으로 자산을 매입하거나 특수관계인에게 시가보다 낮은 가격으로 자산을 양도한 경우에는 그 취득가액 또는 양도가액을 시가에 따라 계산한다.

23. 공제대상자녀의 수가 3명 이상인 경우 연 35만원(개정세법 24)과 2명을 초과하는 1명당 연 30만원을 합한 금액을 자녀세액공제액으로 한다. 따라서 공제대상자녀의 수가 4명인 경우 자녀세액공제액은 95만원이다.

24. 사업소득이 있는 거주자는 1월 1일부터 6월 30일까지의 기간을 중간예납기간으로 하여 **11월 30일까지 중간예납세액을 징수**하여야 한다.

25. 납부할 세액이 각각 1천만원을 초과하는 자는 그 납부할 세액의 일부를 **납부기한이 지난 후 2개월 이내에 분할납부할 수** 있다.

29. 직전 연도(신규로 사업을 개시한 사업자의 경우 신청일이 속하는 반기)의 **상시고용인원이 20명 이하**인 원천징수의무자로서 원천징수 관할 세무서장으로부터 원천징수세액을 매 반기별로 납부할 수 있도록 승인을 받은 자는 원천징수세액을 그 징수일이 속하는 반기의 마지막 달의 다음 달 10일까지 납부할 수 있다.

30. 복식부기의무자가 업무용승용차에 대하여 감가상각비를 계산할 때 **정액법을 상각방법**으로 하고, **내용연수를 5년**으로 하여 계산한 금액을 감가상각비로 하여 필요경비에 산입하여야 한다. (5년 강제정액 상각)

합격율	시험년월
26%	2021.10

세법1부 법인세법, 부가가치세법

01. 다음 중 법인세법상 납세지에 관한 설명으로 옳지 않은 것은?

① 법인은 그 납세지가 변경된 경우 그 변경된 날부터 30일 이내에 변경 후의 납세지 관할세무서장에게 신고하여야 한다.

② 내국법인의 납세지는 그 법인의 등기부에 따른 본점이나 주사무소의 소재지이다.

③ 외국법인의 납세지는 국내사업장의 소재지이다.

④ 원천징수한 법인세의 납세지는 해당 원천징수의무자의 소재지로 한다.

02. 다음 중 법인세법상 소득처분에 대한 설명으로 옳지 않은 것은?

① 사외로 유출되었으나 귀속이 불분명한 경우 대표자에 대한 상여로 처분한다.

② 법인의 세무조정사항에 대하여 그 소득의 귀속을 확인하는 것을 '소득처분'이라고 한다.

③ 모든 세무조정에 대해서는 소득처분이 동반된다.

④ 과세관청이 증빙불비 등의 사유로 추계결정하는 경우 기타사외유출로 소득처분한다.

03. 다음 중 법인세법상 익금불산입 항목에 대한 설명으로 옳지 않은 것은?

① 불공정 자본거래로 인하여 특수관계인으로부터 분여받은 이익은 익금에 산입하지 않는다.

② 법인세는 지출 당시 손금으로 인정받지 못하므로 환급액도 익금에 산입하지 않는다.

③ 이중과세방지를 위하여 지주회사가 자회사로부터 받은 배당소득금액 중 일정금액은 익금에 산입하지 않는다.

④ 자본감소의 경우로서 감소액이 주식의 소각, 주금의 반환에 든 금액과 결손보전에 충당한 금액을 초과한 경우 그 초과금액은 익금에 산입하지 않는다.

04. 다음 중 법인세법상 자산의 취득가액의 계산에 대한 설명으로 잘못된 것은?

① 타인으로부터 매입한 자산은 원칙적으로 매입가액에 부대비용을 가산한 금액을 취득가액으로 한다.

② 적격합병의 경우 취득가액은 피합병법인의 장부가액으로 한다.

③ 일반적인 채무의 출자전환에 따라 취득한 주식은 취득 당시 시가를 취득가액으로 한다.

④ 정부로부터 무상으로 할당받은 온실가스 배출권은 거래시가를 취득가액으로 한다.

05. 다음 중 법인세법상 세금과공과금에 대한 설명으로 옳지 않은 것은?

① 의제매입세액 및 재활용폐자원 등에 대한 매입세액공제액은 해당 원재료의 매입가액에서 공제한다.

② 폐수배출부담금은 전액 손금에 산입하지 않는다.

③ 기업업무추진비지출에 관련된 매입세액은 전액 손금불산입한다.

④ 세금계산서합계표 미제출로 인하여 공제받지 못한 부가가치세 매입세액은 손금에 산입하지 아니한다.

06. 다음 중 법인세법상 임대보증금의 간주익금에 대한 설명으로 잘못된 것은?

① 부동산을 임대하고 보증금을 받은 모든 법인은 간주임대료를 계산하여야 한다.

② 간주임대료는 익금에 산입하고 소득처분은 기타사외유출(추계는 제외)로 한다.

③ 기계 등을 대여하고 받는 보증금에 대하여는 간주임대료를 계산하지 아니한다.

④ 간주익금 해당액이 음수(-)인 경우에는 이를 없는 것으로 본다.

07. 다음 중 법인세법상 감가상각제도에 대한 설명으로 옳지 않은 것은?

① 리스자산 중 기업회계기준에 따른 금융리스자산은 리스회사의 감가상각자산으로 한다.

② 감가상각자산에 토지는 제외된다.

③ 감가상각이란 자산의 내용연수에 걸쳐 합리적 방법에 따라 비용을 배분하는 과정이다.

④ 감가상각비의 손금산입은 결산조정사항이나, 일부 신고조정사항도 있다.

08. 다음은 ㈜발전의 이자수익에 대한 자료이다. 이에 대한 법인세법상 세무조정으로 올바른 것은?

㈜발전은 1기에 3년만기 정기적금(원리금 만기 일시지급 조건)에 가입하고 이자수익 3,000,000원을 기간 경과에 따라 다음과 같이 회계처리하였다.

1기 :	(차)	미수수익	1,000,000원	(대)	이자수익	1,000,000원
2기 :	(차)	미수수익	1,000,000원	(대)	이자수익	1,000,000원
3기 :	(차)	현금	3,000,000원	(대)	미수수익	2,000,000원
					이자수익	1,000,000원

① 1기 : 세무조정 없음

② 2기 : 〈익금산입〉 1,000,000원 (유보)

③ 3기 : 〈익금불산입〉 1,000,000원 (△유보)

④ 3기 : 〈익금산입〉 2,000,000원 (유보)

09. 법인세법상 손금으로 인정되는 대손금 중 성격이 다른 하나는?

① 채무자의 파산, 사업의 폐지 등으로 회수할 수 없는 채권

② 민사소송법상 재판상 화해 등으로 회수불능으로 확정된 채권

③ 특수관계인과의 거래가 아닌 중소기업 외상매출금으로서 거래일부터 2년 경과한 것

④ 채무자의 재산에 대한 경매가 취소된 압류채권(민사집행법)

10. 다음 중 법인세법상 특례 기부금에 해당하지 않는 것은?

① 국방헌금과 국군장병 위문금품의 가액

② 천재지변으로 생기는 이재민을 위한 구호금품의 가액

③ 지방자치단체에 무상으로 기증하는 금품의 가액

④ 의료법에 의한 의료법인에 고유목적사업비로 지출하는 기부 금품의 가액

11. 다음 중 법인세법상 과세표준의 계산에 대한 설명으로 옳지 않은 것은?

① 각사업연도 소득금액에서 이월결손금, 비과세소득, 소득공제의 순서로 차감하여 과세표준을 계산한다.

② 결손금 소급공제 한도인 직전 사업연도 법인세액에는 가산세 및 토지등 양도소득에 대한 법인세를 포함한다.

③ 천재지변 등으로 장부나 그 밖의 증명서류가 멸실되어 과세표준과 세액을 추계결정하는 경우 이월결손금 공제가 적용된다.

④ 소급공제 받은 결손금은 법인세의 과세표준을 계산함에 있어 이미 공제받은 결손금으로 본다.

12. 다음 자료를 통해 계산한 법인세법상 ㈜무지개의 대손충당금 설정 한도액은 얼마인가?

> ㈜무지개는 도소매업을 영위하고 있으며, 사업연도는 20x1.1.1.~20x1.12.31.이다.
> • 20x0년 말 세무상 대손충당금 설정 대상 채권잔액 : 10,000,000원
> • 20x1년 대손 발생액 : 90,000원
> • 20x1년 말 세무상 대손충당금 설정 대상 채권잔액 : 20,000,000원

① 100,000원   ② 180,000원   ③ 200,000원   ④ 300,000원

13. 다음 중 법인세법 또는 조세특례제한법상 이월공제되지 않는 세액공제는 무엇인가?

① 외국납부세액공제   ② 재해손실세액공제
③ 연구인력개발비세액공제   ④ 조세특례제한법상 통합투자세액공제

14. 다음 중 부가가치세법의 특징에 대한 설명으로 가장 옳지 않은 것은?

① 부가가치세는 공급자가 납부하고 소비자가 부담하는 간접세이다.
② 납세의무자의 부양가족 수, 기초생계비 등 인적사항이 고려되지 않는 물세이다.
③ 세금계산서의 수수로 인하여 근거과세제도를 확립할 수 있다.
④ 수출하는 재화에 대해서는 면세를 적용하므로 수출을 촉진시킨다.

15. 다음 중 부가가치세 납세의무에 대한 설명으로 잘못된 것은?

① 사업자가 아닌 자가 부가가치세가 과세되는 재화를 개인용도로 사용하기 위해 수입하는 경우에는 부가가치세 납세의무가 없다.
② 사업자가 부가가치세 과세대상 재화를 공급시 부가가치세를 거래징수하지 못한 경우에도 부가가치세를 납부할 의무가 있다.
③ 사업자등록 없이 부가가치세가 과세되는 용역을 공급하는 사업자의 경우에도 부가가치세를 신고 납부할 의무가 있다.
④ 영리목적 없이 사업상 독립적으로 용역을 공급하는 자도 납세의무자에 해당한다.

16. 부가가치세법상 과세기간에 대한 설명으로 옳지 않은 것은?

① 신규사업자의 과세기간은 사업개시일부터 그 날이 속하는 과세기간 종료일까지로 한다.
② 법인사업자와 일반과세자인 개인사업자의 과세기간은 다르다.
③ 폐업자의 과세기간은 폐업일이 속하는 과세기간의 개시일부터 폐업일까지로 한다.
④ 간이과세자의 과세기간은 1월 1일부터 12월 31일까지로 한다.

17. 다음 중 부가가치세법상 사업자등록 정정사유가 아닌 것은?

　① 개인사업자의 대표자가 변경되는 경우　　② 상호를 변경하는 경우

　③ 사업의 종류에 변동이 있는 경우　　④ 사업장을 이전하는 경우

18. 다음 중 부가가치세법상 재화의 공급으로 보는 특례(공급의제)에 관한 설명으로 옳지 않은 것은?

　① 간주공급은 실질공급과 같이 세금계산서를 발행하여야 한다.

　② 사업자가 사업의 종류를 변경한 경우 변경 전 사업에 대한 잔존재화에 대해서는 과세하지 않는다.

　③ 대가를 받지 않고 다른 사업자에게 양도하는 견본품은 과세하지 않는다.

　④ 사업을 위해 착용하는 작업복, 작업모 및 작업화를 종업원에게 제공하는 경우 과세하지 않는다.

19. 다음 중 부가가치세법상 면세 및 면세사업자에 대한 설명으로 잘못된 것은?

　① 면세포기를 한 사업자는 신고한 날부터 3년간은 면세를 다시 적용받지 못한다.

　② 면세사업자도 매입세금계산서합계표 제출의무가 있다.

　③ 주택 부수토지임대용역은 면세대상이지만 그 외의 토지임대용역은 과세대상(비과세 제외)이다.

　④ 국민주택규모를 초과하는 주택의 임대용역은 과세이다.

20. 다음 중 부가가치세법상 세금계산서에 관한 설명으로 옳지 않은 것은?

　① 세금계산서의 필요적 기재사항은 공급하는 사업자의 등록번호와 성명·명칭, 공급받는 자의 등록번호, 공급가액과 부가가치세액, 작성연월일이다.

　② 법인사업자와 사업장별 재화 및 용역의 직전연도 연간 총공급가액 합계액이 1억원 이상인 개인사업자에 한하여 당해연도 7월 1일 이후 공급분에 대하여 반드시 전자세금계산서를 발급하여야 한다.

　③ 전자세금계산서를 적법하게 발급하고 국세청장에게 전송한 경우에는 세금계산서합계표를 제출하지 않을 수 있고, 세금계산서 보관의무도 면제된다.

　④ 면세사업자는 공급받는 자가 요구하는 경우에도 세금계산서를 발급할 수 없다.

21. ㈜발전은 택시와 시내버스운송사업에 공통으로 사용하고 있던 수리설비를 20x1년 5월 31일에 8,000,000원(공급가액)에 매각하였다. ㈜발전의 공급가액 명세가 다음과 같을 때 20x1년 1기 확정 부가가치세 과세표준에 포함되는 공통수리설비의 공급가액은 얼마인가?

과세기간	택시	시내버스	합계
20x0년 제1기	2억원	6억원	8억원
20x0년 제2기	3억원	5억원	8억원
20x1년 제1기	4억원	4억원	8억원

① 1,500,000원   ② 2,000,000원   ③ 3,000,000원   ④ 4,000,000원

22. 부가가치세법상 의제매입세액공제에 대한 설명으로 옳지 않은 것은?

① 수입되는 면세농산물의 매입가액은 관세의 과세가격으로 한다.

② 공제대상이 되는 원재료의 매입가액은 운임 등의 부대비용을 제외한 매입원가로 한다.

③ 면세농산물 등을 원재료로 하여 제조 또는 가공한 재화 또는 창출한 용역의 공급이 과세되는 경우에 적용된다.

④ 면세농산물 등을 공급받는 날이 속하는 과세기간의 확정신고시에만 공제가 가능하다.

23. 다음 중 부가가치세법상 매입자발행세금계산서에 관한 설명으로 옳지 않은 것은?

① 매입자발행세금계산서를 발행하려는 자는 해당 재화 또는 용역의 공급시기가 속하는 과세기간의 종료일부터 1년 이내에 관할세무서장에게 거래 사실의 확인을 신청하여야 한다.

② 신청서를 송부받은 공급자 관할세무서장은 신청인의 신청내용, 제출된 증빙자료를 검토하여 거래 사실 여부를 확인하여야 한다. 이 경우 거래 사실의 존재 및 그 내용에 대한 입증책임은 신청인에게 있다.

③ 신청을 받은 관할세무서장은 신청서에 재화 또는 용역을 공급한 자의 인적사항이 부정확하거나 신청서 기재방식에 흠이 있는 경우에는 신청일 부터 7일 이내에 일정한 기간을 정하여 보정요구를 할 수 있다

④ 거래 사실의 확인 신청 대상이 되는 거래는 거래 건당 공급대가가 50만원 이상인 경우로 한다.

24. 다음 중 부가가치세법상 가산세율이 옳지 않은 것은?

① 타인 명의로 사업자등록을 하는 경우 : 2%

② 사업자가 사업개시일부터 20일 이내에 사업자등록을 신청하지 않은 경우 : 1%

③ 세금계산서의 발급시기가 지난 후 해당 재화 또는 용역의 공급시기가 속하는 과세기간에 대한 확정신고 기한까지 세금계산서를 발급하는 경우 : 1%

④ 법인이 세금계산서의 발급시기가 지난 후 해당 재화 또는 용역의 공급시기가 속하는 과세기간에 대한 확정신고 기한까지 전자세금계산서를 발급하지 아니한 경우 : 2%

25. 다음 중 부가가치세법상 환급에 대한 설명으로 옳지 않은 것은?

① 일반환급의 경우 예정신고 기한이 지난 후 30일 이내 환급하여야 한다.

② 사업설비를 취득한 경우 조기환급신고를 할 수 있다.

③ 대통령령으로 정하는 재무구조개선계획을 이행 중인 경우 조기환급신고를 할 수 있다.

④ 조기환급신고를 한 부분은 예정신고 및 확정신고대상에서 제외한다.

1부 주관식 문항 당 5점

26. ㈜한세는 20x1년 중 김세무씨로부터 시가 200,000,000원인 유가증권을 100,000,000원에 매입하고 다음과 같이 회계처리하였다. ㈜한세와 김세무씨는 특수관계인에 해당하며, 사업연도 종료일 현재 유가증권의 시가는 150,000,000원이다. ㈜한세의 회계처리에 대한 세무조정 내용으로 아래의 괄호 안에 들어갈 알맞은 금액은 몇 원인가?

회계처리 :	(차) 유가증권	100,000,000원	(대) 현금	100,000,000원
세무조정 :	〈익금산입〉	유가증권 ( )	(유보)	

27. 다음 자료를 이용하여 법인세법상 무조건 기타사외유출에 해당하는 항목의 합계액을 구하시오.

- 기업업무추진비 한도초과액의 손금불산입액 : 1,000,000원
- 업무무관자산에 대한 지급이자의 손금불산입액 : 1,500,000원
- 업무무관비용의 귀속자가 출자임원인 경우의 손금불산입액 : 500,000원
- 비용으로 계상한 토지 취득세의 손금불산입액 : 2,000,000원

28. 법인세법상 다음 괄호 안에 공통으로 들어갈 내용은 무엇인가?

> 내국법인의 납부할 세액이 (　　　)을 초과하는 경우에는 납부할 세액에서 (　　　)을 초과하는 금액을 납부기한이 지난 날부터 1개월(중소기업의 경우 2개월)이내 분납할 수 있다.

29. 부가가치세법상 다음의 빈칸에 들어갈 내용은 무엇인가?

> 간이과세자의 해당 과세기간에 대한 공급대가의 합계액이 (　　　)원 미만이면 그 과세기간의 납부세액의 납부의무를 면제한다. 다만, 일반과세자가 간이과세자로 변경되는 경우 납부세액에 더해야 할 재고납부세액은 납부해야 한다.

30. 다음 자료를 이용하여 정한국씨의 상가건물 일부 면세전용에 대한 20x1년 2기 간주공급 부가가치세 과세표준을 계산하시오.

> 일반과세자인 정한국씨는 20x1년 4월 1일 매입세액을 공제받은 상가건물을 100,000,000 원(부가가치세 제외)에 취득하여 떡 공장(과세)을 운영하다가, 20x1년 10월 1일부터 사업을 확장하여 상가건물 중 일부를 쌀 도매용(면세)으로 사용하고 있다.
> [관련 자료]
> • 20x1년 1기 총공급가액 중 면세공급가액 비율 : 50%
> • 20x1년 2기 총공급가액 중 면세공급가액 비율 : 40%
> • 건물에 대한 감가율은 5%이다.

세법2부　국세기본법, 소득세법, 조세특례제한법

01. 다음 중 국세기본법상 기간과 기한에 대한 설명으로 잘못된 것은?

① 세법에서 규정하는 기간의 계산은 국세기본법 또는 세법에 특별한 규정이 있는 것을 제외하고는 민법에 따른다.

② 기간을 일, 주, 월 또는 년으로 정한 때에는 원칙적으로 기간의 초일을 산입한다.

③ 납부기한이 공휴일, 토요일인 때에는 그 날의 다음 날을 기한으로 한다.

④ 우편신고의 경우 우편 날짜 도장이 찍힌 날에 신고된 것으로 본다.

02. 다음 중 국세기본법상 납세의무의 성립시기가 옳지 않은 것은?

① 상속세 : 상속이 개시되는 때   ② 증여세 : 증여에 의해 재산을 취득하는 때

③ 부가가치세 : 재화 및 용역을 공급하는 때   ④ 종합부동산세 : 과세기준일

03. 국세기본법상 조세채권의 소멸사유 중 조세채권이 실현되면서 소멸하는 사유로 옳은 것은?

① 충당   ② 부과취소

③ 국세부과권 제척기간의 만료   ④ 국세징수권 소멸시효의 완성

04. 다음은 국세기본법상 국세징수권 소멸시효에 관하여 설명한 내용이다. 타당하지 않은 것은?

① 국세징수권 소멸시효의 완성은 기산일로 소급하여 징수권이 소멸하며, 제2차 납세의무자 등에도 그 효력이 미친다.

② 국세징수권의 소멸시효가 완성되면 납세자의 원용(주장)이 없더라도 그 국세징수권은 당연히 소멸한다.

③ 납세자는 본인의 의사에 의하여 국세징수권의 소멸시효의 이익을 포기할 수 있다.

④ 5억원 이상의 국세에 대한 국세징수권 소멸시효는 10년으로 한다.

05. 다음 중 국세기본법상 제2차 납세의무에 대한 설명으로 잘못된 것은?

① 해산한 법인의 청산인 등은 각자가 받은 재산의 가액을 한도로 제2차 납세의무가 있다.

② 합명회사의 무한책임사원은 무제한 납세의무를 진다.

③ 납세의무 성립일 현재 과점주주는 지분율만큼 제2차 납세의무가 있다.

④ 사업을 양수한 양수인은 해당 사업에 관한 양도 전후의 모든 국세에 대해 제2차 납세의무가 있다.

06. 다음은 국세기본법상 과세전적부심사에 대한 결정에 관한 내용이다. 빈칸에 들어갈 숫자로 옳은 것은?

과세전적부심사청구를 받은 세무서장, 지방국세청장 또는 국세청장은 각각 국세심사위원회의 심사를 거쳐 채택, 불채택 등의 결정을 하고 그 결과를 청구를 받은 날부터 (　　　)일 이내에 청구인에게 통지해야 한다.

① 30   ② 45   ③ 60   ④ 90

07. 다음 중 기한후신고를 한 경우 국세기본법상 가산세의 감면율로 연결이 옳지 않은 것은?

① 법정신고기한이 지난 후 1개월 이내 : 50%

② 법정신고기한이 지난 후 1개월 초과 3개월 이내 : 30%

③ 법정신고기한이 지난 후 3개월 초과 6개월 이내 : 20%

④ 법정신고기한이 지난 후 6개월 초과 12개월 이내 : 10%

08. 다음 중 국세기본법상 과세 관할에 관한 설명으로 옳지 않은 것은?

① 과세표준신고서는 신고 당시 해당 국세의 납세지를 관할하는 세무서장에게 제출하여야 한다.

② 과세표준신고서가 납세지 관할세무서장 외의 세무서장에게 제출된 경우 그 신고는 효력이 없다.

③ 전자신고를 하는 경우 납세지 관할세무서장이 아닌 지방국세청장이나 국세청장에게 과세표준신고서를 제출할 수 있다.

④ 국세의 과세표준과 세액의 결정 또는 경정결정은 그 처분 당시 그 국세의 납세지를 관할하는 세무서장이 한다.

09. 다음 중 국세기본법상 국세우선권에 제한을 가져오는 것에 해당하지 않는 것은?

① 강제집행, 경매 또는 파산 절차에 든 비용 ② 선집행 지방세와 공과금

③ 종업원의 최종 3월분의 임금 ④ 소액주택임차보증금

10. 다음 중 국세기본법상 납세자권리헌장에 포함하여야 할 내용으로 옳지 않은 것은?

① 납세자의 성실성 추정 ② 세무조사권 남용의 금지

③ 세무조사의 사전통지와 연기신청 ④ 통합조사금지의 원칙

11. 다음 중 국세기본법상 공동사업에 대한 연대납세의무에 관한 설명으로 옳지 않은 것은?

① 공동사업에 관한 국세는 공동사업자가 연대하여 납부할 의무를 진다.

② 납세고지서는 연대납세의무자 모두에게 각각 송달하여야 한다.

③ 연대납세의무자 중 1인이 그 일부를 납부했을 경우 다른 연대납세의무자에게도 그 납부한 한도 내에서 납세의무는 소멸된다.

④ 연대납세의무에 관하여 다른 세법에 특례규정이 있는 경우에도 그 특례규정이 우선 적용되지 않는다.

12. 다음 중 소득세법에 관한 설명으로 잘못된 것은?

① 거주자는 국외원천소득에 대해서도 납세의무가 있다.

② 납세자와 담세자가 동일한 직접세이다.

③ 과세대상 소득은 소득원천설에 따른 열거주의만 적용한다.

④ 개인별 소득을 기준으로 과세하는 개인단위 과세제도를 원칙으로 하고 있다.

13. 소득세법상 거주자 또는 비거주자가 되는 시기에 관한 설명으로 옳지 않은 것은?

① 비거주자는 국내에 주소를 둔 날에 거주자로 된다.

② 거주자는 주소 또는 거소의 국외 이전을 위하여 비자를 받은 날에 비거주자로 된다.

③ 비거주자는 국내에 거소를 둔 기간이 183일이 되는 날에 거주자로 된다.

④ 거주자가 국내에 주소가 없거나 국외에 주소가 있는 것으로 보는 사유가 발생한 날의 다음 날에 거주자에서 비거주자로 된다.

14. 다음 중 소득세법상 이자소득의 원칙적인 수입시기로 알맞지 않은 것은?

① 보통예금·정기예금의 이자 : 실제로 이자를 지급받는 날

② 저축성보험의 보험차익 : 보험금 환급금의 지급일

③ 비영업대금의 이익 : 실제로 이자를 지급받는 날

④ 환매조건부 채권·증권의 매매차익 : 약정에 따른 해당 채권·증권의 환매수일·환매도일

15. 다음 중 소득세법상 사업소득에 관한 설명으로 옳지 않은 것은?

① 사업소득금액 계산시 대표자 본인에 대한 급여는 필요경비로 인정하지 않는다.

② 은행예금 수입이자는 사업소득금액 계산시 총수입금액에 불산입한다.

③ 복식부기의무자가 사업용 차량운반구를 양도하는 경우 그 양도가액은 총수입금액에 불산입한다.

④ 사업소득 중에서도 원천징수대상이 되는 소득이 있다.

16. 소득세법상 근로소득에 대한 설명으로 옳지 않은 것은?

① 해당 사업연도의 소득금액을 법인이 신고함에 따라 발생한 그 법인의 임원에 대한 상여의 수입시기는 결산확정일이다.

② 근로소득만 있는 자로서 연말정산을 한 경우에는 해당 소득에 대하여 과세표준 확정신고를 하지 아니할 수 있다.

③ 원천징수의무자는 해당 과세기간의 다음연도 2월분의 근로소득을 지급할 때에 연말정산을 하여야 한다.

④ 잉여금처분에 의한 상여의 수입시기는 해당 법인의 잉여금처분결의일이다.

17. 소득세법상 연금소득에 대한 설명으로 옳지 않은 것은?

① 연금소득금액은 소득세법에서 정한 총연금액에서 실제 지출된 필요경비를 차감한 금액으로 한다.

② 산업재해보상보험법에 따라 받는 각종 연금은 비과세소득이다.

③ 공적 연금소득을 지급하는 자가 연금소득의 일부 또는 전부를 지연하여 지급하면서 지연지급에 따른 이자를 함께 지급하는 경우 해당 이자는 공적 연금소득으로 본다.

④ 납입시에 소득공제 등을 적용받지 않은 연금불입액은 수령시에 과세되지 않는다.

18. 다음 중 소득세법상 기타소득에 관한 설명으로 잘못된 것은?

① 산업재산권 등을 양도하거나 대여하고 그 대가로 받는 금품은 해당 기타소득의 수입금액의 60%를 필요경비로 인정받을 수 있다.

② 일시적인 문예창작소득으로 받는 기타소득은 수입금액의 60%를 필요경비로 인정받을 수 있다.

③ 일정한 인적용역을 일시적으로 제공하고 그 대가로 지급받는 기타소득은 수입금액의 60%를 필요경비로 인정받을 수 있다.

④ 슬롯머신 등을 이용하여 받는 당첨금품은 해당 수입금액의 60%를 필요경비로 인정받을 수 있다.

19. 다음은 거주자 정바름씨의 소득 관련 자료이다. 정바름씨의 소득세법상 20x1년 귀속 종합소득금액은 얼마인가?

구분	20x0년 귀속분	20x1년 귀속분
근로소득금액	21,000,000원	20,000,000원
(상가)부동산임대사업소득금액	(−)3,000,000원	5,000,000원
사업소득금액	(−)5,000,000원	1,000,000원

① 13,000,000원   ② 16,000,000원   ③ 23,000,000원   ④ 26,000,000원

20. 다음 중 소득세법상 미등기양도자산에 대한 설명으로 잘못된 것은?

① 양도소득세 비과세 적용이 배제된다.   ② 필요경비 개산공제를 배제한다.

③ 장기보유특별공제를 배제한다.   ④ 70%의 양도소득세율이 적용된다.

21. 소득세법상 종합소득공제에 대한 설명으로 옳지 않은 것은?

① 비거주자에 대하여 종합과세하는 경우 종합소득공제는 본인 및 배우자에 대한 인적공제만 적용된다.

② 배우자가 없는 거주자로서 기본공제대상자인 직계비속이 있는 경우 연 100만원의 추가공제가 가능하다.

③ 인적공제의 합계액이 종합소득금액을 초과하는 경우 그 초과하는 공제액은 없는 것으로 한다.

④ 거주자의 기본공제대상자 중 장애인복지법에 따른 장애인이 있는 경우 연 200만원의 추가공제가 가능하다.

22. 다음 중 소득세법상 기장세액공제에 대한 설명으로 옳지 않은 것은?

① 간편장부대상자가 복식부기에 따라 비치·기장한 장부에 의하여 소득금액을 계산하고 세법이 규정한 과세표준확정신고서류를 제출하는 경우에 적용한다.

② 복식부기에 의하여 계산한 세액의 20%에 해당하는 금액을 공제한다. 다만, 공제세액이 100만원을 초과하는 경우에는 100만원을 공제한다.

③ 기장세액공제와 관련된 장부 및 증명서류를 해당 과세표준 확정신고기간 종료일부터 5년간 보관하지 않는 경우에는 기장세액공제를 적용하지 않는다.

④ 비치·기록한 장부에 의하여 신고하여야 할 소득금액의 10% 이상을 누락하여 신고한 경우 기장세액공제를 적용하지 않는다.

23. 다음 중 소득세법상 소규모사업자도 적용대상이 되는 가산세는 무엇인가?

① 계산서발급불성실가산세

② 영수증수취명세서미제출가산세

③ 지급명세서제출불성실가산세

④ 증명서류수취불성실가산세

24. 다음 중 소득세법상 소득금액 계산의 특례에 대한 설명으로 옳지 않은 것은?

① 종합소득금액 중 이자소득은 부당행위계산 부인규정을 적용받지 않는다.

② 거주자가 비(非)특수관계인과 부동산임대사업을 공동으로 경영하는 경우 각자 소득세 납세의무를 진다.

③ 거주자가 특수관계인에게 부동산을 무상으로 임대한 경우 부당행위계산 부인규정이 적용될 수 있다.

④ 종합과세되는 배당소득은 전액이 결손금 또는 이월결손금의 공제대상에 해당한다.

25. 다음 중 소득세법상 신고 및 납부절차에 대한 설명으로 옳지 않은 것은?

① 분리과세 대상 이자소득 또는 기타소득만 있는 거주자는 과세표준 확정신고를 하지 않을 수 있다.

② 사업장현황신고는 해당 과세기간의 다음연도 1월 25일까지 사업장 소재지 관할세무서장에게 신고하여야 한다.

③ 사업소득 중 수시부과하는 소득에 대하여는 중간예납의무를 부과하지 않는다.

④ 성실신고확인 대상 사업자가 기한 내에 성실신고확인서를 제출하지 않은 경우 5% 가산세를 적용한다.

2부 주관식 | **문항 당 5점**

---

26. 다음은 국세기본법상 납세자의 권리구제 절차를 나타낸 것이다. 임의적 절차를 포함하며, 심판청구를 선택심급으로 할 때 괄호 안에 들어갈 알맞은 것은 무엇인가?

> 과세전적부심사청구 → (　　　　　) → 심판청구 → 행정소송

27. 다음은 납부지연가산세에 관한 설명이다. 국세기본법상 아래의 빈칸에 들어갈 숫자는 무엇인가?

> 납세의무자가 국세기본법 및 세법에 따른 납부기한까지 국세의 납부를 하지 않거나 납부하여야 할 세액보다 적게 납부한 경우에는 다음의 금액을 '납부지연가산세'로 납부하여야 한다.
> • 미납세액(또는 과소납부분 세액) × 미납일수 × (　　　)/100,000

28. 소득세법상 아래의 빈칸에 들어갈 내용은 무엇인가?

> 해당 과세기간에 종합소득과세표준을 계산할 때 합산하는 종합소득금액이 (   )원 이하인
> 거주자가 배우자가 없는 여성으로서 부양가족이 있는 세대주이거나 배우자가 있는 여성인 경우 연
> 50만원의 부녀자공제를 적용한다.

29. 소득세법상 다음의 괄호 안에 공통으로 들어갈 내용은 무엇인가?

> 근로소득에 대한 원천징수의무자가 12월분의 근로소득을 다음연도 (   ) 말일까지 지급하지 아니
> 한 때에는 그 근로소득을 다음연도 (   ) 말일에 지급한 것으로 보아 소득세를 원천징수한다.

30. 소득세법상 다음 괄호 안에 들어갈 내용은 무엇인가?

> 사업자가 사업과 관련하여 다른 사업자로부터 재화 등을 공급받고 적격증명서류(세금계산서, 계산서
> 등)를 받지 않거나 사실과 다른 적격증명서류를 받은 경우에는 미수취·불분명분 금액의 ( )%를 가
> 산세로 해당 과세기간의 종합소득결정세액에 더하여 납부하여야 한다.

제95회 세무회계2급 답안 및 해설

세법1부-법인세법, 부가가치세법

1	2	3	4	5	6	7	8	9	10	11	12	13	14	15
①	④	①	④	③	①	①	④	④	④	②	③	②	④	①

16	17	18	19	20	21	22	23	24	25
②	①	①	④	②	③	④	④	①	①

26	27	28	29	30
1억원	250만원	1천만원	4,800만	3,800만

01. 법인은 납세지가 변경된 경우 그 변경된 날부터 **15일 이내**에 대통령으로 정하는 바에 따라 변경 후의 납세지 관할 세무서장에게 이를 신고하여야 한다.

02. 과세관청이 증빙불비 등의 사유로 추계결정하는 경우 대표자에 대한 상여로 처분한다. 다만, 천재지 변 등 부득이한 사유로 추계결정하는 경우에는 기타사외유출로 처분한다

03. 불공정 자본거래로 인하여 특수관계인으로부터 분여받은 이익은 익금에 산입한다.

04. 무상으로 할당받은 온실가스배출권은 영(0)원으로 한다.

05. 기업업무추진비지출에 관련된 매입세액은 기업업무추진비에 합산하여 기업업무추진비한도액 범위 내에서 손금에 산입한다.

06. 소득금액을 추계하지 않는 법인은 **일정한 요건에 해당하는 법인만 간주임대료 계산**을 한다.

07. **금융리스자산은 리스이용자의 감가상각자산**으로 하며, 금융리스 외의 리스자산은 리스회사의 감가 상각자산으로 한다.

08. 정기적금의 이자는 실제 수령한 날에 인식한다.

    1기 : 〈익금불산입〉   1,000,000원   (△유보)
    2기 : 〈익금불산입〉   1,000,000원   (△유보)
    3기 : 〈익금산입〉   2,000,000원   (유보) ← 유보추인

09. **민사집행법상 경매가 취소된 압류채권은 신고조정사항**이다.

10. 의료법인의 고유목적사업비로 지출시 일반기부금에 해당한다.

11. 결손금 소급공제 한도 계산시 **직전 사업연도 법인세액에 가산세 및 토지등 양도소득에 대한 법인세 는 제외한다.**

12. 대손실적률 = 20x1년 대손 발생액(90,000) ÷ 20x1년 기초 채권잔액(10,000,000) = 0.9%
    대손충당금 설정한도 = 대손충당금 설정 대상 채권 잔액(20,000,000원
                × Max(1%, 대손실적률 0.9%) = 200,000원

13. **재해손실세액공제는 이월공제되지 않는다.**

14. 수출하는 재화에 대해서는 영세율을 적용하므로 수출을 촉진시킨다.

15. 재화를 수입하는 자는 사업자여부와 용도에 불문하고 부가가치세 납세의무가 있다.

16. 법인사업자와 일반과세자인 개인사업자의 과세기간은 같다.

17. 법인의 대표자가 변경되는 경우에만 사업자등록 정정사유에 해당하며 개인사업자의 대표자가 변경되는 경우에는 폐업사유와 신규사업등록에 해당한다.

18. 판매목적 타사업장 반출 외의 간주공급은 세금계산서를 발행의무가 없다.

19. **주택의 임대용역은 규모에 관계없이 면세대상**이다.

20. 직전연도 사업장별 재화 및 용역의 **공급가액(면세공급가액을 포함)의 합계액(2023년 0.8억원)** 이상인 개인사업자는 전자세금계산서를 발급하여야 한다.

21. 8,000,000(공급가액)×20x0년 2기 [과세공급가액(3억)/총공급가액(8억)] = 3,000,000원

22. 의제매입세액은 확정신고뿐 아니라 예정신고시에도 적용이 가능하다.

23. 거래 사실의 확인 신청 대상이 되는 거래는 거래 **건당 공급대가가 5만원 이상인 경우**로 한다.

24. 타인의 명의로 사업자등록을 하거나 그 타인 명의의 사업자 등록을 이용하여 사업을 하는 것으로 확인되는 경우 그 타인 명의의 사업개시일부터 실제 사업을 하는 것으로 확인되는 날의 직전일까지의 공급가액 합계액의 1%를 가산세로 한다.

25. **예정신고에는 환급이 없고**, 확정신고 기한이 지난 후 30일 이내 환급하여야 한다.

26. 자산의 저가매입에 따른 이익은 일반적으로 매입시점에는 익금에 해당하지 않지만, 법인이 그의 특수관계인인 개인으로부터 유가증권을 저가로 매입하는 경우에는 예외적으로 매입시점에 시가(2억)와 그 매입가액(1억)의 차액(1억원)을 익금으로 본다.

27. 기업업무추진비 한도초과액(1,000,000) + 업무무관자산 지급이자(1,500,000) = 2,500,000원
업무무관비용의 귀속자가 출자임원인 경우 상여처분하고, 비용으로 계상한 토지의 취득세는 유보로 처리한다.

30. 면세전용 간주시가(건물) = 취득가액(100,000,000)×[1 - 감가율(5%)]×2기 면세비율(40%)
$$= 38,000,000원$$

세법2부-국세기본법, 소득세법, 조세특례제한법

1	2	3	4	5	6	7	8	9	10	11	12	13	14	15
②	③	①	③	④	①	④	②	②	④	④	③	②	③	③

16	17	18	19	20	21	22	23	24	25		
①	①	④	③	②	①	④	③	④	②		

26	27	28	29	30
이의신청	22	3,000만	2월	2

01. 기간 계산시 **초일 불산입 말일산입이 원칙**이다.

02. 부가가치세는 기간 과세로 **과세기간이 끝나는 때 납세의무가 성립**한다.

03. **충당의 경우만 조세채권이 실현**되어 소멸한다.

04. 민법상 소멸시효가 완성된 후 그 이익을 받을자는 이익을 포기할 수 있으나, 조체채권채무에 대해 **납세자는 본인의 의사에 의하여 국세징수권의 소멸시효의 이익을 포기할 수 없다.**

05. 사업 양도일 전에 납세의무가 확정된 국세(양도세 제외)에 관해서만 제2차 납세의무가 있다.

06. 결과를 **청구를 받은 날부터 30일 이내**에 청구인에게 통지해야 한다.

07. 법정신고기한이 지난 후 **6개월까지 무신고가산세의 감면이 있다.**

08. 과세표준신고서가 납세지 **관할세무서장 외의 세무서장에게 제출된 경우**에도 그 신고의 효력에는 **영향이 없다.**

09. 공과금 자체는 국세 등에 우선하지 못하며, 지방세의 우선 여부는 별도로 판정해야 한다.

10. 세무조사는 납세자의 사업과 관련하여 세법에 따라 신고·납부의무가 있는 세목을 통합하여 실시하는 것을 원칙으로 한다.

11. 연대납세의무에 관하여 다른 세법에 특례규정이 있는 경우에는 그 **특례규정을 우선하여 적용한다.**

12. 예외적으로 금융소득(이자, 배당)과 사업소득은 유형별 포괄주의를 적용한다.

13. 거주자는 주소 또는 거소의 국외 이전을 위하여 **출국하는 날의 다음날**에 비거주자로 된다 .일반적으로 비거주자가 되는 시기는 사유발생일의 "다음날"이며 거주자가 되는 시기는 사유가 발생한 날이 된다.

14. 비영업대금의 이익 : 약정에 따른 이자지급일

15. 복식부기의무자가 사업용 차량운반구 양도시 양도가액은 총수입금액에 산입한다.

16. 해당 사업연도의 소득금액을 법인이 신고함에 따라 발생한 그 법인의 임원에 대한 상여의 수입시기는 근로를 제공한 날이다.

17. 연금소득금액은 소득세법에서 정한 총연금액에서 연금소득공제를 적용한 금액으로 한다

18. 슬롯머신 등을 이용하는 행위에 참가하여 받는 당첨금품 등은 슬롯머신 등에 **투입한 금액(실제경비)을 필요경비**로 인정한다.

19. 부동산임대소득에서 발생한 이월결손금은 부동산임대소득금액에서만 공제한다.

	20x0년		20x1년	
	소득금액	이월결손금	소득금액	이월결손금 공제
근로소득금액	21,000,000		20,000,000	
부동산임대소득	(−)3,000,000	3,000,000	5,000,000	△3,000,000
사업소득금액	(−)5,000,000		1,000,000	
종합소득금액	16,000,000		23,000,000	

☞ **확정답안에서 부동산임대소득금액에서 발생한 이월결손금을 사업소득금액에서 먼저 공제하고 잔여분을 부동산임대소득금액에서 공제한 것은 잘못된 문제 풀이다.**

20. 일반적인 개산공제 **필요경비율은 3%이지만, 미등기자산은 0.3%를 적용**한다.

21. 비거주자에 대하여 종합과세하는 경우 **종합소득공제는 본인에 대한 공제만 가능**하다.

22. 비치·기록한 장부에 의하여 신고하여야 할 소득금액의 **20% 이상을 누락하여 신고**한 경우 기장세액공제를 적용하지 않는다.

23. **소규모사업자도 지급명세서 제출불성실가산세**가 적용된다.

24. 결손금 및 이월결손금을 공제할 때 금융소득 종합과세시 세액계산특례에 따라 산출세액을 계산을 하는 경우 종합과세되는 배당소득 또는 이자소득 중 원천징수세율을 적용받는 부분은 결손금 또는 이월결손금의 공제대상에서 제외한다.

25. 사업장현황신고는 해당 **과세기간의 다음연도 2월 10일까지 사업장 소재지 관할세무서장에게 신고**하여야 한다.

27. **납부지연가산세 계산시 1일 22/100,000**

제94회 세무회계2급

합격율	시험년월
38%	2021.08

세법1부 **법인세법, 부가가치세법**

01. 다음 중 법인세법상 사업연도에 관한 설명으로 옳지 않은 것은?

① 사업연도는 법령이나 정관 등에서 정하는 1 회계기간으로 하며, 예외적으로 1년을 초과할 수 있다.

② 내국법인(법인으로 보는 단체 제외)의 경우 최초 사업연도 개시일은 설립등기일이다.

③ 사업연도를 변경하려는 법인은 그 법인의 직전 사업연도 종료일부터 3개월 이내에 납세지관할 세무서장에게 신고하여야 한다.

④ 법인의 사업연도를 법령에 따라 신고하여야 하는 법인이 그 신고를 하지 아니한 때는 매년 1월 1일부터 12월 31일까지를 그 법인의 사업연도로 한다.

02. 다음 중 법인세법상 법인세의 납세의무자에 해당하지 않는 것은?

① 영리내국법인

② 국내원천소득이 있는 영리외국법인

③ 국가 · 지방자치단체

④ 비영리내국법인

03. 다음 중 법인세법상 세무조정 및 소득처분에 관한 설명으로 가장 옳지 않은 것은?

① 배당 · 상여 및 기타소득으로 소득처분하는 경우 소득처분하는 법인에게는 원천징수의무가 있다.

② 익금에 산입한 금액이 사외유출되지 아니한 경우에는 유보로 소득처분한다.

③ 신고조정사항은 손금산입시기를 조정할 수 없으나, 결산조정사항은 손금산입시기를 조정할 수 있다.

④ 법인의 자금이 출자임원에게 귀속된 경우 배당으로 소득처분한다.

04. 다음 중 법인세법상 익금에 대한 설명으로 가장 옳지 않은 것은?

    ① 특수관계인인 개인으로부터 유가증권을 시가보다 낮은 가액으로 매입한 경우 시가와 매입가액의 차액에 상당하는 금액은 익금이다.

    ② 모든 자산의 평가이익은 익금산입한다.

    ③ 주식발행초과금은 익금불산입항목이다.

    ④ 자산수증이익은 이월결손금 보전에 충당하지 않는 경우 익금에 해당한다.

05. 다음 중 법인세법상 현실적인 퇴직으로 보지 않는 경우로 옳은 것은?

    ① 법인의 직원이 해당 법인의 임원으로 취임한 때

    ② 법인의 임원 또는 직원이 그 법인의 조직변경, 합병, 분할 또는 사업양도에 의하여 퇴직한 때

    ③ 법인의 대주주 변동으로 인하여 계산의 편의, 기타 사유로 모든 사용인에게 퇴직급여를 지급한 경우

    ④ 「근로자퇴직급여보장법」에 따라 퇴직급여를 중간정산하여 지급한 때(중간정산 시점부터 새로이 근무연수를 기산하여 퇴직급여를 계산하는 경우에 한정한다)

06. 다음 중 법인세법상 손익의 귀속시기에 대한 설명으로 옳은 것은?

    ① 계약 등에 의하여 임대료의 지급일이 정하여진 경우에는 실제 지급받은 날을 귀속시기로 한다.

    ② 상품 등을 시용판매한 경우 그 상품의 인도일을 귀속시기로 한다.

    ③ 법인세법은 현금주의를 채택하고 있다.

    ④ 중소기업이 수행하는 계약기간 1년 미만의 단기건설 등의 경우에는 인도일이 속하는 사업연도의 익금과 손금으로 산입할 수 있다.

07. 다음 중 법인세법상 자산과 부채의 평가 방법에 관한 설명으로 옳지 않은 것은?

    ① 법인이 기한 내에 재고자산(유가증권 제외)의 평가 방법을 신고하지 않은 경우 총평균법으로 평가한다.

    ② 신설법인의 재고자산 평가 방법은 당해 법인의 설립일이 속하는 사업연도의 법인세 과세표준 신고기한 내에 신고해야 한다.

    ③ 재고자산의 평가 방법을 변경하고자 하는 법인은 변경할 평가 방법을 적용하고자 하는 사업연도의 종료일 이전 3월이 되는 날까지 신고해야 한다.

    ④ 재고자산의 평가 방법으로 저가법을 신고하는 경우에는 시가와 비교되는 원가법을 함께 신고하여야 한다.

08. 다음 중 법인세법상 경비 등의 손금에 관한 설명으로 가장 옳지 않은 것은?

① 법인이 해당 법인 외의 자와 출자에 의하여 특정 사업을 공동으로 운영하면서 발생하거나 지출한 손비로써 출자비율에 따른 분담금액을 초과하는 금액은 손금에 산입하지 아니한다.

② 법인이 임원 또는 직원이 아닌 지배주주 등에게 지급한 여비 또는 교육훈련비는 손금에 산입한다.

③ 복리후생비 중 고용보험법에 따라 사용자로서 부담하는 보험료는 손금에 산입한다.

④ 불우종업원에게 지급하는 생계비나 학비 보조금 등도 인건비로서 손금에 산입한다.

09. 다음 중 법인세법상 기업업무추진비에 대한 설명으로 틀린 것은?

① 기업업무추진비 해당 여부는 계정과목의 명칭과 관계없이 실질 내용에 따라 판단하여야 한다.

② 현물기업업무추진비는 제공하는 시점의 시가와 장부가액 중 큰 금액으로 기업업무추진비를 계산한다.

③ 원칙적으로 내국법인이 지출한 기업업무추진비의 귀속 사업연도는 실제 지출한 날이 속하는 사업연도로 한다.

④ 법인이 그 직원이 조직한 법인인 조합에 대하여 지출한 복리시설비는 기업업무추진비로 본다.

10. 다음 중 법인세법상 대손 사유가 발생한 날이 속하는 사업연도의 손금에 해당하는 대손 사유가 아닌 것은?

① 상법에 따른 소멸시효가 완성된 외상매출금

② 민사집행법에 따라 채무자의 재산에 대한 경매가 취소된 압류채권

③ 채무자 회생 및 파산에 관한 법률에 따른 회생계획인가의 결정에 따라 회수불능으로 확정된 채권

④ 채무자가 사업상 중대한 위기에 처한 경우의 채권

11. 다음 중 법인세법상 중간예납에 대한 설명으로 틀린 것은?

① 중간예납기간 중 휴업 등의 사유로 사업수입금액이 없는 것으로 납세지관할 세무서장이 확인한 휴업법인도 중간예납의 의무가 있다.

② 각 사업연도의 기간이 6월을 초과하는 법인은 해당 사업연도 개시일부터 6월간을 중간예납기간으로 한다.

③ 직전 사업연도의 중소기업으로서 직전 사업연도 산출세액을 기준으로 계산한 금액이 50만원 미만인 내국법인은 중간예납세액을 납부할 의무가 없다.

④ 중간예납세액의 계산 방법은 직전 사업연도의 산출세액을 기준으로 계산하거나 해당 중간예납기간의 법인세액을 기준으로 계산하는 방법이 있다.

12. 다음 중 법인세법상 감가상각 대상 자산과 감가상각방법을 잘못 연결한 것은?

① 건축물 외의 유형자산(광업용 유형자산은 제외한다) : 정률법 또는 정액법

② 광업권 : 생산량비례법 또는 정액법

③ 광업용 유형자산 : 생산량비례법 또는 정률법 또는 정액법

④ 건축물 : 정률법 또는 정액법

13. 다음 중 법인세법상 부동산임대업을 주업으로 하지 않는 법인의 업무용 승용차 관련 비용에 관한 설명으로 옳지 않은 것은?

① 업무용 승용차에는 배기량 1,000cc 이하인 경차도 포함된다.

② 업무용 승용차는 내용연수는 5년, 상각방법은 정액법으로 계산한 금액을 감가상각비로 하여 손금에 산입하여야 한다.

③ 업무용 승용차 관련 비용이 1천 5백만원 이하이면서 운행기록 등을 장부에 작성·비치하지 않은 경우 해당 업무용 승용차의 업무사용비율은 100%이다.

④ 업무용 승용차의 감가상각비 중 업무에 사용한 금액은 연간 800만원을 한도로 손금산입한다.

14. 다음 중 우리나라의 부가가치세법에 대한 설명으로 틀린 것은?

① 부가가치세는 국가가 과세주체인 조세에 해당한다.

② 일정기간 동안의 매출액에서 매입액을 공제한 잔액에 세율을 적용하여 부가가치세를 계산하는 전단계거래액공제법을 사용하고 있다.

③ 면세대상을 제외한 모든 재화의 소비에 대하여 과세하는 일반소비세에 해당한다.

④ 납세의무자와 담세자가 일치하지 않는 간접세에 해당한다.

15. 부가가치세법상 사업장에 대한 연결이 가장 옳지 않은 것은?

① 광업의 경우 광업사무소의 소재지

② 제조업의 경우 최종제품을 완성하는 장소

③ 부동산매매업(법인)의 경우 부동산 등기부상 소재지

④ 건설업(법인)의 법인의 등기부상 소재지

16. 부가가치세법상 주사업장총괄납부제도와 사업자단위과세제도에 대한 설명으로 가장 옳지 않은 것은?

① 주사업장총괄납부제도의 경우 주사업장에서 총괄하여 신고와 납부를 한다.

② 사업자단위과세제도의 경우 부가가치세법상의 모든 의무를 본점에서 총괄한다.

③ 사업자단위과세제도의 경우의 주된 사업장은 본점만 가능하며 지점은 선택이 불가능하다.

④ 주사업장총괄납부제도의 경우 기한 내에 신청만 하면 되며 별도의 승인은 요하지 않는다.

17. 다음 중 부가가치세법상 과세 대상에 대한 설명으로 틀린 것은?

① 사업자가 자기의 과세사업과 관련하여 매입세액 공제를 받고 취득한 재화를 면세사업에 사용하는 경우 재화의 공급으로 본다.

② 재화의 인도 대가로 다른 재화를 인도받는 교환계약도 재화의 공급으로 본다.

③ 재화란 재산적 가치가 있는 저작권, 특허권 등을 포함한다.

④ 민사집행법에 따른 경매에 따라 재화를 인도하는 것은 재화의 양도로 본다.

18. 다음 중 부가가치세법상 재화의 수입에 대한 설명으로 옳지 않은 것은?

① 수출신고가 수리된 물품을 국내에 반입하는 것은 재화의 수입으로 본다.

② 외국 선박에 의하여 공해에서 잡힌 수산물로서 수입신고가 수리되기 전의 것을 국내에 반입하는 것은 재화의 수입으로 보지 아니한다.

③ 수출신고가 수리된 물품으로서 선적되지 아니한 물품을 보세구역에서 반입하는 경우는 재화의 수입으로 보지 아니한다.

④ 외국으로부터 국내에 도착한 물품으로 수입신고가 수리되기 전의 것을 국내에 반입하는 것은 재화의 수입으로 본다.

19. 다음 중 부가가치세법상 과세표준에 대한 설명으로 틀린 것은?

① 재화를 공급하고 금전 외의 대가를 받은 경우에 과세표준은 공급한 재화의 시가로 한다.

② 특수관계인 외의 자에게 재화를 시가보다 낮은 가액으로 공급한 경우의 과세표준은 그 시가로 한다.

③ 사업자가 재화를 공급받는 자에게 지급하는 판매장려금(금전)은 과세표준에서 공제하지 않는다.

④ 대가의 일부로 받는 운송보험료, 산재보험료, 운송비, 포장비, 하역비 등도 과세표준에 포함한다.

20. 다음 중 부가가치세법상 재화의 공급시기에 관한 설명으로 옳지 않은 것은?

① 현금 판매의 경우 재화가 인도되거나 이용 가능하게 되는 때를 공급시기로 본다.

② 재화의 공급으로 보는 가공의 경우 가공된 재화가 이용 가능하게 되는 때를 공급시기로 본다.

③ 반환조건부 판매의 경우에는 그 조건이 성취되거나 기한이 지나 판매가 확정되는 때를 공급시기로 본다.

④ 사업자가 폐업하기 전에 공급한 재화의 공급시기가 폐업일 이후에 도래하는 경우에는 그 폐업일을 공급시기로 본다.

21. 부가가치세법상 영세율과 면세에 대한 설명으로 옳지 않은 것은?

① 가공하지 않은 비식용농산물은 국산과 수입산 모두 부가가치세 면세대상이다.

② 구매확인서에 의해 공급되는 재화도 영세율적용이 가능하다.

③ 면세포기신고를 한 사업자는 면세포기신고일로부터 3년간 부가가치세를 면제받지 못한다.

④ 은행업법에 의한 은행업은 부가가치세 면제 대상이다.

22. 다음 중 부가가치세법상 의제매입세액공제의 공제율로 틀린 것은?

① 개별소비세법에 따른 과세유흥장소의 경영자 : 102분의 2

② 과세기간의 과세표준이 1억원인 음식점을 경영하는 개인사업자 : 108분의 8

③ 제조업 중 떡방앗간을 경영하는 개인사업자 : 106분의 6

④ 음식점을 경영하는 법인사업자 : 106분의 6

23. 다음 중 부가가치세법상 공제대상 매입세액에 해당하는 것은?

① 토지의 취득 및 형질변경, 공장 부지 및 택지의 조성 등에 관련된 매입세액

② 기업업무추진비 및 이와 유사한 비용의 지출에 관련된 매입세액

③ 공급시기가 속하는 과세기간이 끝난 후 20일 이내에 사업자등록을 신청한 경우 등록 신청일부터 공급시기가 속하는 과세기간 기산일까지 역산한 기간 내의 매입세액

④ 개별소비세법에 따른 자동차(운수업, 자동차판매업 등 업종에 직접 영업으로 사용되는 것은 제외한다)의 구입과 임차 및 유지에 관한 매입세액

24. 다음 중 부가가치세법상 세금계산서의 필요적 기재사항을 모두 고른 것은?

가. 공급하는 사업자의 등록번호	나. 공급하는 사업자의 성명 또는 명칭
다. 공급받는 자의 등록번호	라. 공급받는 자의 성명 또는 명칭
마. 전송 연월일	바. 작성 연월일

① 가, 다, 라, 마   ② 가, 나, 라, 바
③ 가, 다, 마, 바   ④ 가, 나, 다, 바

25. 다음 중 부가가치세법상 간이과세자가 일반과세를 적용받기 위한 간이과세포기신고서 제출기한으로 옳은 것은?

① 적용받으려는 달의 전달 마지막 날까지   ② 적용받으려는 달의 개시일 10일 전
③ 적용받으려는 과세기간 개시일 10일 전   ④ 적용받으려는 과세기간 개시일 30일 전

1부 주관식   문항 당 5점

26. 다음은 내국법인 갑의 손금불산입 내역이다. 법인세법상 기타사외유출로 소득처분되는 금액의 합계는 몇 원인가?

• 단기매매증권평가손실	700,000원	• 벌금, 과태료 등	330,000원
• 기업업무추진비 한도초과액	150,000원	• 대손충당금 한도초과액	100,000원

27. 법인세법상 다음의 괄호 안에 들어갈 숫자는 무엇인가?

> 내국법인이 사업과 관련하여 사업자로부터 재화 또는 용역을 공급받고 적격증명서류를 받지 아니하거나 사실과 다른 증명서류를 받은 경우 증명서류수취불성실가산세 ( )%가 적용된다.

28. 법인세법상 다음의 괄호 안에 들어갈 숫자는 무엇인가?

> 내국법인이 각 사업연도 중 천재지변이나 그 밖의 재해로 인하여 대통령령으로 정하는 자산총액의 100의 ( )이상을 상실하여 납세가 곤란하다고 인정되는 경우에는 재해손실세액공제를 적용한다.

29. 부가가치세법상 다음의 괄호 안에 들어갈 숫자는 무엇인가?

> 납세지관할 세무서장은 과세기간별로 그 과세기간에 대한 환급세액을 확정신고한 사업자에게 그 확정
> 신고기한이 지난 후 (   )일 이내(조기환급에 해당하는 경우에는 15일 이내)에 대통령령으로 정하
> 는 바에 따라 환급하여야 한다.

30. 부가가치세법상 다음의 괄호 안에 들어갈 숫자는 무엇인가?

> 세금계산서는 사업자가 재화 또는 용역의 공급시기에 발급하여야 한다. 다만, 거래처별로 1역월의 공
> 급가액을 합하여 해당 달의 말일을 작성연월일로 하여 세금계산서를 발급하는 경우에는 재화 또는
> 용역의 공급일이 속하는 달의 다음 달 (   )일까지 세금계산서를 발급할 수 있다.

세법2부 국세기본법, 소득세법, 조세특례제한법

---

01. 다음 중 국세기본법상 국세에 해당하지 않는 것은?

① 종합부동산세   ② 소득세   ③ 부가가치세   ④ 재산세

02. 다음 중 국세기본법상 세법 적용의 원칙에 대한 설명으로 옳지 않은 것은?

① 세법을 해석·적용할 때는 과세의 형평(衡平)과 해당 조항의 합목적성에 비추어 납세자의 재산권
이 부당하게 침해되지 아니하도록 하여야 한다.

② 세법의 해석이나 국세행정의 관행이 일반적으로 납세자에게 받아들여진 후에는 그 해석이나 관
행에 의한 행위 또는 계산은 정당한 것으로 보며, 새로운 해석이나 관행에 의하여 소급하여 과세
되지 아니한다.

③ 세무공무원이 재량으로 직무를 수행할 때는 과세의 형평과 해당 세법의 목적에 비추어 일반적으
로 적당하다고 인정되는 한계를 엄수하여야 한다.

④ 세무공무원이 국세의 과세표준을 조사·결정할 때는 해당 납세의무자가 계속하여 적용하고 있는
기업회계의 기준 또는 관행으로서 일반적으로 공정·타당하다고 인정되는 것은 세법에 특별한
규정이 있더라도 존중하여야 한다.

03. 다음 중 국세기본법상 납세의무성립시기에 대한 연결로 옳지 않은 것은?

① 부가가치세 : 과세기간이 끝나는 때
② 증여세 : 증여계약일
③ 인지세 : 과세문서를 작성한 때
④ 종합부동산세 : 매년 6월 1일

04. 다음 중 국세기본법상 서류의 송달에 대한 설명으로 옳은 것은?

① 납세의 고지와 독촉에 관한 서류는 연대납세의무자 중 대표자에게 송달한다.
② 서류 송달은 반드시 교부, 우편 두 가지 방법으로 해야한다.
③ 송달하는 서류는 등기우편을 발송한 때부터 효력이 발생한다.
④ 소득세법에 따른 중간예납세액의 납세고지서로서 50만원 미만인 경우 일반우편에 의해 송달할 수 있다.

05. 다음 중 국세기본법상 소멸시효 중단사유로 옳지 않은 것은?

① 납부고지   ② 독촉
③ 교부청구   ④ 징수유예

06. 국세기본법상 제2차 납세의무에 대한 설명으로 옳지 않은 것은?

① 법인(상장법인 제외)의 재산으로 해당 법인이 납부할 국세에 충당하여도 부족할 경우 해당 법인의 무한책임사원은 제2차 납세의무를 진다.
② 무한책임사원 및 과점주주가 출자자의 제2차 납세의무를 질 때는 징수부족한 국세 및 강제징수비(체납처분비) 전액에 대하여 납세의무를 진다.
③ 사업양수인은 주된 납세자인 사업양도인의 재산으로 징수부족한 금액의 한도 내에서 양수한 재산의 가액을 한도로 제2차 납세의무를 진다.
④ 주주 또는 유한책임사원 1명과 그 특수관계인으로서 그들의 소유주식 합계 또는 출자액 합계가 해당 법인의 발행주식총수 또는 출자총액의 50% 초과하면서 그에 관한 권리를 실질적으로 행사하는 자들은 제2차 납세의무를 지는 과점주주에 포함된다.

07. 다음 중 국세기본법상 국세부과의 제척기간에 대한 설명으로 옳지 않은 것은?(단, 역외거래는 제외한다.)

① 납세자가 국세를 법정신고기한까지 과세표준신고서를 제출하지 아니한 경우엔 해당 국세를 부과할 수 있는 날부터 7년이다.

② 납세자가 부가가치세법상 부정행위를 하여 가산세 부과대상이 되는 경우 해당 가산세를 부과할 수 있는 날로부터 10년으로 한다.

③ 납세자가 부정행위로 상속세·증여세를 포탈한 경우 부과제척기간은 국세를 부과할 수 있는 날부터 10년으로 한다.

④ 국외에 있는 상속재산이나 증여재산을 상속인이나 수증자가 취득한 경우 과세관청은 상속 또는 증여가 있음을 안 날부터 1년 이내에 상속세 및 증여세를 부과할 수 있다.

08. 다음 중 국세기본법상 국세우선권에서 다음의 채권이 경합하는 경우 가장 우선이 되는 것은?

① 소액임차보증금

② 공익비용(강제집행 등에 든 비용)

③ 국세

④ 지방세

09. 다음 중 국세기본법상 납세자보호위원회가 심의할 내용으로 옳지 않은 것은?

① 세무조사 대상자가 세금탈루혐의에 대한 해명 등을 위하여 세무조사 기간의 연장을 신청한 경우

② 중소규모납세자 이외의 납세자에 대한 세무조사 범위의 확대

③ 위법·부당한 세무조사 및 세무조사 중 세무공무원의 위법·부당한 행위에 대한 납세자의 세무조사 일시 중지 및 중지 요청

④ 납세자의 권리보호를 위하여 납세자보호담당관이 심의가 필요하다고 인정하는 안건

10. 다음 중 국세기본법상 수정신고 사유에 해당하는 것은?

① 과세표준신고서에 기재된 환급세액이 세법에 따라 신고하여야 할 환급세액을 초과할 때

② 법정신고기한까지 과세표준신고서를 제출하지 아니한 때

③ 과세표준신고서에 기재된 결손금액이 세법에 따라 신고하여야 할 결손금액에 미치지 못한 때

④ 과세표준신고서에 기재된 세액이 세법에 따라 신고하여야 할 세액을 초과할 때

11. 다음 중 국세기본법상 국세청장에게 과세전적부심사를 청구할 수 없는 경우는?

　① 법령과 관련하여 국세청장의 유권해석을 변경해야 하거나 새로운 해석이 필요한 것

　② 국세청장의 예규 등과 관련하여 새로운 해석이 필요한 것

　③ 세무서에 대한 국세청장의 업무감사 결과에 따라 세무서장이 하는 과세예고 통지에 관한 것

　④ 과세전적부심사 청구금액이 10억원 미만인 것

12. 다음 중 소득세법상 용어에 대한 정의로 가장 옳지 않은 것은?

　① 거주자란 국내에 주소를 두거나 183일 이상 거소를 둔 개인을 말한다.

　② 비거주자란 거주자가 아닌 개인을 말한다.

　③ 주소는 국내에서 주민등록법에 의하여 등록된 곳을 의미하며 형식에 따라 판단한다.

　④ 국내에 거주하는 개인이 국내에 생계를 같이하는 가족이 있고, 그 직업 및 자산 상태에 비추어 계속하여 183일 이상 국내에 거주할 것으로 인정되는 때 국내에 주소를 가진 것으로 본다.

13. 다음 중 소득세법상 과세 대상 이자소득이 아닌 것은?

　① 비영업대금의 이익

　② 국외에서 받는 예금의 이자

　③ 「공익신탁법」에 따른 공익신탁의 이익

　④ 내국법인이 발행한 채권의 할인액

14. 다음 중 소득세법상 근로소득에 대한 설명으로 가장 옳지 않은 것은?

　① 근로소득이란 근로자가 종속적인 지위에서 근로를 제공하고 대가로 지급받는 모든 금품을 말한다.

　② 법인세법에 따라 상여로 처리된 근로소득은 해당 법인의 결산확정일을 수입시기로 본다.

　③ 퇴직함으로써 받는 소득으로서 퇴직소득에 속하지 아니하는 소득은 근로소득으로 본다.

　④ 원천징수의무자가 근로소득을 지급할 때는 근로소득 간이세액표에 따라 원천징수액을 차감하고 지급한다.

15. 다음 중 소득세법상 사업소득에 대한 설명으로 틀린 것은?

① 지상권을 양도하는 경우 사업소득으로 과세한다.

② 복식부기의무자의 사업용 차량 양도로 인한 소득은 사업소득으로 과세한다.

③ 사업소득은 영리를 목적으로 자기의 계산과 책임하에 계속적·반복적으로 행하는 활동을 통하여 얻는 소득을 말한다.

④ 해당 과세기간에 필요경비가 총수입금액을 초과하는 경우 그 금액을 결손금이라 한다.

16. 다음 중 소득세법상 총수입금액에 대응하는 필요경비에 해당하지 않은 것은?

① 판매한 상품 또는 제품에 대한 원료의 매입가격(매입에누리와 매입할인을 포함한다.)

② 종업원의 급여

③ 사업과 관련이 있는 제세공과금

④ 단체순수보장성보험 및 단체환급부 보장성보험의 보험료

17. 다음 중 소득세법상 기타소득에 해당하지 않은 것은?

① 복권, 경품권, 그 밖의 추첨권에 당첨되어 받는 금품

② 저작권사용료인 인세(印稅)

③ 고용관계 없이 다수인에게 강연을 하고 강연료 등 대가를 받는 용역

④ 종업원 등 또는 대학의 교직원이 근로기간 내에 지급받는 직무발명보상금

18. 다음 중 소득세법상 양도소득세 과세 대상이 아닌 것은?

① 개인이 보유하고 있는 토지의 도시개발법에 따른 환지처분으로 인한 지목 변경

② 개인이 보유하고 있는 골프회원권의 양도

③ 개인이 보유하고 있는 토지의 양도

④ 개인이 보유하고 있는 주택을 법인에 현물출자

19. 다음 중 소득세법상 소득공제에 대한 설명으로 옳지 않은 것은?

① 배우자에 대한 기본공제는 배우자의 나이가 만 30세 이상인 경우에 적용이 가능하다.

② 기본공제대상자의 나이가 만 70세 이상인 경우 연 100만원의 추가공제를 적용한다.

③ 기본공제대상자 해당 여부의 판정은 원칙적으로 과세기간 종료일 현재 상황에 따른다.

④ 기본공제대상자가 장애인에 해당하는 경우 연 200만원의 추가공제를 적용한다.

20. 다음 중 소득세법상 특별세액공제에 대한 설명으로 옳지 않은 것은?

① 근로소득이 있는 거주자가 기본공제대상자 중 장애인을 피보험자 또는 수익자로 하는 장애인전용보장성보험료를 지급한 경우 그 금액의 100분의 12에 해당하는 금액을 세액공제 한다.

② 근로소득이 있는 거주자가 대학생 기본공제대상자를 위하여 교육비를 지급한 경우 1명당 연간 900만원을 한도로 그 금액의 100분의 15에 해당하는 금액을 세액공제한다.

③ 근로소득이 있는 거주자가 기본공제대상자인 중·고등학생의 교복구입비용을 지출한 경우 1명당 연간 50만원을 한도로 교육비세액공제 대상 금액으로 한다.

④ 근로소득이 있는 거주자가 기본공제대상자를 위하여 의료비를 지급하는 경우 보험회사 등으로부터 지급받은 실손의료 보험금을 제외하고 의료비세액공제액을 계산하여야 한다.

21. 다음 중 소득세법상 부당행위계산부인에 대한 설명으로 가장 옳지 않은 것은?

① 특수관계인으로 부터 무수익자산을 매입하여 그 자산에 대한 비용을 부담하는 경우 부당행위계산부인을 적용한다.

② 직계존비속에게 주택을 무상으로 대여하고 직계존비속이 실제 거주하는 경우 사용자가 대신 부담하는 주택 관련 경비도 필요경비로 인정된다.

③ 출자공동사업자의 배당소득은 부당행위부인 적용 대상 소득이다.

④ 특수관계인으로 부터 자산을 고가로 매입한 때는 그 매입가액과 시가와의 차액이 시가의 5% 이상이거나 3억원 이상인 경우에만 부당행위계산부인을 적용한다.

22. 다음 중 소득세법상 기장세액공제에 대한 설명으로 옳지 않은 것은?

① 복식부기대상자가 과세표준확정신고를 할 때 복식부기에 따라 장부를 작성하여 소득금액을 계산하고 관련 서류를 제출한 경우 기장세액공제를 적용한다.

② 비치·기록한 장부에 의하여 신고하여야 할 소득금액의 100분의 20 이상을 누락하여 신고한 경우 기장세액공제를 배제한다.

③ 기장세액공제와 관련된 장부를 해당 과세표준 확정신고기간 종료일로부터 5년간 보관하여야 기장세액공제 적용이 가능하다.

④ 기장세액공제의 한도액은 100만원이다.

23. 다음 중 소득세법상 지급명세서 제출시기가 다른 소득은? 단, 휴업·폐업한 경우가 아님.

① 배당소득
② 퇴직소득
③ 원천징수 대상 사업소득
④ 근로소득(일용근로소득 제외)

24. 다음 중 소득세법상 공동사업장에 대한 설명으로 옳지 않은 것은?

① 사업소득이 발생하는 사업을 공동으로 경영하고 그 손익을 분배하는 공동사업의 경우에는 해당 사업을 경영하는 장소를 1 거주자로 보아 공동사업장별로 그 소득금액을 계산한다.

② 공동사업장에서 발생한 소득금액에 대하여 원천징수된 세액은 공동사업자 중 대표공동사업자에 게 배분한다.

③ 공동사업장의 구성원 변동이 있는 경우에도 기장의무는 당해 공동사업장의 직전 연도 수입금액 에 의하여 판정한다.

④ 대표공동사업자란 출자공동사업자 외의 자로서 공동사업자 중에서 선임된 자로 하며, 선임되어 있지 아니한 경우에는 손익분배비율이 가장 큰 자이다.

25. 다음 중 소득세법상 종합소득금액 계산 시 사업소득의 결손금을 공제하는 순서로 옳은 것은?

㉠	근로소득금액	㉡	배당소득금액	㉢	기타소득금액
㉣	이자소득금액	㉤	연금소득금액		

① ㉠ - ㉣ - ㉢ - ㉡ - ㉤

② ㉢ - ㉠ - ㉤ - ㉡ - ㉣

③ ㉠ - ㉤ - ㉢ - ㉣ - ㉡

④ ㉢ - ㉤ - ㉠ - ㉡ - ㉣

2부 주관식 **문항 당 5점**

---

26. 국세기본법상 다음의 괄호 안에 들어갈 내용은 무엇인가?

> 국세기본법상 과세표준신고서를 법정신고기한까지 제출하지 아니한 자가 법정신고기한이 지난 후 1개 월 이내에 기한 후 신고를 한 경우 해당 가산세액의 100분의 (   )에 상당하는 금액을 감면한다.

27. 국세기본법상 다음의 괄호 안에 들어갈 내용은 무엇인가?

> 심사청구는 해당 처분이 있음을 안 날(처분의 통지를 받은 때에는 그 받은 날)부터 (   )일 이내에 제기하여야 한다.

28. 소득세법상 다음의 괄호 안에 들어갈 알맞은 숫자는 무엇인가?

> 배당세액공제액 = Min(①, ②)
>
> ① 귀속법인세 = 조정대상 배당소득 총수입금액 × ( )%
>
> ② 한도액 = 종합소득산출세액 - 비교산출세액

29. 소득세법상 다음의 괄호 안에 들어갈 금액은 얼마인가?

> 근로소득이 있는 거주자로서 특별소득공제 및 월세액에 대한 세액공제 신청을 하지 아니한 사람에 대해서는 연 ( )원을 종합소득산출세액에서 공제한다.

30. 소득세법상 다음의 괄호 안에 들어갈 금액은 얼마인가?

> 원천징수세액이 ( )원 미만인 경우(이자소득 제외)에는 해당 소득세를 징수하지 아니한다.

제94회 세무회계2급 답안 및 해설

세법1부-법인세법, 부가가치세법

1	2	3	4	5	6	7	8	9	10	11	12	13	14	15
①	③	④	②	③	④	①	②	③	④	①	④	①	②	③

16	17	18	19	20	21	22	23	24	25		
①	④	②	②	②	①	②	③	④	①		

26	27	28	29	30
480,000원	2	20	30	10

01. 회계기간은 1년을 초과하지 못한다.

02. 내국법인 중 국가와 지방자치단체(지방자치단체조합을 포함한다.)는 그 소득에 대한 법인세를 납부할 의무가 없다.

03. 출자임원에게 귀속되는 경우 상여로 소득처분한다.

04. 자산의 평가이익은 익금불산입한다. 단, 「보험업법」이나 그 밖의 법률에 따른 유형자산 및 무형자산 등의 평가(장부가액을 증액한 경우만 해당한다), 재고자산(在庫資産) 등 대통령령으로 정하는 자산과 부채의 평가는 제외한다.

06. ① 약정에 의한 지급일 ②구입의사 표시일 ③ 권리의무확정주의를 채택

07. 법인이 기한 내에 재고자산의 평가방법을 **무신고시 선입선출법으로 평가**한다.

08. 법인이 임원 또는 직원이 아닌 지배주주 등(특수관계에 있는 자를 포함)에게 지급한 여비 또는 교육훈련비는 해당 사업연도의 소득금액을 계산할 때 손금에 산입하지 아니한다.

09. 기업업무추진비는 접대행위를 한 날이 속하는 사업연도로 한다.

10. 사업상 중대한 위기가 처한 경우는 대손 사유가 아니다.

11. **휴업법인에 대하여 중간예납의무가 없다.**

12. 건축물과 무형자산의 상각은 정액법에 의하여 계산한다.

13. **1,000cc 이하 경차는 업무용 승용차에 해당하지 않는다.**

14. 부가가치세는 전단계세액공제법을 채택하여 사용하고 있다.

15. 부동산매매업(법인)의 경우 법인의 등기부상 소재지를 사업장으로 한다.

16. 주사업장총괄납부제도의 경우 **납부만 주사업장에서 총괄**한다.

17. 경매재화의 공급자는 대부분 체납자 등으로 부가가치세 납부를 기대하기 어렵고, 공급받는 자인 경락인에게는 환급이 이루어지기 때문에 국가 입장에서 손실이 발생하므로 공급으로 보지 않는다.

18. 공해에서 잡힌 수산물로서 수입신고가 수리되기 전의 것을 국내에 반입하는 것은 재화의 수입으로 본다.

19. 특수관계인 외의 자에게 저가로 공급한 경우에도 거래금액을 과세표준으로 한다.

20. **가공된 재화를 인도하는 때를 공급시기**로 본다.

21. **가공하지 않은 비식용농산물은 국산**만 부가가치세 면세대상이다.

22. 음식점을 경영하는 개인사업자는 과세표준 2억원 이하인 경우에는 109분의 9를 적용한다.

26. 기업업무추진비 한도초과액(150,000)＋벌금, 과태료 등(330,000)＝480,000원

단기매매증권평가손실과 대손충당금 한도초과액은 유보로 처리한다.

■ 세법2부-국세기본법, 소득세법, 조세특례제한법

1	2	3	4	5	6	7	8	9	10	11	12	13	14	15
④	④	②	④	④	②	③	②	①	①	④	③	③	②	①

16	17	18	19	20	21	22	23	24	25
①	④	①	①	①	②	①	①	②	③

26	27	28	29	30
50	90	10 (개정세법 24)	130,000	1,000

01. 재산세는 지방세이다.

02. 세무공무원이 국세의 과세표준을 조사·결정할 때에는 해당 납세의무자가 계속하여 적용하고 있는 기업회계의 기준 또는 관행으로서 일반적으로 공정·타당하다고 인정되는 것은 존중하여야 한다. 다만, 세법에 특별한 규정이 있는 것은 그러하지 아니하다.

03. 증여세의 납세의무 성립시기는 **증여에 의하여 재산을 취득하는 때**이다.

04. ① **연대납세의무자 각각에게 송달**하여야 한다.

② 전자송달도 가능하다.

③ **송달의 효력은 도달주의가 원칙**이다.

05. **징수유예는 소멸시효 정지사유이다.**

06. 과점주주는 **징수부족액에 지분비율을 곱하여 산출한 금액**을 한도로 제2차 납세의무를 진다.

07. 납세자가 부정행위로 상속세·증여세를 포탈하거나 환급·공제받은 경우에는 상속세·증여세의 부과제척기간은 국세를 부과할 수 있는 날부터 15년으로 한다.

10. 세법상 환급액보다 과다하게 받은 경우에는 수정신고 하여야 한다.

② 기한후신고 ③④ 경정청구사항임.

11. **과세전적부심사 청구금액이 10억원 이상**인 것에 대해 국세청장에게 청구할 수 있다.

12. 주소는 국내에서 생계를 같이하는 가족 및 국내에 소재하는 자산의 유무 등 생활관계의 객관적 사실에 따라 판정한다.

13. **공익신탁은 비과세소득**으로 열거되어 있다.

14. **인정상여는 근로제공일을 수입시기**로 본다.

15. 지상권(부동산에 관한 권리)의 양도는 양도소득세로 과세한다.

16. 판매한 상품 또는 제품에 대한 원료의 매입가격(매입에누리 및 매입할인금액을 제외한다)과 그 부대비용은 필요경비로 본다

17. 종업원 등 또는 대학의 교직원이 **퇴직한 후에 지급받는 직무발명보상금은 기타소득으로 본다.**
    ☞저작자가 받는 저작권사용료인 인세는 사업소득이나 저작자 이외의 자가 받는 경우에는 기타소득으로 본다.

18. 「도시개발법」이나 그 밖의 법률에 따른 **환지처분으로 지목 또는 지번이 변경되거나 보류지(保留地)로 충당되는 경우는 과세 대상이 아니다.**

19. 배우자의 경우 나이요건이 없다.

20. 기본공제대상자 중 장애인을 피보험자 또는 수익자로 하는 **장애인전용보장성보험료를 지급한 경우 그 금액의 100분의 15에 해당하는 금액**을 세액공제한다.

21. **주택 관련 경비는 가사관련경비이므로 필요경비불산입**한다.

22. **간편장부대상자가 복식부기에 따라 기장**한 경우에만 기장세액공제가 적용된다.

23. 배당소득은 2월 말이며 나머지 소득은 다음연도 3월 10일이다.

24. 공동사업장에서 발생한 소득금액에 대하여 **원천징수된 세액은 각 공동사업자의 손익분배비율에 따라 배분**한다.

제93회 세무회계2급

합격율	시험년월
34%	2021.06

세법1부 법인세법, 부가가치세법

01. 다음 중 법인세법상 과세 대상이 아닌 것은?

① 비영리 내국법인의 국외원천 수익사업소득

② 영리 내국법인의 청산소득

③ 영리 외국법인의 국내원천 모든 소득

④ 영리 외국법인의 청산소득

02. 다음 중 법인세법상 납세지에 관한 설명으로 가장 옳지 않은 것은?

① 관할 세무서장은 납세지를 지정할 수 없다.

② 국내사업장이 없는 외국법인으로서 국내원천소득 중 부동산소득이 있는 외국법인의 납세지는 해당 외국법인이 신고하는 장소를 납세지로 한다.

③ 법인의 납세지가 변경된 경우 변경 후의 납세지 관할 세무서장에게 변경 신고를 하여야 한다.

④ 법인으로 보는 단체로서 주된 소득이 부동산임대소득인 경우에는 해당 부동산 소재지를 납세지로 한다.

03. 다음 중 법인세법상 소득처분에 대한 설명으로 옳은 것은?

① 소득처분한 금액이 사외로 유출되지 않은 것은 항상 기타로 처리한다.

② 기업업무추진비의 손금산입한도액을 초과하여 익금에 산입한 금액은 유보로 처리한다.

③ 귀속자가 출자임원인 경우에는 그 귀속자에 대한 상여로 소득처분한다.

④ 소득의 귀속자가 불분명한 경우 기타사외유출로 처리한다.

04. 법인세법상 의제배당으로 인한 귀속시기에 대한 설명으로 가장 옳지 않은 것은?

① 감자·퇴사·탈퇴로 인한 의제배당 : 주식소각·자본감소결의일, 퇴사·탈퇴일

② 해산으로 인한 의제배당 : 해당 법인의 해산등기일

③ 합병으로 인한 의제배당 : 해당 법인의 합병등기일

④ 분할로 인한 의제배당 : 해당 법인의 분할등기일

05. 다음 중 법인세법상 손금불산입에 관한 내용 중 옳지 않은 것은?

① 법인세 또는 지방소득세는 손금불산입한다.

② 반출하였으나 판매하지 아니한 제품에 대한 개별소비세 미납액은 손금불산입한다.

③ 벌금, 과료, 과태료, 가산금 및 강제징수비(체납처분비)는 손금불산입한다.

④ 내국법인이 지급한 손해배상금 중 실제 발생한 손해를 초과하여 지급하는 금액은 손해액이 불분명하여도 전액 손금불산입한다.

06. 다음의 채권 중 법인세법상 대손금에 해당하지 않는 것은?

① 상법에 따른 소멸시효가 완성된 외상매출금 및 미수금

② 채무자의 파산, 강제집행, 형의 집행, 사업의 폐지, 사망, 실종 또는 행방불명으로 회수할 수 없는 채권

③ 부도발생일부터 3개월 이상 지난 수표 또는 어음상의 채권 및 외상매출금. 다만, 해당 법인이 채무자의 재산에 대하여 저당권을 설정하고 있는 경우는 제외한다.

④ 재판상 화해 등 확정판결과 같은 효력을 가지는 것으로서 기획재정부령으로 정하는 것에 따라 회수불능으로 확정된 채권

07. 다음 중 법인세법상 감가상각자산의 자본적지출에 해당하지 않는 것은?

① 본래의 용도를 변경하기 위한 개조

② 재해를 입은 자산에 대한 외장의 복구·도장 및 유리의 삽입

③ 엘리베이터 또는 냉난방장치의 설치

④ 빌딩 등에 있어서 피난시설 등의 설치

08. 다음 중 법인세법상 지급이자에 대한 설명으로 가장 틀린 것은?

① 건설자금에 충당된 일반차입금의 이자는 해당 자산의 취득원가에 항상 산입하여야 한다.

② 특정차입금의 차입일과 건설개시일 사이에 발생한 이자는 손금으로 처리한다.

③ 채권자가 분명하지 아니한 채권의 이자는 손금으로 산입하지 아니한다.

④ 비실명채권의 이자는 손금불산입하고 대표자상여로 소득처분한다.

09. 다음 중 법인세법상 기부금에 대한 설명으로 가장 옳지 않은 것은?

① 기부금이란 내국법인이 사업과 직접적인 관계없이 무상으로 지출하는 금액을 말한다.

② 기부금은 지출한 사업연도의 손금으로 한다.

③ 천재지변으로 생기는 이재민을 위한 구호금품의 가액은 기부금으로 본다.

④ 기부금은 한도없이 전액 손금산입된다.

10. 다음 중 법인세법상 자산의 취득가액에 대한 설명으로 옳지 않은 것은?

① 타인으로부터 매입한 자산의 취득가액은 매입가액에 취득세, 등록면허세를 포함한다.

② 특수관계인인 개인으로부터 유가증권을 시가에 미달하는 가액으로 매입하는 경우에는 시가와 매입가액의 차액은 취득가액에 포함한다.

③ 교환으로 취득한 자산의 취득가액은 제공한 자산의 시가로 한다.

④ 단기금융자산의 취득부대비용은 취득가액에 포함되지 않는다.

11. 다음 중 납세의무가 있는 내국법인이 법인세 과세표준 신고시 필수로 제출해야 하는 첨부서류에 해당하는 항목을 모두 고른 것은?

ⓐ 기업회계기준을 준용하여 작성한 재무상태표
ⓑ 기업회계기준을 준용하여 작성한 포괄손익계산서
ⓒ 기업회계기준을 준용하여 작성한 이익잉여금처분계산서
ⓓ 세무조정계산서

① ⓐ   ② ⓐ, ⓑ   ③ ⓐ, ⓑ, ⓒ   ④ ⓐ, ⓑ, ⓒ, ⓓ

12. 다음 중 법인세법상 외국납부세액공제에 대한 설명으로 옳지 않은 것은?

① 외국납부세액공제는 국제적 이중과세의 문제를 해결하기 위하여 세액을 조정하는 방법이다.

② 국외사업장이 2 이상의 국가에 있는 경우에는 국가별로 구분하여 공제한도금액을 계산한다.

③ 외국납부세액공제액이 법인세법상 한도를 초과하는 경우 이월공제가 허용되지 아니한다.

④ 외국납부세액공제액은 해당 사업연도의 국외원천소득에 대한 산출세액을 한도로 한다.

13. 법인세법상 결손금에 대한 설명이다. 가장 옳지 않은 것은?

① 결손금 소급공제는 중소기업에 한하여 적용가능하다.

② 결손금이 발생한 과세기간의 종료일로부터 15년 이내에 이월결손금공제를 할 수 있다.

③ 천재지변으로 장부나 그 밖의 증명서류가 멸실되어 추계하는 경우에는 결손금이월공제를 적용 한다.

④ 중소기업의 경우 각 사업연도 소득금액의 80%를 한도로 결손금을 이월공제한다.

14. 다음 중 부가가치세에 대한 설명으로 옳은 것은?

> ⓐ 우리나라 부가가치세는 간접세이다.
> ⓑ 우리나라 부가가치세는 생산지국과세원칙을 적용하고 있다.
> ⓒ 우리나라 부가가치세는 국세가 아닌 지방세이다.
> ⓓ 우리나라 부가가치세는 법으로 열거된 것만 면세로 규정하고 있다.

① ⓐ, ⓑ   ② ⓑ, ⓒ   ③ ⓒ, ⓓ   ④ ⓐ, ⓓ

15. 다음 중 부가가치세법상 과세기간에 대한 설명으로 틀린 것은?

① 신규사업자가 사업개시일 이전에 사업자등록을 신청한 경우에는 사업자등록증 발급일로부터 과 세기간 종료일까지의 기간을 과세기간으로 본다.

② 사업자가 폐업하는 경우의 과세기간은 폐업일이 속하는 과세기간의 개시일부터 폐업일까지로 한다.

③ 간이과세자의 과세기간은 1월 1일부터 12월 31일까지로 한다.

④ 제조업을 신규로 사업개시하는 경우의 사업개시일은 제조를 시작하는 날로 본다.

16. 다음 중 부가가치세법상 사업자등록증 정정시 당일 재발급 사유는?

① 상속으로 사업자의 명의가 변경되는 경우

② 사업자단위 과세사업자가 종된 사업장을 신설하는 경우

③ 법인이 대표자를 변경하는 경우

④ 통신판매업자가 사이버몰의 도메인이름을 변경하는 경우

17. 다음 중 부가가치세법상 주사업장총괄납부에 관한 설명 중 옳지 않은 것은?

① 주사업장총괄납부의 주된 사업장은 법인의 경우 본점(주사무소를 포함)만 가능하며, 지점을 주된 사업장으로 할 수 없다.

② 주된 사업장에서 총괄하여 납부하는 사업자가 되려는 자는 그 납부하려는 과세기간 개시 20일 전에 주사업장총괄납부신청서를 주된 사업장의 관할 세무서장에게 제출하여야 한다.

③ 주사업장총괄납부변경신청서를 제출하였을 때는 그 변경신청서를 제출한 날이 속하는 과세기간 부터 총괄하여 납부한다.

④ 주사업장총괄납부사업자가 주된 사업장의 이동이 빈번한 경우에 해당하면 관할 세무서장은 주사 업장 총괄납부를 적용하지 않을 수 있다.

18. 다음 중 부가가치세법상 재화의 공급에 관한 설명 중 옳지 않은 것은?

① 재화의 공급은 계약상 또는 법률상의 모든 원인에 따라 재화를 인도하거나 양도하는 것으로 한다.

② 자기가 주요 자재를 전혀 부담하지 않고 상대방으로부터 인도받은 재화를 가공하여 단순히 가공 만 해주는 경우 재화의 공급으로 본다.

③ 경매, 수용, 현물출자와 그 밖의 계약상 또는 법률상의 원인에 따라 재화를 인도하거나 양도하는 것은 재화의 공급으로 본다.

④ 재화의 인도 대가로서 다른 재화를 인도받거나 용역을 제공받는 교환계약에 따라 재화를 인도하 거나 양도하는 것은 재화의 공급으로 본다.

19. 다음 중 부가가치세법상 세금계산서의 필요적 기재사항이 아닌 것은?

① 공급하는 사업자의 등록번호와 성명 또는 명칭

② 공급받는 자의 등록번호

③ 공급가액과 부가가치세액

④ 공급하는 자의 주소

20. 다음 중 부가가치세법상 사업장과 의제매입세액공제율이 잘못 연결된 것은?

	구 분	공제율
①	음식점과 제조업 이외의 사업장을 영위하는 법인사업자	2/102
②	과세표준이 1억 이하인 음식점업을 영위하는 법인사업자	9/109
③	과세표준이 2억 이하인 음식점업을 영위하는 개인사업자	9/109
④	개별소비세법에 따라 과세 유흥장소를 영위하는 개인사업자	2/102

21. 다음 중 부가가치세법상 영세율에 대한 설명으로 옳지 않은 것은?

① 간이과세자도 영세율을 적용할 수 있다.

② 선박 또는 항공기에 의한 외국항행용역의 공급에 대하여는 영세율을 적용한다.

③ 사업자가 대한적십자사에 공급하는 재화는 모두 영세율을 적용한다.

④ 부가가치세 부담을 완전히 면제하는 완전면세제도이다.

22. 다음 중 부가가치세법상 과세표준에 포함하여야 하는 것은?

① 매출환입 및 매출할인

② 장기할부판매 조건으로 판매한 재화의 이자상당액

③ 공급받는 자에게 도달하기 전에 파손된 재화의 가액

④ 재화·용역의 공급과 직접 관련되지 않는 국고보조금

23. 다음 중 부가가치세법상 겸영사업자의 안분계산에 대한 설명으로 틀린 것은?

① 과세사업과 면세사업에 공통으로 사용할 재화를 매입한 경우 과세사업분에 해당하는 매입세액만을 공제받아야 한다.

② 매입세액공제된 재화를 과세사업에 사용하다 면세사업으로 전용하는 경우 면세사업으로 전용한 것에 대하여 부가가치세를 납부하여야 한다.

③ 매입세액공제된 재화를 과세사업에 사용하다 면세사업으로 전용하는 경우 세금계산서를 발급하여야 한다.

④ 면세사업용으로 사용하던 재화를 과세사업으로 전용하는 경우 과세전환에 따른 매입세액을 계산하여 공제받을 수 있다.

24. 다음 중 부가가치세법상 간이과세자가 될 수 있는 사업자는?

① 광업

② 재생용 재료수집 및 판매업

③ 부동산매매업

④ 개별소비세법에 따른 과세유흥장소를 경영하는 사업

25. 다음 중 부가가치세법상 환급에 대한 설명으로 틀린 것은?

① 결정 또는 경정에 의하여 추가로 발생한 환급세액이 있는 경우에는 환급을 결정한 날로부터 30일 이내로 사업자에게 환급하여야 한다.

② 각 과세기간별로 그 과세기간에 대한 환급세액을 확정신고한 사업자에게 그 확정신고기한 지난 후 30일 이내에 환급하여야 한다.

③ 사업자가 사업 설비(감가상각자산)를 확장 또는 증축하는 경우에 조기환급을 받을 수 있다.

④ 조기환급을 신청하려는 사업자는 조기환급기간이 끝난 날로부터 25일 이내에 조기환급신고를 하여야 한다.

1부 주관식 문항 당 5점

---

26. 다음의 자료를 활용하여 ㈜한국(사업연도 : 매년 1.1.~12.31.)의 법인세 산출세액을 계산하시오.

- ㈜한국은 제조업 및 도매업을 영위하는 법인으로 20x1년 10월 1일에 설립되었다.
- ㈜한국의 1기 사업연도의 과세표준은 80,000,000원이다.

27. 법인세법상 과세표준의 계산은 다음의 순서에 따라 계산된다. 빈칸에 알맞은 말은 무엇인가?

	각 사업연도 소득금액
(−)	이 월 결 손 금
(−)	( )
(−)	소 득 공 제
=	과 세 표 준

28. 다음은 법인세법상 업무용승용차 관련비용의 손금불산입 등 특례에 대한 설명이다. (   )에 들어갈
알맞은 숫자를 적으시오.

> 업무용승용차를 처분하여 발생하는 손실로서 업무용승용차별로 800만원(해당 사업연도가 1년 미만인
> 경우 800만원에 해당 사업연도의 월수를 곱하고 이를 12로 나누어 산출한 금액을 말한다)을 초과하는
> 금액은 대통령령으로 정하는 방법에 따라 이월하여 손금에 산입한다. 다만, 부동산임대업을 주된 사업
> 으로 하는 등 대통령령으로 정하는 요건에 해당하는 내국법인의 경우에는 (   )원으로 한다.

29. 다음의 자료 중 부가가치세법상 공제받지 못하는 매입세액의 합계액은 몇 원인가?

내 역	매입세액
기업업무추진비 및 이와 유사한 비용 관련	300,000원
토지의 자본적지출 관련	1,100,000원
비영업용 소형승용자동차 구입 및 임차비용	3,300,000원
사업장 임차료	1,000,000원
소모품비	200,000원

30. 빈칸에 들어갈 알맞은 숫자를 적으시오.

> 납세지 관할 세무서장은 예정고지세액이 (   )원 미만이거나 해당 과세기간 개시일 현재 간이과세자
> 에서 일반과세자로 변경된 경우에는 징수하지 아니한다.

세법2부 국세기본법, 소득세법, 조세특례제한법

01. 다음 중 국세기본법상 용어에 대한 설명으로 가장 옳지 않은 것은?

① 가산세란 납세의무의 성실한 이행을 확보하기 위하여 세법에 따라 산출한 세액에 가산하여 징수
   하는 금액을 말한다.

② 과세표준이란 세액산출의 기초가 되는 과세대상의 수량 또는 가액을 의미한다.

③ 세무공무원이란 국세징수법에 따라 국세를 구청장에게 위탁하여 징수하는 경우 해당 구청장 또
   는 소속 공무원을 포함한다.

④ 임원, 사용인 등 경제적 연관관계가 있는 경우 세법상 특수관계인으로 본다.

02. 다음 중 국세기본법상 실질과세원칙에 대한 내용과 가장 거리가 먼 것은?

① 회사의 주주로 명부상 등재되어 있더라도 회사의 대표자가 임의로 등재한 것일 뿐 회사의 주주로서 권리행사를 한 사실이 없는 경우에는 그 명의자인 주주를 세법상 주주로 보지 않는다.

② 공부상 등기 등이 타인의 명의로 되어 있더라도 사실상 해당 사업자가 취득하여 사업에 공하였음이 확인되는 경우에는 이를 그 사실상 사업자의 사업용자산으로 본다.

③ 별도로 사실상의 사업자가 있는 경우에는 사실상의 사업자를 납세의무자로 본다.

④ 납세의무자가 세법에 따라 장부를 갖추어 기록하고 있는 경우에는 해당 국세 과세표준의 조사와 결정은 그 장부와 이에 관계되는 증거자료에 의하여야 한다.

03. 다음 중 국세기본법상 관할 세무서장에게 신청 후 승인을 받는 법인으로 보는 단체에 대한 설명으로 틀린 것은?

① 단체의 조직과 운영에 관한 규정을 가지고 대표자 등을 선임할 것

② 단체 자신의 계산과 명의로 수익과 재산을 독립적으로 소유, 관리할 것

③ 단체의 수익을 구성원에게 분배하지 않을 것

④ 공익을 목적으로 출연된 기본재산이 있는 재단으로서 등기되지 아니한 경우

04. 다음 중 국세기본법상 납세의무소멸사유가 아닌 것은?

① 납부

② 부과철회

③ 납부할 국세 및 강제징수비(체납처분비) 상당액과 상계시키는 충당

④ 국세징수권 소멸시효의 완성

05. 다음 중 국세기본법상 납세의무의 성립시기로 틀린 것은?

① 소득세·법인세 : 과세기간이 끝나는 때. 다만, 청산소득에 대한 법인세는 그 법인이 해산을 하는 때를 말한다.

② 부가가치세 : 과세기간이 끝나는 때. 다만, 수입재화의 경우에는 세관장에게 수입신고를 하는 때를 말한다.

③ 증여세 : 증여에 의하여 재산을 취득하는 때

④ 종합부동산세 : 해당 부동산을 취득하는 때

06. 다음 중 국세기본법상 수정신고와 경정 등의 청구에 대한 설명으로 옳지 않은 것은?

① 과세표준신고서에 기재된 과세표준 및 세액이 세법에 따라 신고하여야 할 과세표준 및 세액에 미치지 못할 때 수정신고를 할 수 있다.

② 기한후과세표준신고서에 기재된 과세표준 및 세액이 세법에 따라 신고하여야 할 과세표준 및 세액에 미치지 못할 때 수정신고를 할 수 있다.

③ 과세표준신고서를 법정신고기한까지 제출한 자는 최초 신고한 국세의 과세표준 및 세액의 결정 또는 경정을 법정신고기한이 지난 후 10년 이내에 관할 세무서장에게 청구할 수 있다.

④ 경정청구에 의하여 세액감액 효력이 발생하는 것은 아니다.

07. 다음 중 국세기본법상 제2차 납세의무의 납부책임 한도에 대한 설명으로 옳지 않은 것은?

① 청산인 등의 제2차 납세의무에서 청산인 : 분배하거나 인도한 재산의 가액

② 출자자의 제2차 납세의무에서 무한책임사원 : 징수부족액에서 지분비율을 곱한 금액

③ 법인의 제2차 납세의무에서 법인 : 순자산가액에서 지분비율을 곱한 금액

④ 사업양수인의 제2차 납세의무에서 사업양수인 : 양수한 재산가액

08. 다음 중 국세기본법상 세무조사에 관한 설명으로 옳지 않은 것은?

① 세무공무원은 거래상대방에 대한 조사가 필요한 경우에는 같은 세목 및 같은 과세기간에 대한 재조사를 할 수 있다.

② 세무공무원은 납세자가 장부 등의 제출거부 등 조사를 기피하는 행위가 명백한 경우 세무조사기간을 연장할 수 있다.

③ 납세자가 세법이 정하는 신고 등의 납세협력의무를 이행하지 아니한 경우 정기선정에 의한 조사 외에 세무조사를 실시할 수 있다.

④ 성실신고확인서를 제출하면 세무조사를 면제해 준다.

09. 다음 중 국세기본법상 조세구제제도에 대한 설명으로 가장 틀린 것은?

① 심사청구는 처분이 있음을 안 날(처분통지를 받은 때에는 그 받은 날)부터 90일이내 경정을 청구할 수 있다.

② 기한까지 우편으로 제출한 심사청구서가 청구기간 이내에 도달하여야 적법한 청구로 본다.

③ 국세청장의 과세표준 결정에 따른 처분은 이의신청이 배제된다.

④ 동일한 처분에 대해서는 심사청구와 심판청구를 중복하여 제기할 수 없다.

10. 다음 중 국세기본법상 가산세의 감면사유 또는 부과하지 않는 경우에 해당하지 않는 것은?

① 납세의무자가 세법을 숙지하지 못하여 세법에 위반된 신고를 하고 과세관청도 이를 인정하여 시정지시 등을 하지 않은 경우

② 과세전적부심사 결정·통지기간 이내에 그 결과를 통지하지 아니한 경우

③ 세법에 따른 제출, 신고, 가입, 등록, 개설의 기한이 지난 후 1개월 이내에 해당 세법에 따른 제출 등의 의무를 이행하는 경우(제출 등의 의무위반에 대하여 세법에 따라 부과되는 가산세만 해당한다)

④ 과세표준신고서를 법정신고기한까지 제출한 자가 법정신고기한이 지난 후 2년 이내에 수정신고를 한 경우

11. 다음 중 국세기본법상 납세자관리헌장에 포함하여야 할 내용 중 옳지 않은 것은?

① 납세자의 성실성 추정

② 세무조사권 남용 금지

③ 세무조사시 조력을 받을 권리

④ 통합조사 금지의 원칙

12. 다음 중 소득세법에 관한 설명으로 옳지 않은 것은?

① 소득세는 종합소득과 퇴직소득, 양도소득을 과세대상으로 하는 조세이다.

② 소득세의 과세기간은 1.1.~12.31.을 원칙으로 하며 사업자의 선택에 의하여 이를 변경할 수 없다.

③ 소득세법은 종합과세제도이므로 거주자의 모든 소득을 합산하여 과세한다.

④ 사업소득이 있는 거주자의 소득세 납세지는 납세자의 주소지(거소지)로 한다.

13. 다음 중 소득세법상 이자소득을 모두 포함한 것을 고르시오.

| ㉠ 채권 또는 증권의 환매조건부 매매차익 |
| ㉡ 국내 또는 국외에서 받는 집합투자기구로부터의 이익 |
| ㉢ 국외에서 받는 예금의 이자 |
| ㉣ 비영업대금(非營業貸金)의 이익 |

① ㉠, ㉡, ㉢   ② ㉠, ㉡, ㉣   ③ ㉠, ㉢, ㉣   ④ ㉡, ㉢, ㉣

14. 다음 중 소득세법상 근로소득의 수입시기에 대한 내용 중 옳지 않은 것은?

① 급여 – 근로를 제공한 날

② 잉여금 처분에의한 상여 – 당해 법인의 잉여금처분 결의일

③ 인정상여 – 상여처분이 확정된 날

④ 임원의 퇴직소득 중 소득세법에 따른 퇴직소득 한도초과금액 – 지급받거나 지급받기로 한 날

15. 다음 중 소득세법상 비과세 사업소득에 해당하지 않는 것은?

① 논·밭을 작물 생산에 이용하게 함으로써 발생하는 소득

② 기준시가 12억원을 초과하는 1개의 주택을 소유하는 자의 주택임대소득

③ 농어민이 부업으로 영위하는 민박, 음식물 판매 등 이와 유사한 활동에서 발생하는 연 1,000만 원의 소득

④ 조림기간 5년 이상인 임지(林地)의 임목(林木)의 벌채 또는 양도로 발생하는 소득으로서 연 600 만원 이하의 금액

16. 다음 중 소득세법상 사업소득에 대한 총수입금액의 계산에 대한 설명 중 옳지 않은 것은?

① 부동산을 임대하고 받은 선세금(先貰金)에 대한 총수입금액은 그 선세금을 계약기간의 월수로 나눈 금액의 각 과세기간의 합계액으로 한다.

② 환입된 물품의 가액과 매출에누리는 해당 과세기간의 총수입금액에 산입하지 아니한다.

③ 관세환급금 등 필요경비로 지출된 세액이 환입되었거나 환입될 경우에 그 금액은 총수입금액에 이를 산입한다.

④ 거래상대방으로부터 받는 장려금 기타 이와 유사한 성질의 금액은 총수입금액에 이를 산입하지 아니한다.

17. 다음 중 소득세법상 기타소득의 60% 필요경비 의제에 해당하지 않은 것은?

① 산업재산권 등을 양도하거나 대여하고 그 대가로 받는 금품

② 일시적인 문예창작소득으로 원작자로써 지급받은 원고료

③ 서화·골동품의 양도로 발생한 소득

④ 고용관계 없이 다수인에게 강연을 하고 강연료 등 대가를 받는 용역

18. 다음 중 소득세법상 퇴직소득에 대한 설명으로 옳은 것은?

① 종업원이 연임이 된 경우에는 무조건 퇴직으로 본다.

② 공무원연금법에 따라 받은 일시금은 기타소득에 해당한다.

③ 임원의 퇴직소득 중 법인세법에 따른 임원 퇴직급여 한도초과액으로 손금불산입된 금액은 근로소득에 해당한다.

④ 퇴직소득에 대한 총수입금액의 수입시기는 원칙적으로 퇴직급여를 실지로 지급받는 날로 한다.

19. 다음 중 소득세법상 기장세액공제에 대한 설명으로 옳지 않은 것은?

① 장부에 의하여 계산한 사업소득금액이 종합소득금액에서 차지하는 비율을 종합소득 산출세액에 곱하여 계산한 금액의 100분의 20에 해당하는 금액을 종합소득 산출세액에서 공제한다.

② 공제세액이 100만원을 초과하는 경우에는 100만원을 공제한다.

③ 비치·기록한 장부에 의하여 신고하여야 할 소득금액의 100분의 10 이상을 누락하여 신고한 경우 기장세액공제를 적용하지 아니한다.

④ 천재지변 등 부득이한 사유를 제외하고 기장세액공제와 관련된 장부 및 증명서류를 해당 과세표준확정신고기간 종료일부터 5년간 보관하지 아니한 경우 적용하지 아니한다.

20. 다음 중 소득세법상 사업을 폐업하는 경우 종합소득세 신고기한으로 옳은 것은?

① 폐업일이 속하는 달의 다음 달 31일까지

② 폐업일이 속하는 분기의 다음 달 31일까지

③ 폐업일이 속하는 과세기간의 다음 달 31일까지

④ 폐업일이 속하는 과세기간의 다음 과세기간 5월 31일까지

21. 다음 중 소득세법상 성실신고확인제도에 대한 설명으로 옳지 않은 것은?

① 성실신고확인대상사업자가 성실신고확인서를 제출하는 경우에는 종합소득과세표준 확정신고를 그 과세기간의 다음 연도 6월 1일부터 6월 30일까지 하여야 한다.

② 세무사가 성실신고확인대상사업자에 해당하는 경우에는 자신의 사업소득금액의 적정성에 대하여 해당 세무사가 성실신고확인서를 작성·제출해서는 아니 된다.

③ 성실신고확인대상 개인사업자가 성실신고 확인서를 제출하는 경우에는 성실신고 확인에 직접 사용한 비용의 100분의 60에 해당하는 금액을 해당 과세연도의 소득세에서 공제한다.

④ 성실신고확인대상 개인사업자의 공제세액의 한도는 120만원이다.

22. 다음 중 소득세법상 종합소득공제가 배제되는 경우에 대한 설명으로 가장 틀린 것은?

① 분리과세 대상 기타소득만 있는 자에 대해서는 종합소득공제를 적용하지 아니한다.

② 수시부과 결정의 경우에는 거주자 본인과 배우자에 대한 기본공제만 적용한다.

③ 비거주자의 경우 인적공제 중 비거주자 본인 외의 자에 대한 공제는 적용하지 않는다.

④ 소득공제대상임을 증명하는 서류를 제출하지 아니한 경우에는 기본공제 중 본인에 대한 공제와 표준세액공제만 적용한다.

23. 소득세법상 사업자가 비치·기록한 장부에 의하여 해당 과세기간의 사업소득금액을 계산할 때 발생한 결손금은 그 과세기간의 과세표준을 계산할 때 다음의 순서대로 공제한다. 순서의 연결로 올바른 것은?

① 근로소득 → 연금소득 → 기타소득 → 이자소득 → 배당소득

② 연금소득 → 기타소득 → 근로소득 → 이자소득 → 배당소득

③ 이자소득 → 배당소득 → 근로소득 → 연금소득 → 기타소득

④ 이자소득 → 배당소득 → 기타소득 → 연금소득 → 근로소득

24. 다음 중 소득세법상 중간예납에 관한 설명으로 옳지 않은 것은?

① 거주자는 퇴직소득·양도소득에 대해서도 중간예납을 한다.

② 속기·타자 등 사무지원 서비스업의 사업소득은 중간예납의무를 지지 않는다.

③ 해당 과세기간 중 신규로 사업을 시작한 자는 중간예납의무를 지지 않는다.

④ 관할세무서장은 11월 1일부터 11월 15일까지의 기간에 중간예납세액의 납세고지서를 발급하여야 하며, 거주자는 그 중간예납세액을 11월 30일까지 납부하여야 한다.

25. 다음 중 소득세법상 과세표준확정신고를 반드시 해야 하는 경우에 해당하는 것은?

① 근로소득 및 퇴직소득만 있는 자   ② 연말정산되는 사업소득만 있는 자

③ 분리과세 이자소득 및 근로소득이 있는 자   ④ 사업소득 및 근로소득이 있는 자

2부 주관식   문항 당 5점

26. 국세기본법상 다음 괄호 안에 들어갈 내용은 무엇인가?

> 납세자가 부정행위로 증여세를 포탈하는 경우로서 제3자 명의로 되어 있는 증여자의 재산을 수증자가
> 취득한 경우에는 과세관청은 해당 재산의 증여가 있음을 안 날로부터 (   ) 이내에 증여세를 부과할
> 수 있다. 다만, 상속인이나 증여자 및 수증자가 사망한 경우와 포탈세액 산출의 기준이 되는 재산가액
> 이 50억원 이하인 경우에는 그러하지 아니하다.

27. 거주자 갑은 20x0년 귀속 종합소득세를 납부하지 않았다. 따라서 관할 세무서장은 갑이 보유 중인 주택
을 압류하여 매각하였다. 주택의 매각대금은 30,000,000원이다. 이 중에서 종합소득세로 징수할 수
있는 금액은 몇 원인가?

> 1. 강제징수비 : 5,000,000원
> 2. 종합소득세 체납액 : 19,000,000원
> 3. 주택에 대한 미등기 임대보증금 : 10,000,000원
>   - 이 중 법에 따른 소액주택임차보증금은 8,000,000원이다.

28. 소득세법상 다음 (가)에 알맞은 숫자를 적으시오.

> 종업원의 소유차량(임차차량 포함)을 종업원이 직접 운전하여 업무에 사용하고 소요된 실제 여비를 지
> 급받는 대신 그 소요경비를 사업체의 규정에 따라 지급받는 금액을 자가운전보조금이라 한다. 자가운전
> 보조금으로써 월 (가)원 이내의 금액은 과세하지 아니한다.

29. 다음 중 소득세법상 종합소득세 신고시 거주자 갑이 적용할 수 있는 인적공제와 추가공제의 합계액은
몇 원인가?

> 종합소득금액이 2,400만원인 거주자 甲(33세, 남자)씨의 동거가족은 아래와 같다.
> • 乙 : 72세 (아버지, 소득 없음)

30. 소득세법상 부당행위계산 부인이 적용되기 위한 요건 중 (   )에 들어갈 알맞은 내용을 적으시오.

> 부당행위 계산부인은 특수관계인과의 거래에서 조세 부담을 부당하게 감소시킨 것으로 인정되는 경우적
> 용하는 규정으로 해당 거래가 시가와 거래가액의 차액이 3억원 이상이거나 시가의 100분의 (   )에 상
> 당하는 금액 이상인 경우만 해당한다.

제93회 세무회계2급 답안 및 해설

■ 세법1부-법인세법, 부가가치세법

1	2	3	4	5	6	7	8	9	10	11	12	13	14	15
④	②	③	②	④	③	②	①	④	③	④	③	④	④	①

16	17	18	19	20	21	22	23	24	25		
④	①	②	④	②	③	②	③	②	①		

26	27	28	29	30
10,200,000원	비과세소득	4,000,000	4,700,000원	500,000

01. 영리 외국법인의 경우 청산소득은 외국에서 과세한다.

02. 부동산소득이 있는 경우 그 자산의 소재지로 한다.

03. ① 사외유출이외는 기타 또는 유보로 처리한다.

   ② 기업업무추진비한도초과액은 기타사외유출로 처리한다.

   ④ 사외유출된 것은 분명하나 귀속자가 불분명한 경우 귀속자를 밝히도록 강제하기 위하여 대표자 상여로 처리한다.

04. 해산으로 인한 의제배당시의 귀속시기는 **잔여재산가액이 확정된 날**이다.

05. 실제손해액이 분명하지 아니한 경우에는 다음의 산식의 금액을 손금불산입한다.(개정세법 24)

> **손금불산입액＝A×(B－1)÷B**
> A : 지급한 손해배상금   B : 실제발생한 손해액 대비 손해배상액의 배수 상한

06. 부도발생일로부터 6개월 이상 경과하여야 한다.

07. 외장의 복구 등은 수익적 지출에 해당한다.

08. 일반차입금의 이자는 자본화를 선택할 수 있다.

09. 손금산입한도를 초과하는 기부금은 손금에 산입하지 않는다.

10. 교환취득시 취득가액은 **취득 당시 취득한 자산의 시가**로 한다.

12. 해당 사업연도의 다음 사업연도 개시일부터 **10년 이내**에 끝나는 각 사업연도로 이월하여 그 이월된 사업연도의 공제한도금액 내에서 공제받을 수 있다.

13. 중소기업의 경우 각사업연도 소득금액의 100%를 한도로 결손금을 이월공제한다.

14. 부가가치세는 국세이며, 소비지국과세원칙을 적용한다.

15. 신규사업의 경우 과세기간은 **사업자등록증 신청일로부터 과세기간 종료일까지**로 한다.

16. 사이버몰에 인적사항 등의 정보를 등록하고 재화 또는 용역을 공급하는 사업을 하는 사업자(이하 "통신판매업자"라 한다)가 사이버몰의 명칭 또는 인터넷 도메인이름을 변경하는 경우는 사업자등록증 정정 당일 재발급 사유이다.

17. 주사업장총괄납부의 주된 사업장은 법인의 경우 본점(주사무소를 포함) 또는 지점(분사무소포함)을 주된 사업장으로 할 수 있다.

18. **단순히 가공만 해주는 경우 용역의 공급**에 해당한다.

19. 공급하는 자의 주소는 임의적 기재사항이다.

20. **음식점업을 영위하는 법인사업자의 공제율은 6/106**이다.

21. 대한적십자사에 공급하는 재화도 영세율이 적용되나, 사업을 위하여 외국에 무상으로 반출하는 재화로 한정한다.

22. 장기할부판매 조건으로 판매한 재화의 이자상당액은 과세표준에 포함한다.

23. 간주공급(예외: 직매장 반출)의 경우 세금계산서 발급 의무가 면제된다.

25. 결정에 의하여 발생한 환급세액은 지체없이 환급하여야 한다.

26. (1년환산)과세표준 = 80,000,000 ÷ 3개월 × 12개월 = 320,000,000원

   (1년환산)산출세액 = 18,000,000 + 120,000,000 × 19% = 40,800,000원

   (3개월)산출세액 = 40,800,000 ÷ 12개월 × 3개월 = 10,200,000원

29. 불공제 매입세액 = 기업업무추진비(300,000) + 토지관련 자본적지출(1,100,000) + 비영업용소승용자동차 관련(3,300,000) = 4,700,000원

세법2부-국세기본법, 소득세법, 조세특례제한법

1	2	3	4	5	6	7	8	9	10	11	12	13	14	15
③	④	④	②	④	③	②	④	②	①	④	③	③	③	②

16	17	18	19	20	21	22	23	24	25
④	③	④	③	④	①	②	①	①	④

26	27	28	29	30
1년	17,000,000원	200,000	4,000,000원	5

01. 구청장은 세무공무원에 해당하지 않는다.

02. ④은 근거과세원칙에 대한 설명이다.

03. **공익을 목적으로 출연된 기본재산이 있는 재단으로서 등기되지 아니한 경우** 관할 세무서장의 승인을 요하지 않고 **항상 법인으로 보는 단체**로 본다.

04. 부과철회는 추후 납세자로부터 징수할 수 있으므로 납세의무 소멸사유가 아니다.

05. 종합부동산세의 납세의무 성립시기는 과세기준일(매년 6월 1일)이다.

06. **경정청구기한은 5년 이내**이다.

07. 무한책임사원은 **징수부족액 전액에 대하여 제2차 납세의무를 진다.**

08. 성실신고확인서를 제출한다고 해서 세무조사를 면제해주는 것은 아니다.

09. 기한 내에 우편으로 제출한 심사청구서가 청구기간을 지나서 도달한 경우에는 그 기간의 만료일에 적법한 청구를 한 것으로 본다.**(우편청구에 의한 경우 발신주의 특례적용)**

10. 납세의무자가 세법을 숙지하지 못하여 세법에 위반된 신고를 하고 과세관청도 이를 인정하여 시정지시 등을 하지 않은 경우에는 가산세가 감면되지 않는다.

11. 세무조사는 납세자의 사업과 관련하여 세법에 따라 신고·납부의무가 있는 세목을 통합하여 실시하는 것을 원칙으로 하고, 납세자 권리헌장에는 포함되어 있지 않다.

12. 분류과세와 분리과세 대상 소득은 합산하지 아니한다.

13. 집합투자기구로 부터의 이익은 배당소득에 해당한다.

14. **인정상여의 수입시기는 해당 사업연도 중의 근로를 제공한 날**이다.

16. 장려금은 총수입금액 산입항목이다.

17. **서화골동품의 양도로 발생한 소득에 대해서 80%(90%) 필요경비의제**에 해당한다.

18. ① 종업원이 연임은 현실적인 퇴직으로 보지 않는다.

② 공무원연금법에 따라 받은 **일시금은 퇴직소득**에 해당한다.

④ 퇴직소득의 원칙적 **수입시기는 퇴직한 날**이다.

19. 비치·기록한 장부에 의하여 신고하여야 할 **소득금액의 100분의 20 이상을 누락하여 신고한 경우**에는 기장세액공제가 적용되지 않는다.

20. 폐업하더라도 종합소득세 신고는 익년도 5월 31일까지이다.

21. 성실신고확인대상사업자가 성실신고확인서를 제출하는 경우에는 종합소득과세표준 확정 신고를 그 과세기간의 **다음 연도 5월 1일부터 6월 30일까지 하여야 한다.**

22. 수시부과 결정의 경우에는 **본인에 대한 기본공제만 적용**한다.

24. 종합소득(사업소득)이 있는 거주자만 중간예납의무를 부담하며, 퇴직소득·양도소득에 대해서는 중간예납을 하지 않는다.

26. 납세자가 부정행위로 상속세·증여세를 포탈하는 경우로서 과세관청은 해당 재산의 **상속 또는 증여가 있음을 안 날부터 1년 이내에 상속세 및 증여세를 부과**할 수 있다.(평생과세제도)

27. 국세우선원칙의 예외로 **강제징수비와 소액주택임차보증금은 국세에 우선**한다.

매각(30,000,000) - 강제징수비(5,000,000) - 소액주택임차보증금(8,000,000) = 17,000,000원

29. 기본공제(본인, 아버지) = 1,500,000 × 2명 = 3,000,000원

추가공제(경로,아버지) = 1,000,000원

제91회 세무회계2급

합격율	시험년월
37%	2021.02

세법1부 법인세법, 부가가치세법

01. 다음 중 법인세법상 사업연도에 대한 설명으로 옳지 않은 것은?

① 내국법인인 경우 설립등기일이 최초 사업연도 개시일이 된다.

② 특수한 경우 법인의 사업연도는 1년을 초과할 수 있다.

③ 정관 규정이 없거나 따로 사업연도를 신고하지 않은 경우 매년 1월1일부터 12월 31일까지를 사업연도로 한다.

④ 사업연도를 변경하려는 법인은 직전 사업연도 종료일부터 3개월 이내에 신고하여야 한다.

02. 다음 중 법인세법상 납세의무에 관한 설명으로 틀린 것은?

① 내국 비영리법인은 청산소득에 대한 법인세 납세의무가 없다.

② 외국 비영리법인은 국내 토지 등 양도소득에 대하여 납세의무를 진다.

③ 내국 영리법인은 국내원천소득에 대하여만 법인세 납세의무가 있다.

④ 국세기본법에 따라 법인으로 보는 법인 아닌 단체는 법인세법상 납세의무자에 포함된다.

03. 다음 중 법인세법상 납세지에 대한 설명으로 잘못된 것은?

① 내국영리법인의 납세지는 등기부에 따른 본점 소재지로 한다.

② 내국비영리법인의 납세지는 등기부에 따른 주사무소의 소재지로 한다.

③ 국내에 본점 또는 주사무소가 없는 내국법인의 경우에는 사업을 실질적으로 관리하는 장소의 소재지로 한다.

④ 외국법인의 납세지는 국세청장이 지정하는 장소로 한다.

04. 다음 중 법인세법상 손익의 귀속사업연도에 관한 설명으로 옳지 않은 것은?

① 법인세법은 권리의무확정주의를 채택하고 있다.

② 중소기업이 수행하는 계약기간 1년 미만의 단기건설 등의 경우에는 인도기준(완성기준)도 적용할 수 있다.

③ 이자수익의 귀속시기는 실제 받은 날로만 할 수 있다.

④ 상품 등을 시용판매한 경우 구매자가 그 상품 등에 대한 구입의사를 표시한 날을 귀속사업연도로 한다.

05. 다음 중 법인세법상 소득처분이 유보인 것은?

① 가지급금 인정이자
② 대손충당금 한도초과액
③ 매출누락(사외유출됨)
④ 기업업무추진비 한도초과액

06. 다음 중 법인세법상 반드시 장부에 비용을 계상한 경우에만 각 사업연도 소득금액 계산시 손금으로 산입할 수 있는 경우는 무엇인가?

① 고유목적사업준비금 설정
② 소멸시효 완성된 채권에 대한 대손금
③ 사채할인발행차금 상각액
④ 파손으로 인한 재고자산의 평가차손

07. 다음 중 법인세법상 익금으로 산입하지 않는 것에 대한 설명으로 옳지 않은 것은?

① 주식발행초과액은 익금산입하지 않는다.
② 자기주식처분이익은 익금산입하지 않는다.
③ 부가가치세의 매출세액은 익금산입하지 않는다.
④ 지방세 과오납금의 환급금에 대한 이자는 익금산입하지 않는다.

08. 다음 중 법인세법상 업무용승용차 관련비용 손금불산입에 관한 설명 중 잘못된 것은?
(단, 부동산임대업을 주된 사업으로 영위하는 법인에 해당하지 않음)

① 운수업, 자동차판매업 등에서 사업상 수익을 얻기 위하여 직접 사용하는 승용자동차는 업무용승용차 관련비용 손금불산입 규정을 적용받지 않는다.

② 해당 사업연도의 업무용승용차 관련비용이 1,500만원을 초과하는 경우로서 업무용자동차 운행기록을 작성하지 않은 경우 업무사용비율은 1,500만원을 업무용승용차 관련비용으로 나눈 비율로 한다.

③ 업무용승용차의 감가상각비가 800만원을 초과하는 경우 그 초과하는 금액은 해당 사업연도에 손금불산입하고, 다음 사업연도부터 감가상각비가 800만원에 미달하는 경우 그 미달하는 금액을 한도로 손금으로 추인한다.

④ 업무용승용차 처분손실로서 1,000만원을 초과하는 금액은 이월하여 손금에 산입한다.

09. 다음은 법인세법상 세금과공과금에 대한 설명이다. 옳지 않은 것은?

① 가산세 및 벌금 등과 법령에 따른 의무의 불이행 또는 금지·제한 등의 위반에 대한 제재로서 부과되는 벌과금 및 과태료는 손금에 불산입한다.

② 기업업무추진비 지출에 관련된 매입세액은 기업업무추진비에 합산하여 기업업무추진비한도액 범위 내에서 손금에 산입한다.

③ 폐수배출부담금은 전액 손금에 산입한다.

④ 의제매입세액 및 재활용폐자원 등에 대한 매입세액 공제액은 해당 원재료의 취득가액에서 차감한다.

10. 다음 중 법인세법상 감가상각제도에 대한 특징 중 틀린 것은?

① 감가상각 시부인 계산은 개별 감가상각자산별로 행한다.

② 감가상각은 그 신고한 상각방법을 변경하지 않는 한 그 후의 사업연도에도 이를 계속하여 적용하여야 한다.

③ 기중 신규취득한 자산은 월할상각하되, 1개월 미만의 일수는 개월 수에서 제외한다.

④ 정액법은 각 사업연도의 상각범위액이 매년 균등하게 되는 상각방법이다.

11. 다음 중 법인세법상 대손금으로 인정되지 않는 것은?

① 채무보증(대통령령으로 정하는 채무보증 제외)으로 인하여 발생한 구상채권

② 채무자의 파산으로 인하여 회수할 수 없는 채권

③ 회수기일이 6개월 이상 지난 채권 중 채권가액이 30만원 이하(채무자별 채권가액의 합계액을 기준으로 한다)인 채권

④ 채무자 회생 및 파산에 관한 법률에 따른 회생계획인가의 결정 또는 법원의 면책결정에 따라 회수불능으로 확정된 채권

12. 다음 중 법인세법상 기부금에 대한 설명으로 가장 잘못된 것은?

① 국가나 지방자치단체에 무상으로 기증하는 금품의 가액은 특례기부금에 해당한다.

② 기부금이란 사업과 직접 관련하여 무상으로 지출하는 재산적 증여의 가액을 말한다.

③ 기부금은 그 지출한 날이 속하는 사업연도에 귀속한다.

④ 새마을금고에 지출하는 기부금은 비지정기부금이다.

13. 법인세법상 과세표준의 계산에 관한 설명이다. 옳은 것은?

① 중소기업이 전기 사업연도에 대한 법인세 과세표준과 세액을 신고기한 내에 신고하고, 결손금이 발생한 당기 사업연도에 대한 법인세 과세표준과 세액은 기한 후 신고한 경우 결손금 소급공제를 받을 수 있다.

② 결손금 소급공제 한도인 직전 사업연도 법인세액은 가산세를 포함하며 토지 등 양도소득에 대한 법인세는 제외한다.

③ 천재지변 등으로 장부나 그 밖의 증명서류가 멸실되어 과세표준과 세액을 추계결정하는 경우 결손금이월공제가 적용된다.

④ 각사업연도소득금액에서 비과세소득, 소득공제, 이월결손금의 순서로 차감하여 과세표준을 계산한다.

14. 다음 중 우리나라 부가가치세의 특징에 대한 설명으로 옳은 것은?

① 납세의무자의 부양가족 수, 가족 생계비 등의 인적 사항이 고려되는 인세에 해당한다.

② 소비지국과세원칙을 채택함으로써 수출재화에 대해서는 면세를 적용하여 수출을 촉진한다.

③ 부가가치세는 생산자(사업자)가 납부하고 소비자가 부담하는 간접세이다.

④ 우리나라의 부가가치세법은 매출액에서 매입액을 공제하여 세율을 적용한 값을 납부세액으로 하는 전단계거래액공제법을 채택하고 있다.

15. 다음 중 부가가치세법상 과세 대상인 것은?

① 기술개발을 위하여 시험용으로 재화를 사용·소비하는 경우

② 자가생산한 제품을 홍보 목적으로 불특정 다수에게 무상증여하는 경우

③ 주사업장 총괄납부를 하는 사업자가 판매 목적으로 제품을 직매장으로 반출하는 경우. 단, 세금 계산서 발행은 하지 않음.

④ 회사가 생산한 제품을 직원의 필요에 따라 임의로 무상지급하는 경우

16. ㈜이현은 수출을 하고 그에 대한 대가를 외국통화로 수령하였다. 이 경우 부가가치세법상 공급가액으로 올바르지 않은 것은?

① 공급시기 이후에 대가를 수령한 경우 그 공급가액은 공급시기의 기준환율 또는 재정환율로 환산한 가액으로 한다.

② 공급시기 이전에 대가를 수령하여 공급시기 도래 전에 환가한 경우 그 공급가액은 공급시기의 기준환율 또는 재정환율로 환산한 가액으로 한다.

③ 공급시기 이전에 대가를 수령하여 공급시기 도래 이후 환가한 경우 그 공급가액은 공급시기의 기준환율 또는 재정환율로 환산한 가액으로 한다.

④ 공급시기 이전에 대가를 수령하여 공급시기 도래 이후 계속 외국환 상태로 보유 중인 경우 그 공급가액은 공급시기의 기준환율 또는 재정환율로 환산한 가액으로 한다.

17. 다음 중 부가가치세법상 사업자등록의 정정사유가 아닌 것은?

① 상속으로 사업자의 명의가 변경되는 경우

② 공동사업자의 구성원이 변경되는 경우

③ 법인의 대표자를 변경하는 경우

④ 개인사업장을 포괄양수도하는 경우

18. 다음 중 부가가치세법상 재화의 공급시기로 틀린 것은?

① 장기할부판매 : 대가의 각 부분을 받기로 한 때

② 재화의 외상판매 : 대금을 수령한 때

③ 재화의 공급으로 보는 가공 : 가공된 재화를 인도하는 때

④ 사업상 증여 : 재화를 증여하는 때

19. 다음 중 부가가치세법상 영세율과 면세제도에 대한 설명으로 잘못된 것은?

① 면세를 포기하는 경우 포기신고일이 속하는 과세기간 종료일로부터 3년간은 면세를 적용받을 수 없다.

② 영세율은 완전면세제도이고, 면세는 불완전면세제도라 칭한다.

③ 면세사업자는 부가가치세법상 사업자는 아니지만 매입처별세금계산서합계표제출과 같은 협력의무는 있다.

④ 국내거래일지라도 기한 내에 개설된 내국신용장이 있다면 영세율 적용이 가능하다.

20. 다음 중 부가가치세법상 겸영사업자가 공통으로 사용한 재화를 공급시 과세표준 안분계산을 생략하는 경우가 아닌 것은?

① 재화의 공급단위별 공급가액이 50만원 미만인 경우

② 해당 과세기간에 폐업한 경우

③ 재화를 공급하는 날이 속하는 과세기간에 신규로 사업을 시작하여 직전 과세기간이 없는 경우

④ 재화를 공급한 날이 속하는 과세기간의 직전 과세기간의 총공급가액 중 면세공급가액이 5% 미만인 경우 (단, 해당 재화의 공급가액은 5,000만원 미만임)

21. 다음 자료는 일반과세자인 ㈜이현(음식점업)의 20x1년 1기 예정신고기간에 대한 세금계산서 수취내역이다. 부가가치세법상 공제받을 수 있는 매입세액은 몇 원인가?

내　역	매입세액
① 1월11일 : 음식원재료인 면세농산물 가공을 위한 기계구입비	5,400,000원
② 1월15일 : 카니발(7인승)유류대금	300,000원
③ 2월 6일 : 종업원 회식비	500,000원

① 500,000원　　② 5,400,000원　　③ 5,900,000원　　④ 6,200,000원

22. 다음은 부가가치세법상 거래징수와 세금계산서발급에 대한 설명이다. 옳은 것은?

① 세관장은 수입하는 재화에 대하여 수입하는 자에게 수입세금계산서를 발급하여야 한다.

② 법인사업자와 직전 연도 사업장별(2023년) 재화 및 용역의 공급가액(면세공급가액 포함)의 합계액이 1억원 이상인 개인사업자는 전자세금계산서를 의무발급하여야 한다.

③ 재화(용역)의 공급자가 세금계산서 발급 시기에 세금계산서를 발급하지 않은 경우 공급받는자는 해당 재화(용역)의 공급시기가 속하는 과세기간의 종료일부터 6개월 이내에 거래사실을 객관적으로 입증할 수 있는 서류를 첨부하여 공급자 관할 세무서장에게 매입자발행세금계산서를 신청할 수 있다.

④ 거래처별로 1역월(1曆月)의 공급가액을 합하여 해당 월의 말일을 작성일자로 하여 재화 또는 용역의 공급일이 속하는 달의 25일까지 월합계세금계산서를 발급할 수 있다.

23. 부가가치세의 환급에 대한 설명 중 옳지 않은 것은?

① 일반환급의 경우에는 예정신고시 환급되지 않는다.

② 사업장이 2 이상의 사업자가 한 사업장에서만 조기환급 사유가 발생한 경우 해당 사업장만 조기환급을 신청할 수 있다.

③ 재고자산을 매입한 경우 조기환급을 받을 수 있다.

④ 영세율을 적용받는 사업자는 조기환급을 신청할 수 있다.

24. 다음은 부가가치세법상 납부세액 또는 환급세액 재계산에 대한 설명이다. 다음 중 옳지 않은 것은?

① 납부세액 또는 환급세액의 재계산은 감가상각자산에 한하여 적용한다.

② 납부세액 또는 환급세액의 재계산 대상 매입세액은 당초 매입세액 공제 또는 안분계산의 대상이 되었던 매입세액에 한정한다.

③ 납부세액 또는 환급세액의 재계산액은 예정신고와 확정신고와 함께 신고·납부한다.

④ 과세사업에 사용하던 감가상각자산이 간주공급에 해당하는 경우에는 재계산을 적용하지 아니한다.

25. 다음은 부가가치세법상 간이과세에 대한 설명이다. 가장 옳지 않은 것은?

① 변호사업은 간이과세자 적용배제 업종이다.

② 간이과세자는 재고매입세액공제를 받을 수 없다.

③ 간이과세자는 환급세액이 발생하지 않는다.

④ 간이과세자 중 의제매입세액공제를 적용받을 수 있는 업종은 음식점만 가능하다.

1부 주관식 **문항 당 5점**

26. 법인세법상 다음 (   )안에 들어갈 날짜는 무엇인가?

> 자진납부할 세액이 있고 사업연도가 20x1년 9월 30일로 종료하는 내국법인은 20x1년 (   )까지 법인세를 납부하여야 한다. (단, 성실신고 확인서를 제출해야 하는 법인은 아님)

27. 다음은 법인이 사용하던 기계장치의 양도에 대한 자료이다. 해당 자료로 인한 법인세법상 과세대상 소득금액은 몇 원인가?

• 취득가액	:	100,000,000원	• 양도가액	:	120,000,000원
• 감가상각누계액	:	60,000,000원	• 상각부인액	:	10,000,000원

28. 법인세법상 다음 (   )안에 들어갈 금액은 몇 원인가?

> 특수관계가 없는 법인으로부터 시가 1,000,000원의 유가증권을 정당한 사유 없이 정상가액보다 높은 가액인 1,500,000원으로 매입한 경우에 세법상 취득가액은 (   )원이다.

29. 다음 자료를 통해 부가가치세법상 빈칸에 들어갈 숫자는?

> 사업자등록을 신청하기 전의 거래에 대한 매입세액은 공제하지 아니한다. 다만, 공급시기가 속하는 과세기간이 끝난 후 (   )일 이내에 사업자등록을 신청한 경우 등록신청일부터 공급시기가 속하는 과세기간 기산일까지 역산한 기간 이내의 매입세액은 공제한다.

30. 부가가치세법상 신용카드 등의 사용에 따른 세액공제(신용카드발급세액공제)에 대한 설명이다. 빈칸에 들어갈 금액은 몇 원인가?

> 법인사업자와 직전연도의 재화 또는 용역의 공급가액의 합계액이 사업장별로 (   )원을 초과하는 개인사업자는 신용카드 등의 사용에 따른 세액공제를 적용받을 수 없다.

세법2부 국세기본법, 소득세법, 조세특례제한법

01. 다음 중 국세기본법상 국세가 아닌 것은?

① 상속세와 증여세　② 개별소비세　③ 농어촌특별세　④ 취득세

02. 다음 중 국세기본법상 기간과 기한에 대한 설명으로 틀린 것은?

① 납부 또는 징수에 관한 기한이 공휴일, 토요일이거나 근로자의 날일 때에는 공휴일, 토요일 또는 근로자의 날의 다음 날을 기한으로 한다.

② 신고기한 만료일 또는 납부기한 만료일에 국세정보통신망이 대통령령으로 정하는 장애로 가동이 정지되어 전자신고 또는 전자납부를 할 수 없는 경우에는 그 장애가 복구되어 신고 또는 납부할 수 있게 된 날의 다음 날을 기한으로 한다.

③ 천재지변 등의 사유로 정해진 기한까지 신고, 납부를 할 수 없다고 인정하는 경우 관할 세무서장은 대통령령으로 정하는 바에 따라 그 기한을 연장할 수 있다.

④ 납세자가 신고ㆍ납부의 기한연장을 신청한 경우에 관할 세무서장은 무조건 그 기한을 연장하여야 한다.

03. 국세기본법상 국세 부과제척기간이란 국가가 결정, 경정결정 등을 할 수 있는 기간을 의미한다. 다음 중 국세 부과제척기간이 잘못 연결된 것은 무엇인가? (단, 역외거래 제외)

① 일반적인 세목의 국세를 사기, 부정한 행위로 포탈한 경우 : 20년

② 상속세와 증여세의 일반적인 경우 : 10년

③ 일반적인 세목의 국세를 무신고한 경우 : 7년

④ 상속세와 증여세를 무신고한 경우 : 15년

04. 국세기본법상 납세의무 성립시기에 대하여 올바르게 설명한 항목은 몇 개인가?

> ① 원천징수하는 소득세ㆍ법인세 : 소득금액 또는 수입금액을 지급하는 때
> ② 수시부과하여 징수하는 국세 : 수시부과할 사유가 발생한 때
> ③ 인지세 : 인지를 첩부할 때
> ④ 종합부동산세 : 과세기준일
> ⑤ 수입재화에 대한 부가가치세 : 세관장에게 수입신고를 하는 때

① 1개　② 2개　③ 4개　④ 5개

05. 국세기본법상 수정신고와 기한 후 신고에 대한 설명으로 틀린 것은?

① 기한 후 신고는 납세의무를 확정하는 효력이 있다.

② 기한 후 과세표준신고서를 제출하고 세액을 납부하는 경우 관할 세무서장은 세법에 따라 신고일
부터 3개월 이내에 해당 국세의 과세표준과 세액을 결정하여야 한다.

③ 세무서장이 결정·경정하여 통지하기 전으로서 제척기간이 끝나기 전까지는 수정신고를 할 수
있다.

④ 신고납세세목, 정부부과세목에 관계없이 법정 신고기한 내에 과세표준 및 세액을 신고한 자는
수정신고를 할 수 있다.

06. 국세기본법상 서류의 송달에 대한 설명으로 옳지 않은 것은?

① 서류의 송달을 받을 자가 주소 또는 영업소 중에서 송달을 받을 장소를 신고한 때에는 그 신고된
장소에 송달하여야 한다.

② 송달할 장소에서 서류를 송달받아야 할 자를 만나지 못하였을 때에는 그 사용인이나 그 밖의
종업원 또는 동거인으로서 사리를 판별할 수 있는 사람에게 서류를 송달할 수 있다.

③ 연대납세의무자에게 납세의 고지와 독촉에 관한 서류를 송달할 때에는 그 대표자를 명의인으로
하며, 대표자가 없을 때에는 연대납세의무자 중 국세징수상 유리한 자를 명의인으로 하여 송달하
여야 한다.

④ 서류를 송달받아야 할 자 또는 그 사용인이나 그 밖의 종업원 또는 동거인으로서 사리를 판결할
수 있는 사람이 정당한 사유 없이 서류 수령을 거부할 때에는 송달할 장소에 서류를 둘 수 있다.

07. 다음 중 국세기본법상 국세징수권의 소멸시효 중단 사유가 아닌 것은?

① 납세고지   ② 교부청구   ③ 압류   ④ 연부연납기간

08. 다음은 국세기본법상 사업양수인의 제2차 납세의무에 대한 설명이다. 가장 옳지 않은 것은?

① 사업양수인의 제2차 납세의무대상 국세는 해당 사업에 관한 모든 국세로 양도소득세도 포함된다.

② 사업양수인의 제2차 납세의무대상 국세는 사업양도일 이전에 양도인의 납세의무가 확정된 국세
이다.

③ 사업양수인의 납세의무의 한도는 양수한 재산가액을 한도로 한다.

④ 사업에 관한 모든 권리와 의무를 승계할 때 미수금과 미지급금은 모든 권리와 의무에서 제외된다.

09. 다음 중 국세기본법상 수정신고를 할 수 있는 때가 아닌 것은?

① 과세표준신고서에 기재된 과세표준이 세법에 따라 신고해야 할 과세표준에 미치지 못할 때

② 과세표준신고서에 기재된 결손금액이 세법에 따라 신고해야 할 결손금을 초과할 때

③ 세무조정 과정에서 국고보조금과 공사부담금을 익금과 손금에 동시에 산입하지 아니한 경우

④ 과세표준신고서에 기재된 세액이 세법에 따라 신고해야 할 세액을 초과할 때

10. 다음 중 국세기본법상 조세불복제도에 대한 설명으로 가장 옳지 않은 것은?

① 이의신청은 세무서장·지방국세청장에게 할 수 있다.

② 동일한 처분에 대하여 심사청구를 한 후 인용되지 않을 경우 행정소송을 할 수 있다.

③ 행정소송은 심사청구·심판청구를 거치지 않고 제기할 수 있다.

④ 이의신청을 거친 후 심판청구를 하려면 이의신청 결정통지를 받은 날로부터 90일 이내에 제기하여야 한다.

11. 국세기본법상 세무공무원의 세무조사 기간에 대한 설명으로 가장 옳지 않은 것은?

① 세무조사 기간을 연장하는 경우에는 그 사유와 기간을 납세자에게 문서로 통지하여야한다.

② 납세자가 장부·서류 등의 제출을 지연하는 등으로 인하여 세무조사를 정상적으로 진행하기 어려운 경우에는 세무조사를 중지할 수 있다. 이 경우 그 중지기간은 세무조사 기간에 산입한다.

③ 세무조사 기간을 정할 경우 조사대상 과세기간 중 연간 수입금액이 가장 큰 과세기간의 연간 수입금액이 100억원 미만인 납세자에 대한 세무조사 기간은 20일 이내로 한다.

④ 세무조사 기간은 최소한이 되도록 하여야 하나 거래처 조사, 금융거래 현지확인 등이 필요한 경우에는 세무조사 기간을 연장할 수 있다.

12. 다음 중 소득세법에 관한 설명으로 가장 옳지 않은 것은?

① 소득세는 신고납세주의를 채택하고 있으며, 납세자가 과세표준확정신고를 함으로써 소득세의 납세의무가 확정된다.

② 거주자는 국내·외 원천소득에 대해 무제한 납세의무가 있으나 비거주자는 국내원천소득에 대한 제한납세의무를 진다.

③ 계속하여 180일 이상 국내에 거주할 것을 통상 필요로 하는 직업을 가진 자는 국내에 주소가 있는 것으로 본다.

④ 분리과세소득은 원천징수로써 소득세의 과세가 종결된다.

13. 다음 중 소득세법상 원천징수와 관련한 설명으로 옳지 않은 것은?

① 원천징수의무자가 소득세가 과세되지 아니하거나 면제되는 소득을 지급할 때에는 소득세를 원천 징수하지 아니한다.

② 국가나 지방자치단체의 장이 법에서 정하는 소득을 지급하는 때에 소득세를 원천징수하여야 한다.

③ 법에서 정하는 소득이 발생 후 지급되지 아니함으로써 소득세가 원천징수 되지 아니한 소득이 종합소득에 합산되어 종합소득에 대한 소득세가 과세된 경우에 그 소득을 지급할 때에는 소득세 를 원천징수하지 아니한다.

④ 원천징수의무자가 기타소득을 지급할 때에는 지급한 총수입금액에 원천징수세율을 적용하여 계 산한 소득세를 원천징수한다.

14. 다음 중 소득세법상 Gross-up(배당가산) 대상 배당소득 대상에 대한 설명이다. 옳지 않은 것은?

① 자기주식소각이익의 자본전입으로 인하여 발생한 의제배당은 대상이 아니다.

② 외국법인으로부터 받은 배당소득은 대상이 아니다.

③ 배당가산 적용 대상액은 해당 배당소득의 전액을 대상액으로 하여 계산한다.

④ 내국법인으로부터 받은 배당소득은 대상이다.

15. 다음 중 소득세법상 사업소득에 대한 설명으로 옳지 않은 것은?

① 사업자 본인의 국민연금은 필요경비로 인정되지 않는다.

② 수입이자와 수입배당금은 사업소득 총수입금액에 해당하지 않는다.

③ 자산수증이익과 채무면제이익 중 이월결손금 보전에 충당된 것은 사업소득 총수입금액에 산입 한다.

④ 업무와 관련하여 고의 또는 중대한 과실로 타인의 권리를 침해한 경우에 지급되는 손해배상금은 사업소득 필요경비에 산입하지 않는다.

16. 다음 중 소득세법상 사업소득금액 계산시 필요경비에 불산입하는 이자가 아닌 것은?

① 초과인출금 관련 이자   ② 채권자불분명 사채이자

③ 장기할부 이자   ④ 업무무관자산 등 관련이자

17. 다음 중 소득세법상 기부금에 대한 설명으로 가장 틀린 것은?

① 비지정기부금은 전액 필요경비에 불산입한다.

② 현물로 기부한 특례기부금의 경우 시가와 장부가액 중 큰 금액으로 평가한다.

③ 정치기부금의 경우 10만원까지는 그 기부금액의 110분의 100을 세액공제한다.

④ 특례기부금과 일반기부금은 사업자 본인 명의로 지출한 것이 아니면 공제를 받을 수 없다.

18. 다음 자료를 이용하여 소득세법상 거주자 김성실씨의 20x1년 총급여액을 계산하시오.

김성실씨(회계관리직)의 20x1년 연간 급여내역 (직전 연도 총급여액은 23,000,000원)		
① 기본급	월	2,000,000원
② 식대(현물 식사를 제공받지 않음)	월	150,000원
③ 연장근로수당		5,000,000원

① 24,600,000원　　　② 25,800,000원　　　③ 29,000,000원　　　④ 30,800,000원

19. 다음 중 소득세법상 기타소득에 대한 설명으로 옳지 않은 것은?

① 계약의 위약으로 인하여 받는 위약금 중 주택입주 지체상금은 지급받는 금액의 80%를 필요경비로 인정받을 수 있다.

② 저작자 외의 자가 저작권의 사용대가로 받는 소득은 지급받는 금액의 60%를 필요경비로 인정받을 수 있다.

③ 공익사업과 관련하여 지역권을 설정하여 받는 소득은 지급받는 금액의 60%를 필요경비로 인정받을 수 있다.

④ 공익사업과 관련하여 지상권을 설정하고 받는 소득 지급받는 금액의 60%를 필요경비로 인정받을 수 있다.

20. 다음 중 소득세법상 근로소득으로 과세되지 않는 것은?

① 퇴직함으로써 받는 소득으로서 퇴직소득에 속하지 않는 소득

② 근로기간 중에 받은 직무발명보상금으로써 연 700만원을 초과하는 금액

③ 회사로부터 받은 의료비 보조금

④ 근무기간 중에 부여받은 주식매수선택권으로써 퇴직 후에 행사하여 얻은 이익

21. 다음 중 소득세법상 부당행위 계산이 적용되지 않는 소득은 무엇인가?

① 비상장법인으로부터 지급받은 배당소득

② 부동산의 양도소득

③ 산업재산권을 대여하고 그 사용대가로 지급받은 소득

④ 연금저축 해지 일시금

22. 다음 중 소득세법상 중간예납 및 분납에 대한 설명으로 옳지 않은 것은?

① 신규사업자는 중간예납의무가 없다.

② 납부할 세액이 1천만원을 초과하면서 2천만원 이하인 때에는 그 세액의 50% 이하의 금액을 납부기한이 지난 후 2개월 이내에 분납할 수 있다.

③ 중간예납은 고지납부가 원칙이지만 전년도 수입금액이 일정 금액에 미달하는 때에는 납세자가 관할 세무서장에게 신고납부할 수 있다.

④ 중간예납에 대한 고지를 받은 자는 11월 30일까지 고지세액을 납부하여야 한다.

23. 다음은 소득세법상 양도소득에 대한 설명이다. 옳지 않은 것은?

① 거주자가 국내 건물과 비상장주식을 동일한 과세기간에 양도한 경우 양도소득금액에서 국내 건물과 비상장주식 각각 양도소득기본공제 250만원이 적용된다.

② 1세대 1주택의 요건을 충족하는 경우 장기보유특별공제율은 최대 80%까지 받을 수 있다.

③ 등기된 토지를 15년 이상 보유하여야 장기보유특별공제율 30% 적용이 가능하다.

④ 미등기양도자산은 필요경비개산공제를 적용받을 수 없다

24. 다음 중 소득세법상 특별세액공제 중 교육비세액공제를 받을 수 있는 내용으로 잘못된 것은?

① 수업료 · 입학금 · 보육비용 · 수강료 및 그 밖의 공납금

② 교복구입비용(중 · 고등학교의 학생만 해당하며, 학생 1명당 연 50만원 한도)

③ 법에서 정하는 국외교육기관에 지급한 교육비

④ 법에서 정하는 학자금 대출의 원리금 상환의 연체로 인한 추가지급액

25. 다음 중 소득세법상 세액공제가 아닌 것은?

① 배당세액공제

② 월세액에 대한 세액공제

③ 기장세액공제

④ 자녀세액공제

2부 주관식 　 문항 당 5점

26. 국세기본법상 다음 괄호 안에 들어갈 내용은 무엇인가?

> 5억원 이상의 국세에 대한 징수권은 이를 행사할 수 있는 때부터 (　　)년 동안 행사하지 아니하면 소멸시효가 완성된다.

27. 국세기본법상 다음 괄호 안에 들어갈 내용은 무엇인가?

> 법정신고기한이 지난 후 1개월 이내에 수정신고한 경우 과소신고 · 초과환급신고가산세의 (　　)%를 감면한다.

28. 소득세법상 다음 괄호 안에 들어갈 내용은 무엇인가?

> 출자공동사업자의 배당소득에 대한 원천징수세율은 100분의 (　　)이다.

29. 소득세법상 다음 괄호 안에 들어갈 내용은 무엇인가?

> 종합소득세 신고시 기본공제대상자인 생계를 같이 하는 부양가족의 나이요건은 직계존속 (　　)세 이상, 직계비속 20세 이하이다.

30. 소득세법상 일용근로자의 근로소득은 종합소득과세표준에 합산하지 않고 원천징수로서 과세를 종결한다. 1일 급여액에서 차감하는 일용근로자의 근로소득공제액은 몇 원인가?

제91회 세무회계2급 답안 및 해설

세법1부-법인세법, 부가가치세법

1	2	3	4	5	6	7	8	9	10	11	12	13	14	15
②	③	④	③	②	④	②	④	③	③	①	②	③	③	④

16	17	18	19	20	21	22	23	24	25		
②	④	②	①	②	③	①	③	③	④		

26	27	28	29	30
12월31일	70,000,000원	1,300,000	20	10억

01. 법령이나 법인의 정관에서 정하는 1회계기간을 사업연도로 하되, **그 기간은 1년을 초과하지 못한다.**

02. 내국 영리법인은 국내·외 원천소득에 대하여 법인세 납세의무가 있다.

03. 외국법인의 법인세 납세지는 국내사업장이 있는 경우 그 소재지, 둘 이상의 국내사업장이 있는 경우 주된 사업장의 소재지, 국내사업장이 없는 외국법인으로서 국내원천 부동산소득 또는 국내원천 부동산등 양도소득있는 경우 각각 그 자산의 소재지로 한다.

04. 이자수익의 수입시기는 소득세법상 이자소득의 수입시기(약정에 의한 지급기일, 무기명 공사채의 이자·할인액, 예금이자 등은 지급을 받은 날)로 하되, 금융보험업을 영위하는 법인의 경우 실제로 수입된 날(선수이자 제외)로 한다. 다만, 발생주의에 따라 기간 경과분 미수이자(원천징수되는 이자 제외) 계상시 이를 인정한다.

05. 대손충당금 한도초과액은 유보로 처분한다.

06. 재고자산을 파손 또는 부패 등의 사유로 정상가액으로 판매할 수 없는 경우 사업연도종료일 현재 처분가능한 시가와 취득가액의 차액을 평가손실로 계상한 경우에만 재고자산의 장부가액을 감액할 수 있다.(결산조정사항)

07. 자기주식처분이익은 원칙적으로 익금에 해당한다.

08. 업무용승용차 처분손실로서 **800만원을 초과하는 금액은 해당 사업연도에 손금불산입**하고 다음 사업연도부터 800만원/년을 10년간 손금에 산입하되, 남은 금액이 800만원 미만인 사업연도에는 남은 금액을 모두 손금에 산입한다.

09. 폐수배출부담금은 법령에 따른 의무의 불이행 또는 금지·제한 등의 위반에 대한 제재로서 부과되는 공과금으로 손금에 불산입한다.

10. **1개월 미만의 일수는 1개월**로 한다.

11. 채무보증으로 인하여 발생한 구상채권은 대손사유를 충족해도 대손금으로 손금에 산입할 수 없다.

12. 기부금이란 내국법인이 사업과 직접적인 관계없이 특수관계인 외의 자에게 무상으로 지출하는 금액을 말한다.

13. 법인세의 과세표준과 세액을 추계결정하는 경우 결손금 이월공제를 적용하지 않으나 천재지변 기타 불가항력으로 장부나 그 밖의 증명서류가 멸실되어 추계하는 경우에는 결손금 이월공제를 적용한다.

　① 법인세 과세표준과 세액의 신고기한 내에 결손금이 발생한 사업연도와 그 직전 사업연도 소득에 대한 법인세 과세표준과 세액을 각각 신고한 경우에 결손금 소급공제를 적용받을 수 있다.

　② 결손금 소급공제 한도인 직전 사업연도 법인세 납부세액은 가산세와 감면분 추가납부세액, 토지 등 양도소득에 대한 법인세를 제외한다.

　④ 법인세 과세표준은 각사업연도 소득금액에서 **이월결손금, 비과세소득, 소득공제의 순서로 차감**하여 계산한다.

14. 부가가치세의 담세자는 최종소비자이지만 납세의무자는 사업자(생산자)로 담세자와 납세의무자가 다른 간접세이다.

　① 부가가치세는 사업자가 행하는 재화 또는 용역의 공급, 재화의 수입에 대하여 과세하는 물세이다.

　② 재화의 공급이 수출에 해당하는 경우 영세율을 적용하여 완전면세효과를 구현함으로써 수출을 촉진한다.

　④ 우리나라의 부가가치세법은 매출액에 세율을 곱하여 계산한 매출세액에서 매입시 징수당한 매입세액을 공제하여 납부세액을 계산하는 전단계세액공제법을 채택하고 있다.

15. 사업자가 자기생산·취득재화를 사업과 직접적인 관계없이 자기의 개인적인 목적이나 그 밖의 다른 목적을 위하여 사용·소비하거나 그 사용인 또는 그 밖의 자가 사용·소비하는 것으로서 사업자가 그 대가를 받지 않거나 시가보다 낮은 대가를 받는 경우는 재화의 공급으로 본다.

16. 공급시기가 되기 전에 대가를 수령하여 원화로 환가한 경우 그 **환가한 금액을 공급가액**으로 하고, 공급시기 이후에 외국통화나 그 밖의 외국환 상태로 보유하고 있거나 지급받은 경우 공급시기의 기준환율 또는 재정환율에 따라 환산한 가액을 공급가액으로 한다.

17. 사업을 포괄양수도하는 경우 **양도자는 폐업신고**를 하고 **양수자는 사업자등록을 하는** 것이다.

18. 외상판매의 경우 재화가 인도되거나 이용가능하게 되는 때를 공급시기로 한다.

19. 면세의 포기를 신고한 사업자는 **신고한 날부터 3년간 부가가치세를 면제받지 못한다.**

20. 폐업한 경우는 과세표준 안분계산 생략의 사유가 아니다.

21. 기계구입비(5,400,000)+종업원 회식비(500,000)=5,900,000원

　　개별소비세 과세 대상 자동차(8인승 이하)의 유지를 위한 매입세액은 불공제 대상이다.

22. ② 전자세금계산서 의무발급사업자는 모든 법인사업자와 직전 연도 사업장별 재화 및 용역의 공급가액(면세공급가액 포함)의 합계액이 **0.8억원 이상(2023년 기준)**인 개인사업자이다.

　　③ 매입자발행세금계산서를 발행하려는 자는 해당 재화 또는 용역의 공급시기가 속하는 **과세기간의 종료일부터 1년(개정세법 24) 이내**에 거래사실확인신청서에 거래사실을 객관적으로 입증할 수 있는 서류를 첨부하여 신청인 관할 세무서장에게 거래사실의 확인을 신청하여야 한다.

　　④ 거래처별로 1역월의 공급가액을 합하여 해당 달의 말일을 작성연월일로 하여 세금계산서를 발급하는 경우 재화 또는 용역의 공급일이 속하는 달의 다음 달 10일까지 월합계세금계산서를 발급할 수 있다.

23. 사업자가 감가상각자산에 해당하는 사업 설비를 신설 · 취득 · 확장 또는 증축하는 경우 조기환급을 신청할 수 있다.

24. 납부세액 또는 환급세액의 재계산액은 확정신고와 함께 신고 · 납부하고, 예정신고시에는 적용하지 않는다.

25. **간이과세자은 의제매입세액공제 적용이 되지 않는다.**

26. 납세의무가 있는 내국법인은 각 사업연도의 종료일이 속하는 달의 말일부터 3개월 이내에 법인세 과세표준과 세액을 납세지 관할 세무서장에게 신고 · 납부하여야 한다.

27. 소득금액 = 양도가액(120,000,000) − [취득가액(100,000,000) − 감가상각누계액(60,000,000)
　　　　　　 +상각부인액(10,000,000)] = 70,000,000원

28. 특수관계인 외의 자로부터 정상가액(시가의 130%)보다 고가매입한 경우 취득가액은 정상가액으로 한다.

세법2부-국세기본법, 소득세법, 조세특례제한법

1	2	3	4	5	6	7	8	9	10	11	12	13	14	15
④	④	①	③	①	③	④	①	④	③	②	③	④	③	③

16	17	18	19	20	21	22	23	24	25
③	④	③	②	④	①	②	④	④	②

26	27	28	29	30
10	90	25	60	150,000원

01. 취득세는 지방세이다.

03. 상속세 · 증여세 이외의 국세를 납세자가 사기나 그 밖의 부정한 행위로 포탈하거나 환급 · 공제받은 경우 부과제척기간은 10년으로 한다.

04. 인지세의 납세의무 성립시기는 **과세문서를 작성한 때**이다.

05. **기한후신고는 납세의무를 확정하는 효력이 없다.**

06. 연대납세의무자에게 **서류송달을 할 때에는 그 대표자를 명의인**으로 하며, 대표자가 없는 때에는 연대납세의무자 중 국세를 징수하기에 유리한 자를 명의인으로 한다. 다만, **납세의 고지와 독촉에 대한 서류는 연대납세의무자 모두에게 각각 송달**하여야 한다.

07. 소멸시효의 중단 사유는 납세고지, 독촉(납부최고), 교부청구, 압류이다. 연부연납은 소멸시효의 정지 사유이다.

08. 사업용 부동산을 양도함으로써 납부하여야 할 양도소득세는 당해 사업에 관한 국세가 아니므로 **양도소득세에 대해서는 사업양수인이 제2차 납세의무를 지지 않는다.**

09. 초과신고시에는 경정청구의 사유이다.

10. 위법한 국세처분에 대한 행정소송은 행정소송법에도 불구하고 국세기본법에 따른 심사청구나 심판청구(감사원법에 따른 심사청구를 포함한다)와 그에 대한 결정을 거치지아니하면 제기할 수 없다.

11. 납세자가 장부·서류 등을 은닉하거나 제출을 지연 또는 거부하는 등으로 세무조사를 진행하기 어려운 경우에는 세무조사를 중지할 수 있다. 이 경우 그 **중지기간은 세무조사 기간 및 세무조사 연장기간에 산입**하지 않는다.

12. 국내에 거주하는 **개인이 계속하여 183일 이상 국내에 거주할 것**을 요하는 직업을 가진 때에는 국내에 주소가 있는 것으로 본다.

13. 기타소득을 원천징수하는 경우 기타소득금액에 원천징수세율을 적용하여 계산한 소득세를 원천징수한다.

14. Gross-up은 **내국법인의 법인세 과세소득**으로 지급된 **배당소득금액 중 2천만원을 초과하여 기본세율로 종합과세되는 부분**에 대하여만 적용된다.

15. 자산수증이익과 채무면제이익 중 이월결손금보전에 충당한 것은 사업소득 총수입금액에 산입하지 않는다.

16. 장기할부 이자는 필요경비에 산입한다.

17. 사업자의 기본공제대상자에 해당하는 배우자 및 생계를 같이하는 부양가족이 지급한 특례기부금과 일반기부금은 해당 사업자의 기부금에 포함한다.

18. 기본급(2,000,000)×12개월+연장근로수당(5,000,000)=29,000,000원
    연장근로수당은 생산직 및 그 관련 직무에 종사하는 근로자가 비과세대상이고, **식대는 월 200,000원이 비과세임.**

19. **저작자 외의 자가 저작권의 사용대가로 받는 소득**은 **실제 소요된 필요경비**만 인정된다.

20. 퇴직 전에 부여받은 주식매수선택권을 퇴직 후에 행사하거나 고용관계 없이 주식매수선택권을 부여받아 이를 행사함으로써 얻는 이익은 기타소득으로 구분한다.

21. 소득세법상 부당행위계산은 출자공동사업자의 배당소득, 사업소득, 기타소득, 양도소득에 한하여 적용한다.

22. 납부할 세액이 1천만원을 초과하면서 2천만원 이하인 때에는 1천만원을 초과하는 금액을 납부기한이 지난 후 2개월 이내에 분납할 수 있다.

23. **미등기양도자산의 필요경비개산공제액은 기준시가에 0.3%**를 곱한 금액으로 한다.

24. 학자금 대출의 원리금 상환의 연체로 인하여 추가로 지급하는 금액은 학자금 대출의 원리금 상환에 지출한 교육비에서 제외한다.

제84회 세무회계2급

합격율	시험년월
39%	2019.11

01. 다음 중 법인세법상 사업연도에 관한 다음 설명 중 가장 옳은 것은?

① 사업연도는 법령이나 법인의 정관 등에서 정하는 1회계기간으로 하되, 그 기간은 1년 미만은 허용하지 아니한다.

② 최초 사업연도의 개시일은 내국법인의 경우 설립등기일로 한다.

③ 사업연도를 변경하려는 법인은 그 법인의 직전 사업연도 종료일부터 1개월 이내에 납세지 관할 세무서장에게 신고하여야 한다.

④ 내국법인이 폐업하는 경우에 사업연도는 그 사업연도 개시일부터 폐업일까지로 한다.

02. 다음은 법인세법상 소득처분에 대한 설명이다. 가장 바르게 설명된 것은?

① 출자자 및 출자임원에게 귀속되는 소득은 모두 상여로 소득처분한다.

② 모든 소득처분은 차기 및 그 이후의 세무상 소득금액에 영향을 미친다.

③ 모든 소득처분은 소득 귀속자의 소득세 또는 법인세 납세의무를 유발한다.

④ 채권자 불분명 사채이자는 대표자 상여로 소득처분하며, 채권자 불분명 사채이자의 원천징수세액 상당액은 기타사외유출로 소득처분한다.

03. 다음 중 법인세법상 결산서에 수익 또는 비용으로 계상되지 않은 익금 또는 손금을 세무조정에 의하여 과세소득에 반영하는 것에 해당하는 것은?

① 퇴직급여충당금

② 대손충당금

③ 외부회계감사를 받지 않는 비영리법인의 고유목적사업준비금

④ 대표자 등의 가지급금 인정이자

04. 법인세법상 익금에 해당하는 것은?

① 부가가치세 매출세액   ② 자산의 임대료

③ 국세의 과오납금 환급금에 대한 이자   ④ 주식발행액면초과액

05. 다음 법인세법상 손금에 관한 설명으로 가장 옳지 않은 것은?

① 법인이 공여한 형법상 뇌물에 해당하는 가액은 손금에 산입하지 아니한다.

② 임직원(지배주주 등 제외)의 사망 이후 유족에게 학자금 등으로 일시적으로 지급하는 경우 기획 재정부령에서 정하는 요건을 충족하는 것은 손금에 해당된다.

③ 우리사주조합에 출연하는 자사주의 장부가액 또는 금품의 가액은 일반(법정)기부금으로 보아 한 도 내 손금에 산입한다.

④ 법령에 의한 의무불이행 등의 위반에 대한 제재로서 부과되는 공과금은 손금에 산입되지 아니한다.

06. 다음 중 법인세법상 손익의 귀속사업연도에 관한 설명으로 가장 옳지 않은 것은?

① 상품 등을 시용판매한 경우 그 상품 등에 대한 구입의사를 표시한 날을 귀속사업연도로 한다.

② 일반법인의 이자수익 귀속시기는 실제로 받은 날이지만, 기간경과분을 수익으로 계상한 경우에 는 이를 인정한다.

③ 중소기업이 수행하는 계약기간 1년 미만의 단기건설 등의 경우에는 인도기준(완성기준)을 적용 할 수 없다.

④ 법인세법은 권리의무확정주의를 채택하고 있다.

07. 다음 중 법인세법상 영리내국법인의 자산·부채의 취득 및 평가에 관한 설명으로 가장 옳지 않은 것은?

① 재고자산으로서 파손, 부패등의 사유로 정상가격으로 판매할 수 없는 것은 장부가액을 감액할 수 있다.

② 제조업을 영위하는 법인이 보유하는 주식을 시가법으로 평가하고 회계상 평가이익을 계상한 경 우에는 그 계상한 사업연도의 익금으로 한다.

③ 재고자산의 평가방법을 저가법으로 신고하는 경우에는 시가와 비교되는 원가법을 함께 신고해야 한다.

④ 유형자산이 천재지변으로 인하여 파손·멸실된 경우 결산서에 계상한 경우에 한하여 평가손실을 인정한다.

08. 다음 중 법인세법상 감가상각대상 자산에 포함하는 것은?

① 건설중인 자산　　　　　　　　　② 토지

③ 리스이용자의 운용리스자산　　　④ 단기의 유휴설비자산

09. 다음 중 법인세법상 기업업무추진비로 볼 수 있는 것은?

① 법인이 아닌 사용인 조직단체에 대한 복리시설비

② 약정에 의한 채권포기액 중 업무관련성이 없는 경우

③ 판매한 상품의 판매장려금

④ 사회통념상 인정될 수 있는 범위를 초과한 회의비

10. 다음 중 법인세법상 현실적인 퇴직에 해당하지 않은 경우는?

① 법인의 직원이 해당 법인의 임원으로 취임한 때

② 법인의 임원이 연임된 때

③ 법인의 임원 또는 직원이 그 법인의 조직변경에 의하여 퇴직한 때

④ 근로자퇴직급여보장법에 따라 퇴직급여를 중간정산하여 지급한 때(중간정산시점부터 새로 근무연수를 기산하여 퇴직급여를 계산하는 경우에 한정)

11. 다음은 법인세법상 중간예납의무를 지지 않는 법인이다. 이에 해당하지 않는 것은?

① 각 사업연도의 기간이 6개월 이하인 법인

② 고등교육법에 따른 사립학교를 경영하는 법인

③ 합병으로 신설된 법인의 최초 사업연도

④ 새로 설립된 법인의 최초 사업연도

12. 다음 중 법인세법상 법인세 과세표준을 신고할 때 필수적 첨부서류에 해당하여 미제출시 무신고로 보는 서류에 해당하지 않는 것은?

① 현금흐름표　　　　　　　　　　② 재무상태표

③ 세무조정계산서　　　　　　　　④ 이익잉여금처분계산서

13. 내국법인의 각 사업연도의 소득에 대한 법인세의 과세표준은 각 사업연도의 소득의 범위에서 (가), (나), (다) 을(를) 차례로 공제한 금액으로 한다. 순서대로 나열한 것으로 옳은 것은?

각 사업연도 소득 - (가) - (나) - (다) = 과세표준

① (가) 비과세 소득　　(나) 가산세　　　　(다) 이월결손금
② (가) 이월결손금　　　(나) 소득공제액　　(다) 세액공제액
③ (가) 이월결손금　　　(나) 비과세소득　　(다) 소득공제액
④ (가) 소득공제액　　　(나) 비과세소득　　(다) 세액공제액

14. 다음 중 부가가치세법상 부가가치세가 과세되는 것은?

① 주사업장 총괄납부를 하는 사업자가 판매의 목적으로 제품을 직매장으로 반출하는 경우
② 기술개발을 위하여 시험용으로 재화를 사용·소비하는 경우
③ 주유소에서 매입한 석유를 주유소의 비영업용소형승용차에 주유하는 경우
④ 화장품제조업을 영위하는 사업자가 광고선전을 목적으로 자기가 생산한 광고선전용 화장품을 대리점을 통하여 불특정 다수인에게 무상으로 증여하는 경우

15. 다음 중 부가가치세법상 사업자등록에 관한 설명으로 가장 옳지 않은 것은?

① 사업자등록은 사업 개시일부터 20일 이내에 사업장 관할 세무서장에게 사업자등록을 신청하여야 한다.
② 신규로 사업을 시작하려는 자는 사업 개시일 이전이라도 사업자등록을 신청할 수 있다.
③ 사업자등록의 신청은 사업장 관할 세무서장에게만 할 수 있다.
④ 사업자는 휴업 또는 폐업을 하는 경우 지체 없이 사업장 관할 세무서장에게 신고하여야 한다.

16. 부가가치세법상 주사업장총괄납부에 대한 설명으로 가장 옳지 않은 것은?

① 주사업장총괄납부제도를 적용받고자 하는 경우 계속사업자는 과세기간 개시 20일 전까지 이를 신청해야 한다.
② 둘 이상의 사업장이 있는 사업자가 주사업장총괄납부제도 적용시 세금계산서는 본점 또는 주사무소에서 발급한다.
③ 법인이 주사업장총괄납부제도 적용시 주사업장은 본점 또는 지점으로 한다.
④ 주사업장총괄납부제도는 둘 이상의 사업장이 있는 사업자에게 각 사업장의 납부세액 및 환급세액을 총괄하여 납부 및 환급이 가능하게 해주는 제도이다.

17. 다음 중 부가가치세법상 재화 또는 용역의 공급에 해당하지 않는 것은?

① 상표권의 양도　　　　　　　　　② 특허권의 대여

③ 노하우(Know-how)의 제공　　　　④ 부동산의 담보 목적 제공

18. 다음 중 부가가치세법상 재화의 공급시기에 관한 설명으로 가장 옳지 않은 것은?

① 상품권 등을 현금 또는 외상으로 판매하고 그 후 해당 상품권 등이 현물과 교환되는 경우 공급시기는 재화가 실제로 인도되는 때로 본다.

② 재화의 공급으로 보는 가공의 경우 공급시기는 가공된 재화를 인도하는 때로 본다.

③ 내국물품의 국외 반출 및 중계무역방식의 수출의 공급시기는 수출재화의 선적일이다.

④ 장기할부판매에 따른 공급시기는 재화가 인도되는 날이다.

19. 다음 중 부가가치세법상 영세율과 면세에 대한 설명으로 틀린 것은?

① 영세율은 소비지국 과세원칙의 구체적 적용방법으로서 국제거래에 대한 이중과세를 방지하기 위한 제도이다.

② 부가가치세법상 면세가 적용되면 면세가 적용된 거래 이전단계에서 창출된 모든 부가가치에 대해서 과세를 하지 않는 효과를 가져오게 되므로 우리나라는 완전면세제도를 채택하였다.

③ 면세대상은 법에 열거된 재화 또는 용역에 한정된다.

④ 국외에서 공급하는 용역에 대하여는 영세율을 적용한다.

20. 부가가치세법상 세금계산서에 대한 설명으로 옳은 것은?

① 사업자가 필요적 기재사항이 착오로 잘못 기재된 세금계산서를 발급한 경우 최초 발급한 세금계산서의 내용대로 음의 표시 또는 붉은색 글씨로 적어 발급하고, 수정하여 발급하는 세금계산서는 검은색 글씨로 작성하여 발급한다. 다만, 과세표준 및 세액을 경정할 것을 미리 알고 있는 경우에는 제외한다.

② 전자세금계산서를 발급일의 다음날까지 국세청장에게 전송한 경우 세금계산서를 5년간 보존할 의무가 있다.

③ 세금계산서 발급금지 업종 외의 사업을 경영하는 일반과세자가 신용카드 매출전표 등을 발급한 경우에는 세금계산서를 발급해야 한다.

④ 수입 재화에 대해서는 국세청장이 세금계산서를 수입하는 자에게 발급하여야 한다.

21. 부가가치세법상 매입세액 불공제 대상이 아닌 것은?

① 면세사업 등에 관련된 매입세액

② 기업업무추진비와 관련된 매입세액

③ 운수업에 직접 영업용으로 사용되는 소형승용자동차의 구입과 임차 및 유지에 관한 매입세액

④ 사업과 직접 관련 없는 지출에 대한 매입세액

22. 부가가치세법상 의제매입세액공제에 관한 설명으로 가장 옳지 않은 것은?

① 중소기업인 제조업의 경우 의제매입세액공제율은 4/104이다.

② 과세유흥장소 경영자의 의제매입세액공제율은 2/102이다.

③ 수입재화의 경우 관세의 과세가격에 공제율을 곱한 금액을 의제매입세액공제액으로 한다.

④ 면세를 포기하고 영세율을 적용받는 경우 의제매입세액공제를 적용받을 수 있다.

23. 다음 중 부가가치세법상 세금계산서 발급의무가 있는 것은?

① 간주임대료에 해당하는 부동산임대용역

② 면세사업으로 전용되는 자가공급

③ 사업상 증여

④ 내국신용장을 통한 국내 영세율 재화 공급

24. 다음 중 부가가치세법상 거래형태별 과세표준에 관한 설명으로 맞는 것은?

① 직매장 등의 재화반출에서 취득가액에 일정액을 가산하여 공급한 경우에도 취득가액만 과세표준으로 한다.

② 통상적으로 용기 또는 포장을 해당 사업자에게 반환할 것을 조건으로 그 용기대금과 포장비용을 공제한 금액을 공급하는 경우에는 그 용기대금과 포장비용은 공급가액에 포함한다.

③ 외상판매, 할부판매의 경우 공급한 재화의 총가액을 과세표준으로 한다.

④ 개별소비세가 부과되는 재화에 대하여는 각 재화의 공급가액만 과세표준으로 하고 개별소비세는 합산하지 아니한다.

25. 부가가치세법상 간이과세자 적용배제 대상이 아닌 것은?

① 직전 과세기간 공급대가가 4,800만원 미만인 부동산임대업

② 일반과세자로부터 양수한 사업

③ 일반과세를 적용받는 사업장을 보유하고 있는 사업자

④ 둘 이상의 사업장이 있는 사업자의 사업장으로서 해당 사업장의 공급대가 합계액이 8,000만원 이상인 경우

1부 주관식 **문항 당 5점**

26. 비영리내국법인이 각 사업연도의 결산을 확정할 때 그 법인의 고유목적사업이나 일반기부금에 지출하기 위하여 (가)을(를) 손비로 계상한 경우에는 일정금액의 범위에서 그 계상한 (가)을(를) 해당 사업연도의 소득금액을 계산할 때 손금에 산입한다. (가)에 들어갈 법인세법상 용어를 적으시오.

27. 다음은 법인세법상 기업업무추진비의 한도에 대한 내용이다. 빈칸에 들어갈 숫자는 무엇인가?

> 법인세법상 기업업무추진비에는 문화기업업무추진비 지출액에 대해서 추가적인 한도를 인정하고 있으며, 그 내용은 문화기업업무추진비 지출액과 일반기업업무추진비 한도액의 합계액에 (   )%를 곱한 금액 중 작은 금액을 문화기업업무추진비의 한도로 정하고 있다.

28. 다음 자료에서 법인세법상 빈칸에 들어갈 숫자는 무엇인가?

> 내국법인이 납부할 세액이 1천만원을 초과하는 경우에는 자진납부할 세액의 일부를 납부기한이 지난 날부터 1개월(중소기업의 경우에는(   )개월)이내에 분납할 수 있다.

29. 다음 자료에서 부가가치세법상 빈칸에 들어갈 숫자는 무엇인가?

> 과세사업과 면세사업 등에 공통으로 사용되어 실지귀속을 구분할 수 없는 매입세액이 있을 때, 해당 과세기간의 총공급가액 중 면세공급가액이 (   )% 미만인 경우(공통매입세액이 500만원 이상인 경우는 제외)에는 매입세액 전부를 공제되는 매입세액으로 한다.

30. 다음 자료에서 부가가치세법상 빈칸에 들어갈 숫자는 무엇인가?

> 음식점을 경영하는 개인사업자는 과세표준이 1억원 이하인 경우 과세표준에 100분의 (   )를 곱하여 계산한 금액을 한도로 의제매입세액공제를 적용할 수 있다.

세법2부 국세기본법, 소득세법, 조세특례제한법

01. 다음 중 국세기본법상 법인격 없는 단체 중 신청에 의해 법인으로 보는 단체의 요건을 설명한 것으로 옳지 않은 것은?

① 사단, 재단, 그 밖의 단체의 조직과 운영에 관한 규정을 가지고 있어야 한다.

② 대표자나 관리인을 선임하고 있어야 한다.

③ 사단, 재단, 그 밖의 단체 자신의 계산과 명의로 수익과 재산을 독립적으로 소유·관리하여야 한다.

④ 사단, 재단, 그 밖의 단체의 수익을 구성원에게 분배하여야 한다.

02. 다음 중 국세기본법상 국세부과의 원칙이 아닌 것은?

① 실질과세의 원칙   ② 신의성실의 원칙

③ 소급과세금지의 원칙   ④ 근거과세의 원칙

03. 다음 중 국세기본법상 소멸시효에 대한 설명으로 틀린 것은?

① 소멸시효가 중단된 경우에는 중단 사유가 발생할 때까지 경과한 소멸시효기간은 그 효력을 상실한다.

② 국세의 징수를 목적으로 하는 국가의 권리는 이를 행사할 수 있는 때부터 5년간(5억원 이상의 국세는 10년) 행사하지 아니하면 소멸시효가 완성한다.

③ 납부고지, 독촉, 교부청구는 소멸시효 중단 사유에 해당한다.

④ 징수유예기간, 압류기간은 소멸시효의 정지 사유에 해당한다.

04. 다음 중 국세기본법상 납세의무의 성립과 동시에 확정되는 국세가 아닌 것은?

① 인지세

② 원천징수하는 소득세

③ 납세조합이 징수하는 소득세

④ 정부가 조사·결정 하는 법인세 중간예납

05. 다음 중 국세기본법상 제척기간에 대한 설명으로 틀린 것은? (단, 역외거래 아님)

① 소득세 법정신고기한까지 과세표준신고서를 제출하지 아니한 경우 : 국세를 부과할 수 있는 날부터 7년

② 부정행위로 상속세를 포탈하거나 환급받은 경우 : 국세를 부과할 수 있는 날부터 15년

③ 증여세신고서를 제출하지 아니한 경우 : 국세를 부과할 수 있는 날부터 15년

④ 사기나 그 밖의 부정한 행위로 법인세를 포탈한 경우 : 국세를 부과할 수 있는 날부터 15년

06. 국세기본법상 납세의무의 승계에 관한 설명으로 틀린 것은?

① 법인이 합병한 경우 합병 후 존속하는 법인 또는 합병으로 설립된 법인은 합병으로 소멸된 법인에 부과되거나 그 법인이 납부할 국세 및 강제징수비를 납부할 의무를 진다.

② 피상속인에게 한 처분 또는 절차는 상속으로 인한 납세의무를 승계하는 상속인에 대해서도 효력이 있다.

③ 상속이 개시된 때에 그 상속인은 피상속인에게 부과되거나 그 피상속인이 납부할 국세 및 강제징수비를 별도의 한도 없이 납부할 의무를 진다.

④ 상속인이 있는지 분명하지 아니할 때에는 상속인에게 하여야 할 납부의 고지·독촉이나 그 밖에 필요한 사항은 상속재산관리인에게 하여야 한다.

07. 국세기본법상 수정신고·경정청구·기한 후 신고에 대한 내용이다. 알맞은 것은?

구분	납세자	과세관청
과소신고한 경우	㉠	증액결정
과대신고한 경우	㉡	감액결정
무신고한 경우	㉢	결　정

	㉠	㉡	㉢
①	경정청구	수정신고	기한 후 신고
②	수정신고	경정청구	기한 후 신고
③	수정신고	기한 후 신고	경정청구
④	기한 후 신고	수정신고	경정청구

08. 다음 중 국세기본법상 가산세의 부과에 대한 설명으로 옳지 않은 것은?

① 정부는 세법에서 규정한 의무를 위반한 자에게 국세기본법 또는 세법에서 정하는 바에 따라 가산세를 부과할 수 있다.

② 가산세는 해당 의무가 규정된 세법의 해당 국세의 세목으로 한다.

③ 해당 국세를 감면하는 경우에 가산세는 그 감면대상에 포함된다.

④ 가산세는 납부할 세액에 가산하거나 환급받을 세액에서 공제한다.

09. 다음 중 국세기본법상 과세전적부심사의 청구에 관한 설명으로 가장 옳지 않은 것은?

① 세무조사 결과에 대한 서면통지나 그 밖에 과세예고통지를 받은 자는 통지를 받은 날부터 30일 이내에 통지를 한 세무서장이나 지방국세청장에게 과세전적부심사청구를 할 수 있다.

② 과세전적부심사에 대한 결정을 하고 그 결과를 청구를 받은 날부터 30일 이내에 청구인에게 통지하여야 한다.

③ 과세전적부심사에 대한 결정은 심사거부, 불채택, 채택 등이 있다.

④ 세무조사 결과통지 및 과세예고통지를 하는 날부터 국세부과 제척기간의 만료일까지의 기간이 2개월 이하인 경우에 과세전적부심사를 청구할 수 없다.

10. 다음 중 국세기본법상 납세자의 권리헌장에 포함하여야 할 내용 중 옳지 않은 것은?

① 납세자의 성실성 추정

② 장부 등의 세무관서에 보관의무

③ 세무조사 기간

④ 장부·서류 보관 금지

11. 다음 중 소득세법상 납세지에 대한 설명으로 틀린 것은?

① 거주자의 소득세 납세지는 그 주소지로 한다. 다만, 주소지가 없는 경우에는 그 거소지로 한다.

② 원천징수하는 자가 거주자인 경우 납세지는 원칙적으로 그 거주자의 주소지 또는 거소지로 한다.

③ 거주자나 비거주자는 납세지가 변경된 경우 변경된 날부터 15일 이내에 대통령령으로 정하는 바에 따라 그 변경 후의 납세지 관할 세무서장에게 신고하여야 한다.

④ 비거주자가 납세관리인을 둔 경우 그 비거주자의 소득세 납세지는 그 국내사업장의 소재지 또는 그 납세관리인의 주소지나 거소지 중 납세관리인이 대통령령으로 정하는 바에 따라 그 관할 세무서장에게 납세지로서 신고하는 장소로 한다.

12. 다음 중 소득세법상 이자 및 배당소득 수입시기로 가장 옳지 않은 것은?

① 잉여금의 처분에 의한 배당 : 당해 법인의 잉여금처분결의일

② 저축성보험의 보험차익 : 보험금 지급일

③ 법인세법에 의하여 처분된 배당 : 당해 법인의 당해 사업연도의 결산확정일

④ 통지예금의 이자 : 약정에 의한 이자지급일

13. 다음 중 소득세법상 각 소득의 연결이 틀린 것은?

① 기타소득 - 계약의 해약으로 받는 위약금

② 배당소득 - 비영업대금의 이익

③ 사업소득 - 금융 및 보험업에서 발생하는 소득

④ 이자소득 - 국외에서 받는 이자소득

14. 소득세법에 따른 (   )가 업무용승용차를 처분하여 발생하는 손실로서 업무용승용차별로 (   )원을 초과하는 금액은 대통령령으로 정하는 이월 등의 방법에 따라 필요경비에 산입한다. 위 괄호에 알맞은 것은?

① 간편장부대상자 - 8백만   ② 간편장부대상자 - 10백만

③ 복식부기의무자 - 8백만   ④ 복식부기의무자 - 10백만

15. 다음 중 소득세법상 비과세 근로소득에 대한 설명으로 가장 옳지 않은 것은?

① 근로자 또는 배우자의 출산이나 6세 이하 자녀의 보육과 관련하여 받는 급여 월 20만원

② 자가운전보조금중 월 30만원 이내의 금액

③ 식사를 별도 제공하지 않는 경우 식대 월 20만원

④ 고용보험법에 따라 받는 실업급여

16. 다음 중 소득세법상 기타소득에 해당하지 않는 것은?

① 재산권에 관한 알선 수수료

② 가구 내 고용활동에서 발생하는 소득

③ 저작자 외의 자가 저작권 양도 또는 사용의 대가로 받는 금품

④ 알선수재 및 배임수재에 따라 받은 금품

17. 다음 중 소득세법상 공동사업장에 대한 특례에 대한 설명으로 틀린 것은?

① 공동사업장에서 발생한 소득금액에 대하여 원천징수된 세액은 각 공동사업자의 손익분배비율에 따라 배분한다.

② 공동사업장에 대해서는 그 공동사업장을 1사업자로 보아 소득금액을 계산할 수 있도록 증명서류 등을 갖춰 놓아야 한다.

③ 공동사업장의 구성원의 변동이 있는 경우에도 기장의무는 직전연도 당해 공동사업장의 수입금액에 의하여 판정한다.

④ 공동사업장을 1거주자로 보아 공동사업장별로 그 소득금액을 계산하므로 각 공동사업자별로 분배한 소득금액은 각 공동사업자의 다른 사업소득금액과 합산하여 종합소득 과세표준을 계산하지 아니한다.

18. 다음 중 소득세법상 종합소득금액 계산 시 사업소득의 결손금을 공제하는 순서로 옳은 것은?

| 가. 배당소득금액 | 나. 근로소득금액 | 다. 기타소득금액 |
| 라. 이자소득금액 | 마. 연금소득금액 | |

① 라-가-나-마-다

② 나-마-다-가-라

③ 나-마-다-라-가

④ 마-나-다-가-라

19. 소득세법상 종합소득공제에 대한 설명으로 틀린 것은?

① 부녀자공제 1명당 금액 : 연 50만원

② 한부모공제 1명당 금액 : 연 100만원

③ 경로우대자공제 1명당 금액 : 연 150만원

④ 장애인 공제 1명당 금액 : 연 200만원

20. 소득세법상 의료비 세액공제에 해당하지 않는 것은?

① 진찰·치료·질병예방을 위하여 「의료법」 따른 의료기관에 지급한 비용

② 보청기를 구입하기 위하여 지출한 비용

③ 국외소재 의료기관에 지급한 의료비

④ 의사의 처방에 따라 의료기기를 구입한 비용

21. 다음 중 소득세법상 세액공제가 아닌 것은?

① 외국납부세액공제

② 재해손실세액공제

③ 자녀세액공제

④ 전자신고세액공제

22. 다음 중 소득세법상 퇴직소득에 대한 설명으로 옳지 않은 것은?

① 공적연금 관련법에 따라 받는 일시금은 퇴직소득에 해당한다.

② 임원의 퇴직소득 중 법인세법에 따른 임원 퇴직급여 한도초과액으로 손금불산입된 금액은 근로소득에 해당한다.

③ 종업원이 임원이 된 경우 현실적인 퇴직이다.

④ 퇴직소득에 대한 총수입금액의 수입시기는 원칙적으로 퇴직급여를 실지로 지급받는 날로 한다.

23. 다음 중 소득세법상 투기지역, 투기과열지역, 조정대상지역이 아닌 지역의 주택으로서 보유기간이 1년 미만인 경우 적용하는 양도소득 세율로 알맞은 것은?

① 누진세율   ② 40%   ③ 50%   ④ 70%

24. 다음 중 소득세법상 사업을 폐업하는 경우 종합소득세 신고기한으로 알맞은 것은?

① 사업의 폐업일이 속하는 달의 다음달 25일까지

② 폐업일이 속하는 분기의 다음달 25일까지

③ 폐업일이 속하는 해의 말일의 다음달 25일까지

④ 폐업일이 속하는 해의 다음해 5월 31일까지

25. 다음 중 소득세법상 종합소득세의 납세절차에 관한 설명으로 옳지 않은 것은?

① 부가가치세가 면제되는 재화 또는 용역을 공급하는 개인사업자에 대하여는 사업자현황신고의무가 있다.

② 중간예납의무자는 중간예납세액을 중간예납기간 종료일로부터 2개월 이내에 자진납부하여야 한다.

③ 근로소득 및 공적연금소득만 있는 자는 반드시 과세표준확정신고를 하여야 한다.

④ 이자소득에 대한 원천징수세액이 1,000원 미만인 때에도 소득세를 징수한다.

2부 주관식　　**문항 당 5점**

---

26. 다음 (　　)에 들어갈 알맞은 숫자는?

> 국세의 징수를 목적으로 하는 국가의 권리("국세징수권"이라 한다.)는 세목을 불문하고 이를 행사할 수 있는 때부터 (　　)년, 5억원 이상의 국세는 10년 동안 행사하지 아니하면 소멸시효가 완성한다.

27. 다음 자료에서 국세기본법상 빈칸에 들어갈 숫자는 무엇인가?

> 이의신청을 받은 세무서장과 지방국세청장은 그 신청을 받은 날부터 30일 이내에 각각 국세심사위원회의 심의를 거쳐 결정하여야 하며, 심사청구를 받은 국세청장은 그 청구를 받은 날부터 90일 이내에 **국세심사위원회의 의결**을 거쳐 결정하여야 한다. 조세심판원장이 심판청구를 받으면 그 청구를 받은날부터 (　　)일 이내에 조세심판관회의가 심리를 거쳐 결정한다.

28. 소득세법상 다음 (㉠)에 알맞은 숫자는?

> 금전의 대여를 사업목적으로 하지 않는 자가 일시적·우발적으로 금전을 대여함에 따라 지급받는 이자를 비영업대금의 이익이라고 한다. 이때 원천징수의무자는 소득을 지급할 때 비영업대금의 이익에 대해서 (㉠)%를 원천징수한다.

29. 다음 중 소득세법상 대주주가 아닌 자가 양도하는 중소기업의 비상장주식은 양도소득 과세표준의 100분의 (가)의 세율을 적용한다. (가)에 들어갈 숫자는?

30. 소득세법상 다음 (㉠)에 알맞은 숫자는?

> 간편장부대상자가 종합소득 과세표준 확정신고를 할 때 복식부기에 따라 기장하여 소득금액을 계산하고 재무상태표·손익계산서 등을 제출하는 경우에는 해당 장부에 의하여 계산한 사업소득금액이 종합소득금액에서 차지하는 비율을 종합소득 산출세액에 곱하여 계산한 금액의 100분의 20에 해당하는 금액을 종합소득 산출세액에서 공제한다. 다만, 공제세액이 (㉠)만원을 초과하는 경우에는 (㉠)만원을 공제한다.

제84회 세무회계2급 답안 및 해설

세법1부-법인세법, 부가가치세법

1	2	3	4	5	6	7	8	9	10	11	12	13	14	15
②	④	④	②	③	③	②	④	④	②	③	①	③	③	③

16	17	18	19	20	21	22	23	24	25		
②	④	④	④	①	③	④	④	③	①		

26	27	28	29	30
고유목적사업준비금	20	2	5	75

01. ① 사업연도는 1년미만을 허용한다.

③ **3개월이내 변경신고**를 해야 한다.

④ 폐업은 사업연도에 영향을 미치지 않는다.

02. ① 출자자의 소득처분은 배당으로 한다.

② 차기이후에 영향을 미치는 것은 유보만이다.

③ 사외유출만 소득귀속자의 소득세등의 납세의무를 유발한다.

03. 신고조정사항에 대한 것으로 가지급금인정이자는 신고조정사항이고, 나머지는 결산조정사항이다.

05. 우리사주조합에 출연하는 자사주의 장부가액 또는 금품의 가액은 10%한도(지정)기부금으로 보아 한도액을 계산하는 것이 아니라 전액 손금산입 된다.

06. 중소기업인 법인이 수행하는 계약기간이 **1년 미만인 건설 등의 경우 목적물의 인도일이 속하는 사업연도에 익금과 손금에 산입**할 수 있다.

07. 제조업을 영위하는 법인이 보유하는 주식은 원가법으로 평가한다.

08. **유휴설비는 감가상각대상 자산**이다.

09. 정상적인 업무를 수행하기 위하여 지출하는 회의비로서 사내 또는 통상회의가 개최되는 장소에서 제공하는 다과 및 음식물 등의 가액 중 사회통념상 인정될 수 있는 범위내의 금액(``통상회의비``라 한다. 이하 같다)은 이를 각 사업연도의 소득금액 계산상 손금에 산입하나, 통상회의비를 초과하는 금액과 유흥을 위하여 지출하는 금액은 기업업무추진비로 본다.

10. 임원이 연임된 경우 현실적인 퇴직에 해당하지 아니한다.

11. 새로 설립된 법인의 최초 사업연도는 중간예납을 하지 않지만 **합병 또는 분할로 신설된 법인의 최초 사업연도는 중간예납**을 하여야 한다.

12. **현금흐름표는 외부감사대상법인에 한하여 필수적 첨부서류**로 본다.

14. 주유소에서 매입한 휘발유(경유)를 비영업용소형승용차에 주유시 간주공급으로 본다.

   석유라고 하는 표현은 잘못된 것이다. 석유를 정제하여 휘발유등을 생산한다.

15. 사업자등록의 신청을 사업장 **관할 세무서장이 아닌 다른 세무서장에게도 할 수 있다.**

   이 경우 사업장 관할 세무서장에게 사업자등록을 신청한 것으로 본다.

16. **주사업장총괄납부일 경우 각 사업장별로 세금계산서를 발급**한다.

17. 담보의 제공은 재화 또는 용역의 공급으로 보지 않는다.

18. 장기할부판매에 따른 공급시기는 **대가의 각 부분을 받기로 한 때**로 본다.

19. 면세를 적용하면 그 단계에서 창출한 부가가치는 면제되나, 그 거래의 전단계에서 창출한 부가가치는 면제되지 않으므로 부분면세제도라 한다.

20. ② 전자세금계산서 발급시 **세금계산서 보관의무를 면제**한다.

   ③ 신용카드매출전표 등을 발급 후 세금계산서 발급은 금지된다.

   ④ 수입재화는 세관장이 수입세금계산서를 발급한다.

21. 운수업에 직접 사용되는 승용차(예: 택시)는 매입세액공제대상이다.

22. **면세를 포기하고 영세율을 적용받는 경우 의제매입세액공제 대상에서 제외**하고 있다.

23. 내국신용장을 통한 국내 영세율 재화 공급의 경우 영세율세금계산서 발행 대상이다.

24. ① 취득가액에 일정액을 가산할 수 있다.

   ② 반환조건부 용기대금 등은 과세표준에 포함되지 않는다.

   ④ 개별소비세, 주세 등이 부과되는 재화에 대해서는 개별소비세, 주세 등의 과세표준에 해당 개별소비세, 주세 등 상당액을 합계한 금액을 공급가액으로 한다

25. **부동산임대업자는 공급대가가 4,800만원 미만인 경우 간이과세를 적용받을 수 있다.**

28. 내국법인이 납부할 세액이 1천만원을 초과하는 경우에는 자진납부할 세액의 일부를 납부기한이 지난 날부터 1개월(**중소기업의 경우에는 2개월**)이내에 분납할 수 있다.

■■■■■ 세법2부-국세기본법, 소득세법, 조세특례제한법

1	2	3	4	5	6	7	8	9	10	11	12	13	14	15
④	③	④	④	④	③	②	③	④	②	②	④	②	③	②

16	17	18	19	20	21	22	23	24	25					
②	④	③	③	③	④	④	④	④	②					

26	27	28	29	30
5	90	25	10	100

01. **단체의 수익을 구성원에게 분배하지 않아야 한다.**

02. 소급과세금지의 원칙은 세법적용의 원칙이다.

03. 압류는 소멸시효의 중단 사유에 해당한다.

04. 정부가 조사결정 하는 법인세 중간예납은 성립과 동시에 확정되는 국세가 아니다.

05. **사기 등으로 법인세를 포탈한 경우 제척기간은 10년**으로 본다.

06. 피상속인에게 부과되거나 그 피상속인이 납부할 국세 및 강제징수비를 **상속으로 받은 재산의 한도에서 납부할 의무를 진다.**

08. 해당 국세를 감면하는 경우에는 **가산세는 그 감면대상에 포함시키지 않는다.**

09. 세무조사 결과통지 및 과세예고통지를 하는 날부터 **국세부과 제척기간의 만료일까지의 기간이 3개월 이하인 경우에 과세전적부심사를 청구할 수 없다.**

10. 세무공무원은 세무조사의 목적으로 납세자의 장부 또는 서류 등을 세무관서에 임의로 보관할 수 없다. 다만, 납세자의 동의가 있는 경우에는 목적에 필요한 최소한의 범위에서 세무조사 기간 동안 일시 보관할 수 있다.

11. 원천징수하는 자가 거주자인 경우 그 거주자의 주된 사업장 소재지가 납세지가 된다. 다만 주된 사업장 외의 사업장에서 원천징수를 하는 경우에는 그 사업장의 소재지, 사업장이 없는 경우에는 그 거주자의 주소지 또는 거소지로 한다.

12. **통지예금 이자의 수입시기는 인출일**이다.

13. 비영업대금의 이익은 이자소득이다.

14. 복식부기의무자는 **업무용승용차의 처분손실에 대해서 8백만원을 한도로 필요경비에 산입**하고, 초과하는 금액은 이월하여 필요경비산입한다.

15. 자가운전보조금 중 월20만원 이내의 금액이 비과세 소득이다. **식대의 비과세한도 월 20만원이다.**

16. **가구 내 고용활동에서 발생하는 소득은 사업소득**임.

17. 거주자의 사업소득금액과 각 공동사업자별로 분배한 소득금액은 합산하여 종합소득금액을 계산한다.

18. 결손금 공제는 근로 - 연금 - 기타 - 이자 - 배당 소득으로 공제.

19. 경로우대자공제 1명당 금액은 연 100만원이다.

20. 국외소재 의료기관에 지급한 의료비는 세액공제 대상이 아니다.

21. 전자세액공제는 조세특례제한법상 세액공제임.

22. 일반적인 퇴직소득의 수입시기는 현실적으로 퇴직한 날을 수입시기로 한다.

24. 종합소득세는 과세기간의 다음 연도 5월 31일까지 신고기한이다.

25. 소득세의 중간예납세액은 고지서의 발급으로 징수하는 것이 원칙이다.

제83회 세무회계2급

합격율	시험년월
30%	2019.10

세법1부 **법인세법, 부가가치세법**

---

01. 다음 중 법인세법상 납세지에 관한 설명으로 가장 옳지 않은 것은?

① 법인으로 보는 단체로서 주된 소득이 부동산소득인 경우에는 해당 부동산 소재지를 납세지로 한다.

② 법인의 납세지가 변경된 경우 변경 후의 납세지 관할 세무서장에게 변경 신고를 하여야 한다.

③ 국내사업장이 없는 외국법인으로서 국내원천소득 중 부동산소득이 있는 외국법인의 납세지는 해당 외국법인이 신고하는 장소를 납세지로 한다.

④ 어떠한 경우에도 관할 세무서장은 납세지를 지정할 수 없다.

02. 법인세법상 과세대상이 아닌 것은?

① 비영리 내국법인의 청산소득

② 비영리 외국법인의 국내원천 모든 소득

③ 영리 내국법인의 토지 등 양도소득

④ 영리 내국법인의 청산소득

03. 다음 중 법인세법상 원천징수대상 소득에 해당되는 것은?

① 일반법인에게 귀속되는 비영업대금이익

② 법인세가 부과되지 아니하거나 면제되는 소득

③ 신고한 과세표준에 이미 산입된 미지급 소득

④ 법령 또는 정관에 의하여 비영리법인이 회원 또는 조합원에게 대부한 융자금과 비영리법인이 당해 비영리법인의 연합회 또는 중앙회에 예탁한 예탁금에 대한 이자수입

04. 다음 중 법인세법상 결산조정사항이 아닌 것은?

① 책임준비금과 비상위험준비금

② 대손충당금의 손금산입

③ 파손으로 인한 재고자산 평가손실의 손금산입

④ 소멸시효 완성채권에 대한 대손금의 손금산입

05. 다음 중 법인세법상 익금으로 산입하지 않는 것에 관한 설명으로 가장 옳지 않은 것은?

① 지방세 과오납금의 환급금에 대한 이자는 익금으로 산입하지 않는다.

② 부가가치세의 매출세액은 익금으로 산입하지 않는다.

③ 자산수증이익은 익금으로 산입하지 않는다.

④ 주식발행액면초과액은 익금으로 산입하지 않는다.

06. 다음 중 법인세법상 손금산입 대상 조세로 가장 옳지 않은 것은?

① 법인균등분주민세 ② 지방소득세(법인소득분)

③ 업무관련 건물의 재산세 ④ 업무용 트럭 자동차세

07. 다음 중 법인세법상 소득처분의 성격이 다른 것은?

① 임대보증금 등의 간주익금(추계아님) ② 업무용승용차처분손실 중 한도초과액

③ 업무무관자산 등에 대한 지급이자 ④ 임원퇴직급여의 한도초과액

08. 법인세법상 손익의 귀속시기에 대한 설명이다. 가장 옳지 않은 것은?

① 법인 배당소득의 귀속사업연도는 소득세법상 배당소득의 수입시기가 속하는 사업연도로 한다.

② 부동산을 양도한 경우에는 대금청산일, 소유권이전등기일, 인도일, 사용수익일 중 빠른 날을 귀속사업연도로 한다.

③ 영수증을 작성·교부할 수 있는 업종을 영위하는 법인이 금전등록기를 설치·사용하는 경우 그 수입하는 물품대금과 용역대가의 귀속사업연도는 그 금액이 실제로 수입된 사업연도로 할 수 있다.

④ 당해 사업연도 종료일까지 실제로 소요된 총공사비누적액 또는 작업시간 등을 확인할 수 없는 경우에는 추계조사방법에 의하여 계산한 수익과 비용을 각각 해당사업연도의 익금과 손금에 산입한다.

09. 다음 중 법인세법상 감가상각제도의 특징에 관한 설명으로 가장 잘못된 것은?

① 고정자산에 대한 감가상각비는 법인이 각 사업연도에 손금으로 계상한 경우에만 상각범위액에서 손금에 산입하고, 그 계상한 금액 중 상각범위액을 초과하는 금액은 손금에 산입하지 않는 것이 원칙이다.

② 기중 신규취득의 경우 1개월 미만의 일수는 개월수에서 제외한다.

③ 감가상각 시부인 계산은 개별 자산별로 행한다.

④ 감가상각은 그 신고한 상각방법을 변경하지 않는 한 그 후의 사업연도에도 이를 계속하여 적용하여야 한다.

10. 다음 중 법인세법상 지급이자 손금불산입의 부인순서를 옳게 나열한 것은?

ㄱ. 비실명 채권·증권이자	ㄴ. 업무무관자산 등에 대한 지급이자
ㄷ. 건설자금이자 중 특정차입금이자	ㄹ. 채권자가 불분명한 사채의 이자

① ㄹ-ㄱ-ㄷ-ㄴ   ② ㄱ-ㄹ-ㄷ-ㄴ   ③ ㄴ-ㄹ-ㄷ-ㄱ   ④ ㄹ-ㄷ-ㄱ-ㄴ

11. 다음 중 법인세법상 기부금의 성격이 다른 하나는?

① 천재지변으로 생기는 이재민을 위한 구호금품의 가액

② 평생 교육법에 의한 원격대학형태의 평생교육시설에 교육비로 지출하는 기부금

③ 국립대학병원의 시설비·교육비·연구비로 지출하는 기부금

④ 사회복지법인(고아원)에 지출하는 기부금

12. 현행 법인세법에서 중소기업에 대한 조세지원내용이 아닌 것은?

① 기업업무추진비 한도액의 증액   ② 적격증명서류 관련 가산세

③ 결손금 소급공제에 따른 환급   ④ 법인세 분납기간의 연장

13. 다음 중 법인세법상 과세표준 계산 시 이월결손금 공제가 가능한 경우는?

① 자산수증이익·채무면제이익에 충당된 이월결손금

② 결손금소급공제 적용받은 결손금

③ 특정기업이 출자전환 채무면제이익으로 출자전환 이후 사업연도에 발생하는 결손금의 보전에 충당한 경우

④ 천재지변 등의 사유로 과세표준을 추계 결정·경정하는 때

14. 부가가치세법상 납세의무에 대한 설명으로 가장 잘못된 것은?

① 사업자등록 없이 부가가치세가 과세되는 용역을 공급하는 사업자의 경우에도 부가가치세를 신고 · 납부할 의무가 있다.

② 영리목적 없이 사업상 독립적으로 용역을 공급하는 자도 납세의무자에 해당한다.

③ 사업자가 부가가치세가 과세되는 재화나 용역의 공급시 부가가치세를 거래징수하지 못한 경우에 도 부가가치세를 납부할 의무가 있다.

④ 사업자가 국외에서 부동산 임대용역을 공급하는 경우에도 납세의무가 있다.

15. 다음 중 부가가치세법상 부가가치세가 과세되는 거래가 아닌 것으로 가장 적절한 것을 고르시오.

① 사업자가 토지를 임대하였다.

② 공장에서 완성된 제품을 대가를 받지 아니하고 판매목적으로 타 사업장으로 반출하였다.

③ 사업자가 취득한 재화를 견본품으로 사업과 관련하여 대가 없이 다른 사업자에게 제공하였다.

④ 사업자가 자기생산 · 취득재화(매입세액 공제됨)를 종업원에게 무상으로 제공하였다.(실비변상적 이거나 복리후생적인 목적이 아님.)

16. 다음 중 부가가치세법상 재화의 공급에 관한 설명으로 틀린 것은?

① 장기할부판매에 따라 재화를 인도하거나 양도하는 것은 재화의 공급으로 보지 아니한다.

② 자기가 주요자재의 전부 또는 일부를 부담하고 상대방으로부터 인도받은 재화를 가공하여 새로 운 재화를 만드는 가공계약에 따라 재화를 인도하는 것은 재화의 공급으로 본다.

③ 국세징수법에 의한 공매, 지방세 징수를 위한 공매, 민사집행법에 따른 경매에 의하여 재화를 인도, 양도하는 것은 과세되는 재화의 공급으로 보지 않는다.

④ 보세구역에 있는 조달청 창고에 보관된 물품에 대하여 조달청장이 발행하는 창고증권의 양도로 서 임치물의 반환이 수반되지 아니하는 것은 재화의 공급으로 보지 아니한다.

17. 다음 중 부가가치세법상 용역의 공급에 해당하는 것은?

① 고용관계에 의해 근로를 제공하는 것

② 대가를 받지 않고 타인에게 역무를 제공하는 것

③ 대가를 받고 시설물, 권리 등 재화를 사용하게 하는 것

④ 계약상 원인으로 대가를 받고 물건을 양도하는 것

18. 다음 중 부가가치세법상 재화의 수입에 대한 설명으로 가장 잘못된 것은?

① 외국으로부터 재화를 들여오는 경우 부가가치세가 과세된다.

② 수입하는 재화에 대하여는 세관장이 수입자로부터 당해 재화의 수입시에 부가가치세를 징수한다.

③ 수출신고를 마치고 선적이 완료된 물품이 계약취소 등의 사유로 수출되지 않고 국내로 다시 반입하는 경우는 재화의 수입에 해당하지 않는다.

④ 수입하는 재화에 대하여는 당해 수입자가 사업자인지 여부에 관계없이 부가가치세가 과세된다.

19. 부가가치세법상 면세에 관한 내용 중 가장 옳지 않은 것은?

① 부가가치세가 면제되는 재화를 수출하는 사업자가 면세를 포기하면 해당 수출 재화에 대해 영세율을 적용 받을 수 있다.

② 국가에 공급하는 재화에 대해서 유상으로 공급하면 부가가치세가 면제된다.

③ 면세사업자도 부가가치세가 과세되는 재화 또는 용역을 공급받는 때에는 부가가치세를 부담한다.

④ 사업자가 주택임대용역을 공급하면 면세이다.

20. 다음 중 부가가치세법상 세금계산서 제도에 관한 설명으로 가장 옳지 않은 것은?

① 세금계산서는 거래에 관한 청구서 또는 영수증의 역할을 하며, 공급받는자가 매입세액공제를 받기 위한 필수적인 자료이다.

② 면세사업자는 공급받는 자가 요구하는 경우에도 세금계산서를 발급할 수 없다.

③ 영수증은 원칙적으로 공급받는 자와 부가가치세액을 따로 기재하지 않으며, 이러한 영수증에는 공급대가 금액으로 표시된다.

④ 공급하는 자와 공급받는 자의 사업자등록번호, 공급가액, 부가가치세액만 기록된 세금계산서도 효력이 인정된다.

21. 다음 중 부가가치세법상 과세표준에 대한 설명으로 가장 옳지 않은 것은?

① 폐업 시 남아있는 재고자산은 그 재고자산의 시가에 따라 과세표준을 산정한다.

② 재화를 공급한 후의 공급가액에 대한 장려금은 과세표준에서 공제하지 않는다.

③ 공급받는 자에게 도달하기 전에 파손된 재화의 가액은 과세표준에 포함한다.

④ 대가를 외국 통화나 그 밖의 외국환으로 받는 경우로서 공급시기가 되기 전에 원화로 환가한 경우 그 환가한 금액을 공급가액으로 한다.

22. 다음 중 부가가치세법상 매입세액으로 공제 가능한 것으로 가장 옳은 것은?

① 공장부지 정지작업에 대한 매입세액

② 업무용 차량으로 구입한 5인승 중형승용차에 대한 매입세액

③ 공사 7일 전 공사대금을 선 지급한 사무실 인테리어비용에 대한 매입세액

④ 간이과세자로부터 사무용품을 구입하고 신용카드매출전표를 수취한 경우

23. 다음 중 부가가치세법상 의제매입세액 공제율로 맞는 것은?

① 음식점업을 경영하는 법인사업자 = 8/108

② 음식점업을 경영하는 개인사업자(과세표준 1억인 경우) = 2/102

③ 과세유흥장소인 음식점업을 경영하는 개인사업자 = 6/106

④ 음식점업 및 제조업 외의 사업자 = 2/102

24. 부가가치세법상 음식점을 영위하는 간이과세자인 경우 신용카드 매출전표 등 발행세액공제액을 계산할 때 (   )에 들어갈 내용을 순서대로 고른 것으로 옳은 것은?

> • 신용카드 매출전표 등 세액공제액 = Min(ㄱ, ㄴ)
> 　ㄱ. 발급금액 또는 결제금액 × (   )%
> 　ㄴ. 연간 (   )만원

① 1.3, 500　　　　② 1.3, 1,000　　　　③ 2.6, 500　　　　④ 2.6, 1,000

25. 다음 중 부가가치세법상 간이과세의 포기는 언제까지 하여야 하는가?

① 적용받으려는 달의 전달 마지막 날까지　　② 과세기간 종료일부터 30일 전

③ 과세기간 시작 30일 전　　　　　　　　　④ 과세기간 종료일로부터 10일 이내

1부 주관식　　**문항 당 5점**

26. 다음 ( )에 공통으로 들어갈 금액은?

> 법인(부동산임대업이 주업이 아닌)이 업무용승용차를 처분하여 발생하는 손실로서 업무용승용차별로
> ( )만원(해당 사업연도가 1년 미만인 경우 ( )만원에 해당 사업연도의 월수를 곱하고 이를
> 12로 나누어 산출한 금액을 말한다)을 초과하는 금액은 대통령령으로 정하는 방법에 따라 이월하여 손금
> 에 산입한다.

27. 다음의 자료를 통해 법인세법상 무조건 기타사외유출인 항목의 합계금액을 구하시오.

> • 기업업무추진비 한도초과액 : 1,000,000원　• 대손충당금 한도초과액 : 2,000,000원
> • 기부금 한도초과액 : 3,000,000원　　　　• 업무무관자산에 대한 지급이자 : 4,000,000원

28. 다음 자료에서 법인세법상 빈칸에 들어갈 내용은 무엇인가?

> 내국법인의 각 사업연도의 소득에 대한 법인세의 과세표준은 각 사업연도의 소득의 ( )% 범위에서 이
> 월결손금 공제액·비과세소득 및 소득공제액을 차례로 공제한 금액으로 한다.(중소기업과 회생계획을 이
> 행 중인 기업 등은 제외)

29. 다음의 (가)에 알맞은 답을 적으시오.

> 사업장이 둘 이상인 사업자(사업장이 하나이나 추가로 사업장을 개설하려는 사업자를 포함한다)는 사업자
> 단위로 해당 사업자의 본점 또는 주사무소 관할 세무서장에게 등록을 신청할 수 있다. 이 경우 등록한
> 사업자를 (가)라 한다.

30. 다음 자료에서 부가가치세법상 빈칸에 들어갈 내용은 무엇인가?

> 사업자가 사업개시일부터 20일 이내에 사업자등록을 신청하지 않은 경우에는 공급가액 합계액의
> ( )%를 곱한 금액을 납부세액에 더하거나 환급세액에서 뺀다.

세법2부 국세기본법, 소득세법, 조세특례제한법

---

01. 다음 중 국세기본법상 서류의 송달에 대한 설명으로 가장 옳지 않은 것은?

① 우편에 의한 서류의 송달의 경우에는 납부고지서 뿐 아니라 납세안내의 경우에도 등기우편에 의하여야 한다.

② 과세표준신고서를 국세정보통신망을 이용하여 제출하는 경우에는 국세청장에게 전송된 때에 신고된 것으로 본다.

③ 소득세 중간예납세액 및 예정고지세액의 납부고지서로서 50만원 미만인 경우에 일반우편에 의해 송달할 수 있다.

④ 우편으로 제출한 심사청구서가 청구기간을 지나서 도달한 경우에도 발송일이 청구기간 이내이면 적법한 심사청구로 본다.

02. 다음 중 국세기본법상 천재지변 등으로 인하여 납세의무이행이 곤란한 사정을 고려해 주는 규정이 아닌 것은?

① 가산세의 감면   ② 납부기한의 연장

③ 신청기한의 연장   ④ 납세의무의 소멸

03. 국세기본법상 납세의무의 성립과 확정에 관한 설명으로 틀린 것은?

① 기간과세되는 세목은 원칙적으로 그 과세기간이 끝나는 때에 납세의무가 성립한다.

② 국세에 부과되는 교육세는 해당 국세의 납세의무가 성립하는 때에 납세의무가 성립한다.

③ 원천징수하는 법인세는 납세의무가 성립하는 때에 특별한 절차 없이 그 세액이 확정된다.

④ 상속세와 증여세는 해당 국세의 과세표준과 세액을 신고하는 때 확정된다.

04. 다음 중 국세기본법에 따른 소멸시효의 정지사유가 아닌 것은?

① 세법에 따른 분납기간   ② 세법에 따른 이의신청기간

③ 세법에 따른 징수유예기간   ④ 세법에 따른 압류·매각기간

05. 다음 중 국세기본법상 국세 우선권에 대한 설명으로 가장 틀린 것은?

① 사용자의 재산을 매각하거나 추심할 때 그 매각금액 또는 추심금액 중에서 국세를 징수하는 경우에 근로기준법 또는 근로자퇴직급여 보장법에 따라 국세에 우선하여 변제되는 임금, 퇴직금, 재해보상금, 그 밖에 근로관계로 인한 채권이 있다.

② 등기되지 않은 주택 임차보증금은 어떠한 경우에도 국세보다 우선하지 못한다.

③ 국세의 법정기일 후에 저당권 설정을 등록한 재산을 매각할 때 그 매각금액 중에서 저당권에 의하여 담보된 채권은 국세에 우선하지 못한다.

④ 강제집행, 경매 또는 파산 절차에 따라 재산을 매각할 때 그 매각금액 중에서 국세 및 강제징수비를 징수하는 경우 그 강제집행, 경매 또는 파산 절차에 든 비용이 국세 및 강제징수비보다 우선한다.

06. 다음 중 국세기본법상 가산세에 관한 설명으로 틀린 것은?

① 가산세는 해당 의무가 규정된 세법의 해당 국세의 세목으로 하고, 해당 국세를 감면하는 경우에는 가산세도 감면대상에 포함한다.

② 가산세는 납부할 세액에 가산하거나 환급받을 세액에서 공제한다.

③ 신고불성실 가산세에는 무신고가산세와 과소신고가산세가 있다.

④ 정부는 세법에서 규정한 의무를 위반한 자에게 이 법 또는 세법에서 정하는 바에 따라 가산세를 부과할 수 있다.

07. 국세기본법상 기한후신고와 수정신고 등에 관한 설명으로 틀린 것은?

① 수정신고는 법정신고기한까지 과세표준 신고서를 제출한 자에 대해서만 적용하나 기한 후 신고는 법정신고기한까지 과세표준 신고서를 제출하지 않은 자에 대해서 적용한다.

② 기한후과세표준신고서를 제출한 자로서 세법에 따라 납부하여야 할 세액이 있는 자는 기한후과세표준신고서의 제출과 동시에 해당 세액을 납부하여야 한다.

③ 기한후신고는 납세의무를 확정하는 효력이 있다.

④ 과세표준신고서를 법정신고기한까지 제출하였으나 신고액에 상당하는 세액의 전부 또는 일부를 납부하지 않은 자는 해당 세액과 가산세를 세무서장이 고지하기 전에 납부할 수 있다.

08. 다음 중 국세기본법상 과세와 환급에 관한 설명으로 가장 옳지 않은 것은?

① 납세자가 상속세를 물납한 후 해당 물납재산으로 환급받는 경우에는 국세환급가산금 규정이 적용되지 않는다.

② 납세자의 국세환급금과 국세환급가산금에 관한 권리는 행사할 수 있는 때부터 5년간 행사하지 않으면 소멸시효가 완성된다.

③ 기한후과세표준신고서를 제출만 하면 납부와 상관없이 무신고가산세 감면을 적용받을 수 있다.

④ 수정신고는 결정 또는 경정을 통지하기 전으로서 국세부과의 제척기간이 끝나기 전까지 할 수 있다.

09. 국세기본법상 이의신청, 심사청구 및 심판청구에 대한 설명으로 가장 틀린 것은?

① 국세기본법 또는 세법에 따른 동일한 처분에 대해서는 심사청구와 심판청구를 중복하여 제기할 수 없다.

② 이의신청, 심사청구 및 심판청구는 세법에 특별한 규정이 있는 것을 제외하고는 해당 처분의 집행에 효력을 미치지 아니한다.

③ 심사청구 또는 심판청구에 대한 처분에 대해서는 이의신청, 심사청구 또는 심판청구를 제기할 수 없다. 다만, 재조사 결정에 따른 처분청의 처분에 대해서는 해당 재조사 결정을 한 재결청에 대하여 심사청구 또는 심판청구를 제기할 수 있다.

④ 이의신청에 대한 처분과 재조사 결정에 따른 처분청의 처분에 대해서는 이의신청을 할 수 있다.

10. 다음 중 국세기본법상 과세전적부심사에 대한 설명으로 가장 틀린 것은?

① 납부고지 하려는 세액이 100만원 이상인 경우 납세자에게 그 내용을 서면으로 통지(과세예고통지)하여야 한다. 다만 감사원의 지적사항에 대한 소명 안내를 받은 경우는 제외한다.

② 과세예고통지를 받은 자는 통지를 받은 날부터 30일 이내에 통지를 한 세무서장이나 지방국세청장에게 과세전적부심사를 청구할 수 있다.

③ 청구 기간이 지났거나 보정 기간에 보정하지 아니한 경우 채택하지 아니한다는 결정을 한다.

④ 세무조사 결과 통지를 하는 날부터 국세부과 제척기간의 만료일까지의 기간이 3개월 이하인 경우 과세전적부심사를 청구할 수 없다.

11. 다음 중 소득세법상 용어에 대한 정의로 가장 옳지 않은 것은?

① "거주자"란 국내에 주소를 두거나 183일 이상의 거소를 둔 개인을 말한다.

② "비거주자"란 거주자가 아닌 개인을 말한다.

③ "사업자"란 사업소득이 있는 거주자를 말한다.

④ "주소"는 국내에서 주민등록법에 의하여 등록된 곳을 의미하며 형식에 따라 판단한다.

12. 다음 중 소득세법상 납세의무에 관한 설명으로 가장 옳지 않은 것은?

① 공동사업자는 공동사업에서 생긴 소득에 대해서 소득세를 연대하여 납부할 의무를 진다.

② 거주자와 비거주자의 개념은 국적과 관련이 없으므로 외국인도 거주자로서 납세의무를 지는 경우가 있을 수 있다.

③ 이자소득과 배당소득의 경우에도 부부단위로 합산하여 과세하지 않고 개인별로 과세한다.

④ 법인으로 보는 단체 외의 법인이 아닌 단체로서 구성원 간 이익의 분배방법 및 비율이 정해져 있지 않은 단체는 1거주자(또는 1비거주자)로 취급되어 소득세 납세의무를 진다.

13. 소득세법상 이자소득에 대한 설명으로 틀린 것은?

① 외상매출금 지급기일 연장이자가 소비대차로 전환된 경우 당해 이자는 비영업대금이익으로 보아 이자소득으로 과세한다.

② 공익신탁의 이익은 이자소득으로 과세한다.

③ 직장공제회초과반환금은 1998년 12월 31일 이전 가입분은 비과세하고 1999년 1월 1일 이후 직장공제회에 가입하고 퇴직으로 받은 반환금부터 과세한다.

④ 상업어음할인료는 사업소득으로 과세한다.

14. 다음 중 소득세법상 사업소득의 필요경비로 인정될 수 있는 것은?

① 법령에 따라 의무적으로 납부하는 공과금

② 사업자가 사업과 관련 없이 지출한 기업업무추진비

③ 국세징수법이나 그 밖의 조세에 관한 법률에 따른 가산세와 강제징수비

④ 사업자가 그 업무와 관련 없는 자산을 취득하기 위하여 차입한 금액에 대한 지급이자

15. 소득세법상 총수입금액의 수입시기로 옳지 않은 것은?

① 무기명주식의 이익이나 배당 : 그 지급을 받은 날

② 잉여금처분에 의한 상여 : 근로를 제공한 날

③ 통지예금의 이자 : 인출일

④ 출자공동사업자의 배당 : 과세기간 종료일

16. 소득세법상 생산직근로자 등의 시간외근무수당에 대한 설명이다. (   )에 알맞은 것은?

> 생산직 및 그 관련직에 종사하는 근로자 중 월정급여가 210만원 이하이고 직전 과세기간의 총급여액이
> (   ) 이하인 근로자(일용근로자를 포함)로서 일정요건을 충족한 사람이 연장근로·야간근로 또는 휴일
> 근로를 하여 통상임금에 더하여 받는 급여 중 연 240만원 이하의 금액은 비과세 된다.

① 2,100만원   ② 2,300만원   ③ 3,000만원   ④ 2,700만원

17. 다음 중 소득세법상 연금소득에 대한 설명으로 가장 틀린 것은?

① 공적연금소득과 사업소득이 있는 경우 반드시 합산하여야 한다.
② 종합소득 합산과세되는 연금소득은 사업소득 결손금과 통산하지 않는다.
③ 연금소득금액은 총연금액에서 연금소득공제를 적용한 금액으로 한다.
④ 연금소득 공제액은 900만원을 초과할 수 없다.

18. 소득세법상 부당행위계산 부인의 적용대상이 되지 않는 것은?

① 이자소득   ② 출자공동사업자의 배당소득
③ 양도소득   ④ 기타소득

19. 다음 중 소득세법상 부동산임대업을 제외한 사업소득에서 발생한 결손금을 공제할 수 없는 것은?

① 이자소득   ② 배당소득   ③ 퇴직소득   ④ 기타소득

20. 다음 중 소득세법상 기타소득에 해당하지 않는 것은?

① 소기업·소상공인 공제부금의 해지일시금
② 문예창작소득
③ 종업원 등이 퇴직한 후에 지급받은 직무발명보상금으로서 연 700만원 이하의 금액
④ 법인세법에 따라 처분된 기타소득

21. 소득세법상 원천징수의무가 없는 소득은?

① 배당소득   ② 연금소득
③ 기타소득   ④ 외국기관으로부터 받는 근로소득

22. 다음 중 소득세법상 세율에 대한 설명으로 가장 틀린 것은?

① 종합소득과세표준이 5억원을 초과하는 경우 초과하는 금액에 대하여 적용하는 세율은 42 퍼센트이다.

② 보유기간이 1년 이상 2년 미만인 부동산(상가)을 취득할 수 있는 권리를 양도한 경우 40퍼센트의 세율을 적용한다.

③ 종합소득 과세표준에 적용하는 세율과 퇴직소득 과세표준에 적용하는 세율은 다르다.

④ 미등기 양도자산에 해당하는 경우 70퍼센트의 세율을 적용한다.

23. 다음 중 소득세법상 표준세액공제가 적용되는 경우 ㉠근로소득이 있는 자와 ㉡근로소득이 없는 사업자(성실사업자 아님)의 표준세액공제 금액으로 맞게 짝지어 진 것은?

① ㉠ 12만원, ㉡ 7만원

② ㉠ 13만원, ㉡ 7만원

③ ㉠ 12만원, ㉡ 12만원

④ ㉠ 13만원, ㉡ 12만원

24. 다음 중 소득세법상 양도소득에 대한 설명으로 옳은 것은?

① 거주자가 건물을 신축하고 그 신축한 건물의 취득일부터 5년 이내에 해당 건물을 양도하는 경우로서 환산가액을 그 취득가액으로 하는 경우에는 해당 건물 환산취득가액의 100분의 5에 해당하는 금액을 양도소득 결정세액에 더한다.

② 비거주자는 국내 부동산을 양도하는 경우에도 양도소득에 대한 납세의무가 없다.

③ 토지를 양도하는 경우 양도소득 기본공제를 적용하지 않는다.

④ 해당 과세기간에 누진세율 적용대상 자산에 대한 예정신고를 2회 한 경우 각각 예정신고를 했으므로 확정신고를 하지 아니할 수 있다.

25. ㈜세무 직원인 홍길동씨가 다음 자료에 의해 공제받을 수 있는 기본공제 금액은 얼마인가?

(1) 배우자	(2) 초등학생 자녀	(3) 유치원 자녀
(4) 30세 여동생(동거중)	(5) 57세 장모님	
※ 모든 대상자는 소득이 없으며, 장애인이 아니다.		

① 600만원　　　② 750만원　　　③ 900만원　　　④ 1,050만원

2부 주관식　　**문항 당 5점**

26. 국세기본법상 다음 괄호안에 들어갈 내용은 무엇인가?

> 세무공무원이 명시적으로 부가가치세 면제대상으로 세무지도를 하여 납세자가 이를 믿고 부가가치세를
> 거래징수하지 않았으나 그 이후에 과세관청이 한 부가가치세 과세처분은 (　　　　　)의 원칙에 위
> 반된다.

27. 국세기본법상 법정신고기한이 지난 후 1개월 초과 3개월 이내에 수정 신고한 경우 해당 가산세액의
100분의 (가)에 상당하는 금액을 감면한다. (가)에 알맞은 숫자는?

28. 다음 자료에 의해 양도소득세 양도차익을 구하시오.

> • 건물 양도가액 : 1,000,000,000원　　　　　• 건물 취득가액 : 900,000,000원
> • 건물 취득시 취득세, 등록세 : 40,000,000원　　• 건물 양도시 중개수수료 : 20,000,000원
> • 보유기간 : 12년 5개월　　　　　　　　　　　• 상기비용을 제외하고는 추가비용은 없다.
> • 양도일 현재 합산할 양도소득세 과세대상 자산은 없다.

29. 근로자 홍길동씨의 자녀가 3명(모두 기본공제 대상자이며 초등학생으로 8세 이상)인 경우 소득세법상
자녀세액공제 금액은?

30. 국내에서 거주자나 비거주자에게 이자소득을 지급하는 자는 그 거주자나 비거주자에 대한 소득세를 원천
징수하여야 한다. 이자소득 중 비영업대금의 이익에 대해서는 100분의 25, 직장공제회 초과반환금에
대해서는 기본세율을 적용한다. 그 밖의 이자소득에 대해서는 100분의 (가)의 세율을 적용하여 원천징
수한다. (가)에 들어갈 숫자는?

제83회 세무회계2급 답안 및 해설

세법1부-법인세법, 부가가치세법

1	2	3	4	5	6	7	8	9	10	11	12	13	14	15
③	①	①	④	③	②	④	④	②	①	④	②	④	④	③

16	17	18	19	20	21	22	23	24	25
①	③	③	②	④	③	③	④	②	①

26	27	28	29	30
800	8,000,000원	80	사업자단위과세사업자	1

01. 부동산 소득이 있는 경우 각각 그 자산의 소재지로 한다.

02. 비영리내국법인의 경우 각 사업연도의 소득과 토지 등 양도소득으로 한정한다.

03. 비영업대금이익은 원천징수대상 소득이다.

04. 소멸시효 완성분 등 일정한 대손금은 신고조정사항이다.

05. 자산수증이익은 법인의 순자산을 증가시키는 거래로 발생하는 수익이므로 원칙적으로 익금에 해당한다.

06. 법인소득분에 대한 지방소득세는 손금불산입 사항이다.

07. 임원퇴직급여의 한도초과액은 근로소득으로 과세하고 나머지는 기타사외유출로 처분하고 추가과세는 없다.

08. **작업진행율을 계산할 수 없는 경우 그 목적물의 인도일이 속하는 사업연도가 귀속시기**임.

09. 기중 신규취득의 경우 1개월 미만의 일수는 1개월로 한다.

11. ④는 일반기부금, 나머지는 특례기부금이다.

13. 법인세 과세표준을 **추계결정·경정하는 경우**에는 **이월결손금 공제규정을 적용하지 않는다.** 다만, 천재지변 등으로 장부나 그 밖의 증빙서류가 멸실되어 추계하는 경우에는 그렇지 않다.

14. 사업자가 국외에서 부동산 임대용역을 공급하는 경우에는 납세의무가 없다.

15. 사업자가 취득한 재화를 견본품으로 사업과 관련하여 대가 없이 다른 사업자에게 제공하는 거래는 과세거래가 아니다.

17. 대가를 받고 시설물, 권리 등 재화를 사용하게 하는 것 용역의 공급임.

18. 수출신고를 마치고 선적이 완료된 물품이 계약취소 등의 사유로 수출되지 않고 국내로 다시 반입하는 경우는 재화의 수입에 해당함.

19. **국가에 공급하는 재화는 무상**으로 공급해야 부가가치세가 면제된다.

20. 공급하는 자와 공급받는 자의 사업자등록번호, 공급가액, 부가가치세액 및 작성연월일은 세금계산서의 필요적 기재사항으로서, 필요적 기재사항의 전부 또는 일부가 기재되지 아니하거나 사실과 다른 때에는 사실과 다른 세금계산서로 세금계산서의 효력이 인정되지 아니할 수 있다.

21. 공급받는 자에게 도달하기 전에 파손된 재화의 가액은 과세표준에 포함하지 아니한다.

22. 재화 용역의 공급시기 전 대금을 지급하고 수취한 세금계산서는 매입세액 공제 가능.

23. ① 6/106,　② 9/109,　③ 2/102

24. 신용카드 등의 사용에 따른 세액공제를 계산할 때 간이과세자는 **발급금액 또는 결제금액의 1.3%**를 적용하며 **연간 1,000만원을 한도**로 한다.

25. 간이과세를 포기하고 일반과세를 적용받으려는 자는 일반과세자에 관한 규정을 **적용받으려는 달의 전달 마지막 날까지** 납세지 관할세무서장에게 간이과세 포기신고를 하여야 한다.

27. 8,000,000 = 기업업무추진비한도초과(1,000,000) + 기부금한도초과(3,000,000) + 업무무관자산 지급이자(4,000,000)

세법2부-국세기본법, 소득세법, 조세특례제한법

1	2	3	4	5	6	7	8	9	10	11	12	13	14	15
①	④	④	②	②	①	③	③	④	③	④	①	②	①	②

16	17	18	19	20	21	22	23	24	25				
③	②	①	③	③	④	③	②	①	①				

26	27	28	29	30
신의성실	75	40,000,000원	65만원(개정세법 24)	14

01. **납부의 고지 · 독촉 · 강제징수 또는 세법에 다른 정부의 명령**에 관계되는 서류의 송달을 우편으로 할 때에는 **등기우편**으로 하여야 한다.

02. 천재지변 등으로 납세의무가 소멸되지는 않음.

03. 상속세와 증여세(정부부과조세)는 해당국세의 **과세표준과 세액을 정부가 결정하는 때에 확정**된다.

04. 이의신청기간은 소멸시효의 정지사유가 되지 아니한다.

05. 소액주택임차보증금은 국세 및 강제징수비보다 우선한다.

06. 해당 국세를 감면하는 경우에는 **가산세는 그 감면대상에 포함시키지 않는다.**

07. 기한후신고는 납세의무를 확정하는 효력이 없다.

　　② 기한후신고와 동시에 세액을 납부해야 한다는 규정도 잘못된 표현이다. 2015년 세법개정시 납부를 하지 않은 경우에도 적법한 신고로 보고 있다.

〈개정세법 2015〉

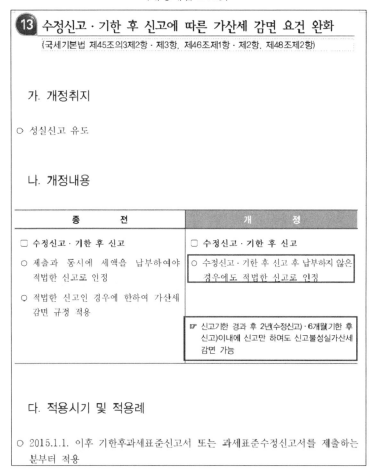

08. ③도 2015년 세법개정시 신고만 하면 무신고가산세 감면을 받을 수 있는 것으로 개정되었다. 7번의 개정세법 2015를 참고하세요. 잘못 출제된 문제이다.

09. 이의신청에 대한 처분과 재조사 결정에 따른 처분청의 처분에 대해서는 이의신청을 할 수 없다.

10. 심사하지 아니한다는 결정(심사거부)을 한다

11. 주소는 국내에서 생계를 같이하는 가족 및 국내에 소재하는 자산의 유무 등 생활관계의 객관적 사실에 따라 판단한다.

12. 공동사업에서 발생하는 소득금액은 공동사업자 간 손익분배비율에 의하여 분배되었거나 분배될 소득금액에 따라 해당 공동사업자별로 납세의무를 진다.

13. 공익신탁의 이익은 이자소득은 비과세 이자소득이다.

14. 법령에 따라 의무적으로 납부하는 것이 아닌 공과금은 필요경비 불산입한다.

15. 잉여금처분에 의한 상여의 수입시기는 당해 법인의 잉여금처분결의일임.

16. 직전과세기간의 **총급여액 3,000만원인** 근로자가 해당한다.

17. 사업소득금액을 계산할 때 발생한 결손금은 근로소득금액, 연금소득금액, 기타소득금액, 이자소득금액, 배당소득금액에서 순서대로 공제한다.

18. 출자공동사업자의 배당소득, 사업소득, 기타소득, 양도소득이 부당행위계산 부인을 적용받는다.

19. 퇴직소득은 결손금 공제 대상 소득이 아니다.

20. 종업원 등이 퇴직한 후에 지급받은 **직무발명보상금으로서 연 700만원(개정세법 24) 이하의 금액은 비과세 소득**이다.

21. 외국기관 또는 우리나라에 주둔하는 국제연합군(미군은 제외한다)으로부터 받는 근로 소득은 원천징수의무에서 제외한다.

22. 종합소득과 퇴직소득에 적용되는 세율은 기본세율로 동일하다.

23. **근로소득이 있는 경우 13만원, 근로소득이 없는 성실사업자가 아닌 경우 7만원**을 적용한다.

24. ② **비거주자도 양도소득에 대하여 납세의무**가 있다.

    ③ 미등기자산이 아닌 경우 기본공제를 적용한다.

    ④ 누진세율적용대상자산에 대한 **예정신고를 2회 이상 한 경우 확정신고**를 하여야 한다.

25. 기본공제대상자: 본인, 배우자, 자녀 2명 총 4명×150만원=600만원

    여동생: 연령요건 미충족(20세이하 또는 60세이상)

    장모님: 연령요건 미충족(60세이상)

27. 수정신고서 1개월초과 3개월이내 75%, 6개월이내 50%, 1년이내 30%, 1년 6개월 이내 20%, 2년이내 10% 과소신고가산세를 감면한다.

28. 양도차익 = 양도가액(1,000,000,000) − 필요경비(900,000,000+40,000,000+20,000,000)
    = 40,000,000원

29. 자녀세액공제액 = 2명(350,000 − 개정세법 24)+1명×300,000원/명 = 650,000원

제82회 세무회계2급

합격율	시험년월
27%	2019.08

세법1부 법인세법, 부가가치세법

01. 다음 중 법인세법상 사업연도에 관한 설명으로 옳지 않은 것은?

① 외국법인의 최초 사업연도 개시일은 국내에 국내사업장을 가지게 된 날로 한다.

② 내국법인의 최초 사업연도 개시일은 원칙적으로 사업자등록신청일이다.

③ 사업연도는 1년을 초과할 수 없다.

④ 사업연도를 변경하고자 하는 법인은 그 법인의 직전사업연도 종료일부터 3월 이내에 납세지 관할세무서장에게 신고하여야 한다.

02. 다음 중 법인세법상 소득처분이 다른 것은?

① 일반기부금 한도초과액

② 기업업무추진비 한도초과액

③ 감가상각비 한도초과액

④ 기부금 한도 초과액

03. 다음 중 법인세법상 익금불산입이 아닌 것은?

① 자본거래 등으로 인한 수익의 익금불산입

② 이월익금의 익금불산입

③ 지주회사 수입배당금액의 익금불산입

④ 일반 외국법인 수입배당금액의 익금불산입

04. 다음 중 법인세법상 반드시 신고조정을 하여야 하는 것은?

① 대손충당금

② 고유목적사업준비금

③ 퇴직연금부담금

④ 구상채권상각충당금

05. 다음 중 법인세법상 회사가 손금계상한 경우에도 감가상각비 시부인 계산을 하여야 하는 것은?

① 개별자산별로 수선비로 지출한 금액이 6백만원 미만인 경우

② 취득가액이 거래단위별로 100만원 이하인 감가상각자산으로서 그 고유 업무의 성질상 대량으로 보유하는 자산

③ 3년 미만의 기간마다 주기적인 수선을 위하여 지출하는 비용

④ 어업에 사용되는 어구(어선용구를 포함)

06. 다음 중 법인세법상 재고자산(유가증권 및 부동산 제외) 평가방법을 신고한 법인이 신고한 평가방법과 다른 방법으로 재고자산을 평가하여 신고한 경우 적용되는 평가방법은?

① 선입선출법

② 당초 적법하게 신고한 평가방법에 의한 평가금액과 선입선출법에 의하여 평가한 금액 중 큰 금액으로 평가한다.

③ 법인이 결산시 평가한 평가방법에 의한 금액과 선입선출법에 의하여 평가한 금액 중 큰 금액으로 평가한다.

④ 신고한 평가방법

07. 다음 중 법인세법상 자산의 취득가액에 대한 설명으로 가장 옳은 것은?

① 특수관계없는 자로부터 정상가액보다 높은 가액으로 매입한 자산의 정상가액을 초과하는 금액은 취득가액에 포함한다.

② 타인으로부터 저가로 매입한 자산(유가증권 제외)은 시가를 취득가액으로 한다.

③ 물품수입시 발생하는 '연지급수입이자'는 항상 취득가액에 포함한다.

④ 특수관계자인 개인으로부터 유가증권을 시가보다 낮은 가액으로 매입한 경우에는 그 유가증권의 시가와 매입가액의 차액에 상당하는 금액은 취득가액에 포함한다.

08. 다음 중 법인세법상 손익의 귀속시기에 대한 설명으로 가장 옳은 것은?

① 법인세 원천징수대상인 이자소득에 대하여 결산확정시 기간경과분 미수이자를 수익으로 계상한 경우에는 수익계상한 날이 속하는 사업연도이다.

② 채권, 주식 등 유가증권은 점유에 의해 그 소유권을 인정하므로 이를 양도하는 경우 그 손익의 귀속시기는 원칙적으로 당해 유가증권을 인도하는 날이다.

③ 자산 양도시 잔금지급일에 어음을 받았다면 그 어음을 교부받은 날이 양도시기가 된다.

④ 장기할부판매의 대상이 되는 자산은 제한이 없으므로 상품 등과 기타의 자산 및 주식을 모두 포함한다.

09. 다음 중 법인세법상 기업업무추진비에 대한 설명 중 가장 잘못된 것은?

① 접대행위는 이루어졌으나 그 대금을 미지급한 경우에는 실제로 이를 지급하기 전에는 기업업무추진비로 보지 아니한다.

② 법인이 기업업무추진비를 금전 외의 자산으로 제공한 경우에 당해 자산의 가액은 제공한 때의 시가(시가가 장부가액 보다 낮은 경우에는 장부가액)로 평가한다.

③ 법인이 기업업무추진비를 이연처리한 경우에는 이를 지출한 사업연도의 기업업무추진비로 보아 시부인 계산한다.

④ 법인이 특정인에게 기증한 물품(개당 30,000원 초과)이 연간 5만원을 초과하는 경우에는 이를 기업업무추진비로 본다

10. 다음 중 법인세법상 과세표준 등의 신고에 대한 설명으로 틀린 것은?

① 납세의무가 있는 내국법인(성실신고확인대상아님)은 각 사업연도 종료일이 속하는 달의 말일부터 3개월 이내에 신고하여야 한다.

② 각 사업연도의 소득금액이 없거나 결손금이 있는 법인은 적용하지 않는다.

③ 외부감사를 받아야하는 내국법인이 감사가 종결되지 않은 경우에는 신고기한을 1개월의 범위에서 연장할 수 있다.

④ 2년 이내 설립된 법인으로 해당 사업연도 수입금액이 3억원 이상인 법인은 세무사 등으로부터 외부조정을 받아야한다.

11. 다음 중 법인세법상 대손충당금 설정대상 채권에서 제외되는 것은?

① 기업회계기준에 따라 작업진행률에 의하여 계상한 공사미수금

② 특수관계자에게 당해 법인이 업무와 관련없이 지급한 대여금

③ 회수기일이 도래하지 아니한 할부판매 미수금

④ 부가가치세 매출세액 미수금(대손세액공제를 받지 아니한 경우에 한함)

12. 다음 중 법인세법상 성실신고확인서 제출에 대한 설명으로 틀린 것은?

① 외부감사를 받은 내국법인은 제출하지 아니할 수 있다.

② 성실신고확인대상 사업자가 내국법인으로 전환한 경우 전환 후 2년간 적용한다.

③ 납세지 관할 세무서장은 성실신고확인서를 보정할 것을 요구할 수 있다.

④ 성실신고확인대상 법인은 법인세의 과세표준과 세액을 각 사업연도 종료일이 속하는 달의 말일부터 4개월 이내에 신고하여야한다.

13. 다음 중 법인세법상 과세표준의 계산에 대한 설명으로 가장 틀린 것은?

① 과세표준계산상 공제대상이 되는 결손금은 재무상태표상의 결손금으로 한다.

② 비과세소득은 특별한 절차 없이 비과세 한다.

③ 각 사업연도에서 공제되는 ㉠이월결손금, ㉡비과세소득, ㉢소득공제액은 반드시 순서를 지켜 순차적으로 공제하여야 한다.

④ 소급공제 결손금액은 당해 사업연도의 결손금으로서 소급공제를 받고자하는 금액을 말하며, 직전 사업연도의 과세표준을 한도로 한다.

14. 다음 중 부가가치세법상 용역의 공급으로 보는 것이 아닌 것은?

① 건설업에 있어서는 건설업자가 건설자재의 전부 또는 일부를 부담하는 것

② 국가에 재화를 무상으로 기부하는 것

③ 상대방으로부터 인도받은 재화에 주요자재를 전혀 부담하지 아니하고 단순히 가공만 하여 주는 것

④ 산업상·상업상 또는 과학상의 지식·경험 또는 숙련에 관한 정보를 제공하는 것

15. 다음 중 부가가치세법상 틀린 설명은 몇 개인가?

> ㄱ. 신규로 사업을 시작하려는 자는 사업개시일 이전이라도 사업자등록 신청이 가능하다.
> ㄴ. 사업자에 대한 부가가치세는 해당 납세지를 관할하는 세무서장 또는 지방국세청장이 과세한다.
> ㄷ. 사업자등록 신청을 사업장 관할 세무서장이 아닌 다른 세무서장에게도 할 수 있다.

① 1개   ② 2개   ③ 3개   ④ 없음

16. 다음 중 부가가치세법상 재화의 공급시기로 틀린 것은?

① 현금 판매, 외상판매 : 재화가 인도되거나 이용가능하게 되는 때

② 장기할부판매의 경우 : 재화가 실제로 인도 되는 때

③ 재화의 공급으로 보는 가공의 경우 : 가공된 재화를 인도하는 때

④ 완성도기준지급조건부로 재화를 공급하는 경우 : 대가의 각 부분을 받기로 한 때

17. 다음 중 부가가치세법상 의제매입세액 공제율이 가장 큰 것은?(보기의 업종은 모두 의제매입세액을 적용받는 것으로 가정)

① 과세유흥장소가 아닌 개인 음식점(과세표준 2억이하)
② 과세유흥장소인 음식점
③ 제조업을 하는 개인사업자
④ 과세유흥장소가 아닌 법인 음식점(과세표준 2억이하)

18. 다음 중 부가가치세법상 부가가치세가 과세되는 것은?

① 주사업장 총괄납부사업자가 제품에 대한 세금계산서를 발급하지 않고 직매장에 제품을 반출하는 경우
② 제조업을 영위하는 사업자의 공장용 건물이 법률규정에 따라 수용되는 경우
③ 사업자가 그가 납부하여야 할 상속세를 상가 건물로 물납하는 경우
④ 연탄사업자가 토지를 공급하는 경우

19. 다음 중 부가가치세법상 영세율이 적용되지 않는 것은?

① 국내에서 국내로 하는 항행용역
② 국외에서 행하는 건설용역
③ 내국물품을 국외로 반출하는 무역
④ 금지금을 제외한 내국신용장 또는 구매확인서에 의하여 공급하는 재화

20. 다음 중 부가가치세법상 신용카드 등의 사용에 따른 세액공제에 대한 설명으로 틀린 것은?

① 숙박업을 하는 간이과세자의 경우 발급금액에 2퍼센트를 곱한 금액을 공제한다.
② 일반과세인 개인사업자의 경우 발급금액에 1.3퍼센트를 곱한 금액을 공제한다.
③ 신용카드매출전표, 직불카드영수증, 현금영수증 발급금액 등에 대하여 공제받을 수 있다.
④ 사업장 기준으로 연간 매출 10억원을 초과하는 개인사업자는 신용카드사용 세액공제를 적용받지 못한다.

21. 다음 중 부가가치세법상 당기에 A사의 과세되는 과세표준의 합계액은?(A사는 면세매출이 없음)

1. 당기 국내 매출액 : 1,000원
2. 당기 매출할인 : 100원(위 매출액에 미포함)
3. 외국으로 직수출액 : 500원

① 1,000원　　　② 1,400원　　　③ 1,500원　　　④ 1,600원

22. 다음 중 부가가치세법상 공급가액 계산의 특례에 관한 설명으로 옳지 않은 것은?

① 과·면세 등 겸영사업자가 과·면세 공통사용재화의 공급시 직전기에 휴업 등으로 직전기 공급가액이 없는 경우에는 그 재화를 공급한 날에 가장 가까운 과세기간의 공급가액으로 안분 계산한다.

② 토지와 건물을 함께 공급하는 경우에 그 건물 등의 공급가액은 실지거래가액에 의한다.

③ 토지와 건물을 함께 공급하는 경우에 토지와 건물의 가액이 불분명한 경우에는 감정가액, 기준시가 등의 방법을 순차적으로 적용하여 안분 계산한다.

④ 직전기의 공급가액이 없는 경우에는 당해 과세기간의 매입가액을 기준으로 안분 계산한다.

23. 다음 중 부가가치세법상 추계경정 방법으로서 가장 옳지 않은 것은?

① 동업자 권형에 의한 방법 : 장부의 기록이 정당하다고 인정되고 신고가 성실하여 경정을 받지 아니한 같은 업종과 같은 현황의 다른 사업자와 권형(權衡)에 따라 계산하는 방법

② 상품재고율에 의한 방법 : 국세청장이 업종별로 상품재고율을 조사하여 조사한 상품재고율이 있을 때에는 상품재고율을 적용하여 계산한 생산량에 그 과세기간 중에 공급한 수량의 시가를 적용하여 계산하는 방법

③ 생산수율에 의한 방법 : 국세청장이 업종별로 투입원재료에 대하여 조사한 생산수율(生産收率)이 있을 때에는 생산수율을 적용하여 계산한 생산량에 그 과세기간 중에 공급한 수량의 시가를 적용하여 계산하는 방법

④ 영업효율에 의한 방법 : 국세청장이 사업의 종류·지역 등을 감안하여 사업과 관련된 종업원, 객실, 사업장, 차량, 수도, 전기 등 인적·물적 시설의 수량 또는 가액과 매출액의 관계를 정한 영업효율이 있을 때에는 영업효율을 적용하여 계산하는 방법

24. 다음 중 부가가치세법상 세금계산서 또는 영수증 발급의무가 면제되지 않는 것은?

① 일반과세자인 부동산 임대업자가 받는 임대보증금에 대한 간주임대료

② 택시운송사업자가 제공하는 용역

③ 총괄납부자가 아닌 사업자가 자기의 사업과 관련하여 생산한 재화를 타인에게 직접 판매할 목적으로 다른 사업장에 반출하는 재화

④ 자기고객에게 무상으로 증여하는 견본품

25. 다음 중 부가가치세법상 수정세금계산서 발급에 관한 설명으로 옳은 것은?

① 수정세금계산서를 발급할 수 있는 자는 반드시 당초 세금계산서를 발급한 공급자이어야 한다.

② 계약의 해지 등에 따라 공급가액에 추가 또는 차감되는 금액이 발생한 경우 증감사유가 발생한 날을 작성일로 적고 추가되는 금액은 붉은색 글씨로, 차감되는 금액은 검은색 글씨로 작성한다.

③ 수정세금계산서를 제출하면 반드시 지연제출 등 가산세가 적용된다.

④ 전자세금계산서의 경우 착오로 이중으로 발급한 경우가 확인되더라도 수정세금계산서를 발급할 수 없다.

1부 주관식   **문항 당 5점**

26. 다음은 ㈜A법인에 대한 법인세 자료이다. 아래 자료만 발생하였다고 가정했을 때 법인세법상 법인세를 계산하면 얼마인가?(숫자로만, 원단위로 적을 것)

- 당기순이익 : 100,000,000원
- 기업업무추진비 한도초과액 : 10,000,000원
- 운행일지를 쓰지 않은 업무용 승용차 관련 비용(업무전용 자동차보험에 가입) : 25,000,000원
- 제조물책임법에 의하여 부담한 영업외비용으로 계상한 손해배상액 : 50,000,000원
   (실제 발생한 손해액 : 30,000,000원)

27. 다음 자료에서 법인세법상 세무조정시 손금산입되는 금액은?

1. 회사계상 감가상각비 : 500만원
2. 당기 감가상각비 한도액 : 700만원
3. 전기말 감가상각비 한도초과액 : 300만원

28. ㈜A는 제2기 중에 건물에 대한 수선비를 지출하고, 수선비로 회계처리하였다. 그러나 그 건물은 사실상 ㈜A가 아닌 제3자가 ㈜A의 업무와 전혀 관련 없이 사용하는 것임이 밝혀졌다. 이러한 업무무관비용은 손금으로 인정되지 않는다. 이 경우 그 제3자가 임원 또는 사용인인 경우 법인세법상 소득처분은 어떻게 되는가?

29. 부가가치세법상 (㉠)안에 들어갈 금액은 얼마인가?

> 직전연도(2023)의 사업장별 재화 및 용역의 공급가액의 합계액이 (㉠)억원 이상인 개인사업자는 전자 세금계산서 의무 발급 개인사업자이다.

30. 법인이 20X1년 1기 부가가치세 예정신고를 할 때, 사업상 증여분에 대한 공급가액 30,000,000원이 신고 누락되어 확정신고를 할 때 포함하여 신고·납부할 예정이다. 부가가치세 예정신고 누락분에 대하여 추가로 납부해야 하는 세액은 얼마인가? (단, 부가가치세 신고서상 뜻을 부기하였으며 **납부지연가산세 계산시 미납부 일수는 90일, 1일 2/10,000로 가정한다.**)

세법2부 국세기본법, 소득세법, 조세특례제한법

01. 다음 중 국세기본법상 세무조사의 사전통지와 연기신청에 대한 설명으로 옳지 않은 것은?

① 세무조사의 사전통지는 납세자에게 조사개시 10일 전에 이루어져야 한다.
② 세무조사의 사전통지는 납세자가 납세관리인을 정하여 관할 세무서장에게 신고한 경우에는 납세관리인에게도 할 수 있다.
③ 납세자가 화재, 그 밖의 재해로 사업상 심한 어려움이 있을 때 세무조사 연기신청을 할 수 있다.
④ 권한 있는 기관에 장부, 증빙서류가 압수되거나 영치되었을 때 세무조사 연기신청을 할 수 있다.

02. 다음 중 국세기본법상 이의신청에 대한 설명으로 가장 옳은 것은?

① 이의신청은 처분이 있음을 안 날 또는 처분의 통지를 받은 날부터 60일 이내에 해당 처분을 하였거나 하였어야 할 세무서장에게 하거나 또는 세무서장을 거쳐 관할 지방국세청장에게 하여야 한다.
② 지방국세청장에게 하는 이의신청을 받은 세무서장은 이를 받은 날부터 14일 이내에 해당 신청서에 의견서를 첨부하여 지방국세청장에게 송부하여야 한다.
③ 이의신청은 이의신청을 받은 날부터 30일 이내에 결정하여야 한다. 다만, 납세자가 결정기간(30일) 내에 항변하는 경우에는 60일 이내에 결정하여야 한다.
④ 지방국세청장장이 조사·결정 또는 처리하였거나 하였어야 할 것인 경우에는 국세청장이 심리결정할 수도 있다.

03. 다음 중 국세기본법상 일반적 사유에 의한 경정 등의 청구에 대한 설명으로 가장 옳지 않은 것은?

① 법정신고기한까지 과세표준신고서를 제출하지 아니한 자는 경정 등의 청구를 할 수 없다.

② 법정신고기한이 지난 후 5년 이내에 관할 세무서장에게 청구할 수 있다.

③ 과세표준신고서에 기재된 과세표준 및 세액이 세법에 따라 신고하여야 할 과세표준 및 세액을 초과할 때 경정 등의 청구를 할 수 있다.

④ 과세표준신고서에 기재된 결손금액 또는 환급세액이 세법에 따라 신고하여야 할 결손금금액 또는 환급세액을 초과할 때 경정 등의 청구를 할 수 있다.

04. 다음 중 국세기본법상 국세부과의 원칙에 해당하지 않는 것은?

① 실질과세의 원칙   ② 재산권 부당침해금지의 원칙

③ 근거과세의 원칙   ④ 조세감면의 사후관리

05. 다음 중 국세기본법상 조세불복제도에 대한 설명으로 가장 옳지 않은 것은?

① 이의신청은 임의적 절차이므로 이의신청을 제기하지 않고 심사청구를 제기할 수 있다.

② 동일한 처분에 대하여 심사청구를 한 후 인용되지 않을 경우 심판청구를 제기할 수 있다.

③ 위법한 과세처분에 대한 행정소송은 국세기본법에 따른 심사청구 또는 심판청구, 「감사원법」에 따른 심사청구와 그에 따른 결정을 거치지 아니하면 제기할 수 없다.

④ 이의신청을 거친 후 심판청구를 하려면 이의신청 결정통지를 받은 날로부터 90일 이내에 제기하여야 한다.

06. 다음 중 국세기본법상 국세징수권 소멸시효의 기산일이 틀린 것은?

① 과세표준과 세액의 신고에 의하여 납세의무가 확정되는 국세의 경우 신고한 세액 : 그 법정신고 납부기한의 다음날

② 과세표준 및 세액을 정부가 결정, 경정 또는 수시부과 결정하는 경우 납부 고지한 세액 : 원래의 법정 신고기한 납부기한의 다음 날

③ 원천징수의무자 또는 납세조합으로부터 징수하는 국세로서 납부 고지한 원천징수세액 또는 납세조합징수세액 : 그 납부고지에 따른 납부기한의 다음 날

④ 인지세로서 납세 고지한 인지 세액 : 그 납부고지에 따른 납부기한의 다음 날

07. 다음 중 국세기본법상 서류 송달의 방법을 설명한 내용 중 틀린 것은?

① 서류 송달은 교부, 우편 또는 전자송달의 방법으로 한다.

② 납부의 고지·독촉·강제징수 또는 세법에 따른 정부의 명령과 관계되는 서류의 송달을 우편으로 할 때에는 일반우편으로 하여야 한다.

③ 교부에 의한 서류 송달은 해당 행정기관의 소속 공무원이 서류를 송달할 장소에서 송달받아야 할 자에게 서류를 교부하는 방법으로 한다.

④ 송달하는 서류는 송달받아야 할 자에게 도달한 때부터 효력이 발생한다. 다만, 전자송달의 경우에는 송달받을 자가 지정한 전자우편주소에 입력된 때에 그 송달을 받아야 할 자에게 도달한 것으로 본다.

08. 다음 중 국세기본법상 납세의무의 성립시기로 틀린 것은?

① 상속세 : 상속이 개시되는 때

② 수입재화 : 부가가치세 과세기간이 끝나는 때

③ 국세에 부과되는 교육세 : 해당 국세의 납세의무가 성립하는 때

④ 수시부과하여 징수하는 국세 : 수시부과할 사유가 발생한 때

09. 다음 중 국세기본법상 납부의무에 관한 설명으로 옳은 것은?

① 납세자가 일반 국내거래에 대하여 단순히 법정신고기한까지 과세표준신고서를 제출하지 아니한 경우 국세부과의 제척기간은 5년이다.

② 결손처분은 납세의무의 소멸사유가 아니다.

③ 거주자인 납세자가 납부할 세액이 있음에도 20X1년 귀속 소득세 신고를 하지 않은 경우 국세징수권의 소멸시효는 20X2.6.1.부터 기산한다.

④ 국세징수권의 소멸시효가 완성되면 국세의 납부의무는 소멸하지만 강제징수비는 소멸하지 아니한다.

10. 다음 중 국세기본법상 서류 송달 방법으로만 묶인 것이 아닌 것은?

① 공시송달, 우편송달　　　　　　　　② 우편송달, 교부송달

③ 전자송달, 교부송달　　　　　　　　④ 통보송달, 교부송달

11. 다음 중 소득세법상 「퇴직판정의 특례」에 관한 설명으로 가장 옳지 않은 것은?

① 종업원이 임원이 된 경우로서 퇴직급여를 실제로 지급받은 경우에 퇴직으로 보지 않을 수 있다.

② 「근로자퇴직급여 보장법 시행령」 제3조 제1항 [퇴직금의 중간정산 사유]에 해당하는 경우로서 퇴직급여를 미리 지급받은 경우에는 퇴직한 것으로 본다.

③ 법인의 상근임원이 비상근임원이 된 경우로서 퇴직급여를 실제로 받지 아니한 경우에는 퇴직으로 보지 않을 수 있다.

④ 「근로자퇴직급여 보장법」 제38조에 따라 퇴직연금제도가 폐지되어 퇴직급여를 미리 지급받은 경우에는 퇴직한 것으로 본다.

12. 다음 중 소득세법상 장부의 기장의무 판정에 관한 설명으로 가장 옳지 않은 것은?

① 해당 과세기간에 신규로 사업을 개시한 사업자는 업종에 관계없이 모두 간편장부대상자로 본다.

② 사업장이 2이상인 경우에는 사업장별로 직전 과세기간의 각각의 수입금액을 기준으로 기장의무를 판정하는 것은 아니다.

③ 직전 과세기간 중에 개업한 사업자도 연환산하지 아니하며, 실제 발생한 수입금액을 기준으로 기장의무를 판정한다.

④ 2이상의 업종을 겸영하는 경우에는 주 업종에 대한 업종별 기준금액으로 환산한 직전 과세기간의 수입금액을 기준으로 기장의무를 판단한다.

13. 다음 중 소득세법상 소득세 감면에 관한 규정과 세액공제에 관한 규정이 동시에 적용되는 경우의 그 적용순서로 옳은 것은?

> 가. 해당 과세기간의 소득에 대한 소득세의 감면
> 나. 이월공제가 인정되지 아니하는 세액공제
> 다. 이월공제가 인정되는 해당 과세기간의 세액공제
> 라. 이월공제가 인정되는 직전 과세기간의 이월 세액공제

① 가 - 나 - 다 - 라   ② 가 - 나 - 라 - 다
③ 가 - 다 - 라 - 나   ④ 라 - 다 - 나 - 가

14. 소득세법상 근로소득이 있는 거주자의 근로소득에 대한 종합소득산출세액이 120만원일 경우 근로소득세액공제액은 얼마인가?

① 825,000원   ② 775,000원   ③ 660,000원   ④ 580,000원

15. 다음 중 소득세법상 인적공제에 관한 설명으로 가장 옳지 않은 것은?

① 소득세의 납세의무자 중 1거주자로 보는 법인 아닌 단체에 대하여는 인적공제를 적용하지 아니한다.

② 부녀자공제와 한부모공제가 동시에 적용되는 경우에는 한부모공제를 적용한다.

③ 거주자의 배우자(소득없음)로서 연령이 75세인 자가 3월 1일 사망하였다면 그 사망일이 속하는 연도에 있어 기본공제 및 경로우대공제의 전액을 공제한다.

④ 공제대상 부양가족에 해당하는지 여부의 판정은 해당연도 과세기간 종료일 현재의 상황에 따른다. 따라서 과세기간 종료일 전에 사망한 자에 대하여는 인적공제 등을 받을 수 없다.

16. 다음 중 소득세법상 사업소득금액의 총수입금액에 산입하는 것은 무엇인가?

① 관세 환급금 등 필요경비로서 지출된 세액이 환입되었거나 환입될 금액

② 소득세 또는 개인지방소득세를 환급받았거나 환급받은 금액 중 다른 세액에 충당한 금액

③ 자산수증이익·채무면제이익 중 이월결손금의 보전에 충당된 금액

④ 사업자가 자가생산한 제품 등을 다른 제품의 원재료 등으로 사용한 금액

17. 다음 중 소득세법상 비과세 기타소득에 해당하는 것은?

① 서화·골동품을 박물관 또는 미술관에 양도함으로써 발생하는 소득

② 산업재산권 등을 양도하거나 대여하고 그 대가로 받는 금품

③ 계약의 위약 또는 해약으로 인하여 받는 소득으로서 위약금, 배상금, 부당이득 반환 시 지급받은 이자

④ 알선수재 및 배임수재에 따라 받은 금품

18. 다음 중 소득세법상 과세최저한 및 소액부징수에 대한 설명으로 틀린 것은?

① 일시적 강연료의 기타소득금액이 건별 5만원 이하인 경우 소득세를 과세하지 아니한다.

② 소득세 중간예납세액이 50만원 미만인 경우 소액부징수를 적용한다.

③ 원천징수세액이 2천원 미만인 경우 소액부징수를 적용한다.

④ 납세조합의 징수세액이 1천원 미만인 경우 소액부징수를 적용한다.

19. 다음 중 소득세법상 각 소득에 대한 소득구분이 틀린 것은?

① 공익사업과 관련하여 지역권을 설정 또는 대여하고 받는 금품 : 기타소득

② 사업용 고정자산과 함께 양도하는 영업권 : 기타소득

③ 소유자가 없는 물건의 점유로 소유권을 취득하는 자산 : 기타소득

④ 혼인을 알선하고 지급받는 금품 : 기타소득

20. 다음 중 소득세법상 납세의무자에 관한 설명으로 옳지 않은 것은?

① 비거주자로서 국내원천소득이 있는 개인은 소득세를 납부할 의무를 진다.

② 국내에 주사무소를 둔 법인 아닌 단체는 거주자로 본다.

③ 2 과세기간 중 183일 이상 국내에 거소를 둔 경우 거주자로 본다.

④ 국내에 거소를 두고 있던 개인이 출국 후 다시 입국한 경우 출국목적이 관광 등 일시적인 것으로 인정되면 그 출국한 기간도 국내에 거소를 둔 기간으로 본다.

21. 다음 중 소득세법상 소득금액의 계산에 관한 설명으로 옳지 않은 것은?

① 납세지 관할세무서장은 사업소득이 있는 거주자와 특수관계인과의 거래로 인한 소득이 조세부담을 부당하게 감소시킨 것으로 인정되는 경우에는 그 거주자의 행위 또는 계산과 관계없이 해당 과세기간의 소득금액을 계산할 수 있다.

② 사업소득이 발생하는 사업을 공동으로 경영하고 그 손익을 분배하는 공동사업의 경우에는 해당 사업을 경영하는 장소를 1거주자로 보아 공동사업장별로 그 소득금액을 계산한다.

③ 우리나라가 조세조약을 체결한 상대국과 상호합의 규정에 따라 거주자가 국외 비거주자와 거래한 금액에 대해 합의를 하는 경우에는 그 합의에 따라 납세지 관할 세무서장은 그 거주자의 각 과세기간의 소득금액을 조정하여 계산할 수 있다.

④ 피상속인의 소득금액에 대한 소득세로서 상속인에게 과세할 것과 상속인의 소득금액에 대한 소득세는 합하여 계산하여야 한다.

22. 다음 중 소득세법상 종합소득이 아닌 것은?

① 이자소득   ② 연금소득   ③ 기타소득   ④ 퇴직소득

23. 아래의 자료에서 거주자 A씨의 소득세법상 과세되는 소득은 얼마인가?(소득금액아님)

> 1. 공익신탁법에 따른 공익신탁의 이익 : 100만원
> 2. 고용보험법에 따라 받은 실업급여 : 50만원
> 3. 발명진흥법에 따른 직무발명으로 받는 직무발명보상금 : 150만원

① 0원   ② 50만원   ③ 100만원   ④ 150만원

24. 다음 중 소득세법상 소득공제금액이 가장 큰 것은?(모두 공제가능하다고 가정)

① 기본공제 중 본인공제   ② 한부모소득공제
③ 장애인 공제   ④ 경로우대공제

25. 다음 자료에서 소득세법상 의료비세액공제 계산시 포함되는 의료비 합계액은?

> 1. 시력보정용 안경 구입비용 : 100만원   2. 장애인 보장구 임차비용 : 50만원
> 3. 국외의료기관에 지출한 의료비용 : 70만원   4. 보청기 구입비용 : 50만원
>   - 의료비세액공제가 가능한 근로소득자임.

① 100만원   ② 150만원   ③ 200만원   ④ 270만원

2부 주관식   **문항 당 5점**

26. 다음 국세기본법상 설명으로 (㉠)안에 알맞은 말은?

> 국세기본법상 (㉠)란 세법에서 규정하는 의무의 성실한 이행을 확보하기 위하여 세법에 따라 산출한 세액에 가산하여 징수하는 금액을 말한다.

27. 다음 국세기본법상 설명으로 (㉠)안에 들어갈 숫자는 무엇인가?

> 납세자의 국세환급금과 국세환급가산금에 관한 권리는 '행사할 수 있는 때'부터 (㉠)년간 행사하지 않으면 소멸시효가 완성된다.

28. 소득세법상 다음 (㉠)에 들어갈 숫자는?

> 기장세액공제는 종합소득 산출세액의 20%에 해당하는 금액을 세액공제하며 한도액은 (㉠)원이다.

29. 다음 소득세법상 설명으로 (㉠)안에 들어갈 알맞은 숫자는?

> 20X1년 귀속 소득세법상 공장 근로자, 즉 생산직 근로자가 야간에 근로하고 받는 보수의 경우 월
> (㉠)원 이하의 금액은 비과세 급여로 한다.

30. 다음 자료에 의하여 거주자 세무의 당해 연도의 소득세법상 소득세 중간예납 세액(전년도 납부실적에 의함)을 계산하면 얼마인가?

> 〈 자 료 〉 직전년 귀속 종합소득세과세표준 확정신고 및 수정신고 내역
> • 중간예납 세액 : 3,000,000원
> • 원천징수세액 : 1,000,000원
> • 수시부과 세액 : 1,000,000원
> • 확정신고 납부세액 : 5,000,000원
> • 수정신고 자진납부세액 : 2,000,000원

제82회 세무회계2급 답안 및 해설

세법1부-법인세법, 부가가치세법

1	2	3	4	5	6	7	8	9	10	11	12	13	14	15
②	③	④	③	②	②	④	④	①	②	②	②	①	②	④

16	17	18	19	20	21	22	23	24	25	26		
②	①	②	①	①	③	④	②	③	①	12,600,000원		

27	28	29	30
200만(2,000,000)원	상여	0.8	3,129,000원

01. 내국법인의 최초사업연도 개시일은 법인설립등기일이다.

02. 감가상각비한도초과는 유보이고, 나머지는 기타사외유출이다.

03. 일반 내국법인 수입배당금액의 익금불산입이고, **외국법인에 대한 익금불산입규정은 없다.**

04. 퇴직연금부담금은 신고조정항목이다.

05. 취득가액이 거래단위별로 100만원 이하인 감가상각자산은 소액자산으로 법인이 손금으로 계상하면 전액 손금으로 인정되나, 그 **고유 업무의 성질상 대량으로 보유하는 자산은 시부인 대상**이다.

06. 임의변경(신고한 평가방법과 다른 방법으로 평가하거나 기한 내에 평가방법으로 변경신고를 하지 않고 평가방법을 변경한 경우)에는 **당초 적법하게 신고한 평가방법에 의한 평가금액과 선입선출법에 의하여 평가한 금액 중 큰 금액으로 평가**한다.

07. ① 특수관계없는 자로부터 정상가액보다 높은 가액으로 매입한 자산의 정상가액을 초과하는 금액은 취득가액에 포함하지 않는다.

   ② 타인으로부터 자산(유가증권 제외)을 저가로 매입시 저가매입액을 취득가액으로 한다.

   ③ 연지급수입이자는 취득부대비용으로 보아 취득가액에 포함하되, 취득가액과 구분하여 지급이자로 계상한 경우에는 취득가액에 포함하지 않는다.

08. ① 기간경과분 미수이자(법인세가 원천징수되는 이자 등은 제외)를 당해 사업연도의 수익으로 계상한 경우에는 그 계상한 사업연도의 익금으로 한다.

   ② 상품, 제품 이외의 기타 자산의 양도손익은 양도대금을 청산한 날, 소유권이전등기 (등록)일, 인도일, 사용수익일 중 가장 먼저 도래한 날이 귀속시기가 된다.

   ③ 어음을 받은 경우 그 어음이 실제로 결제된 날이 양도시기가 된다.

09. 기업업무추진비는 접대행위가 이루어진 사업연도의 손금에 산입한다. 따라서, 접대행위는 이루어졌으나 그 대금을 미지급한 경우에는 실제로 접대한 날이 속하는 사업연도의 기업업무추진비로 본다.

10. 각 사업연도의 **소득금액이 없거나 결손금이 있는 법인도 과세표준등을 신고**하여야 한다.

11. 업무무관 가지급금, 채무의 대위변제로 인한 구상채권, 대손세액공제 받은 부가세 매출 세액 미수금 등은 대손충당금 설정대상 채권 제외 항목임

12. **성실신고확인대상 사업자가 내국법인으로 전환한 경우 전환 후 3년간** 성실신고확인서를 제출해야 한다.

13. 각 사업연도 소득에 대한 법인세 과세표준 계산시 공제하는 이월결손금은 세무계산상 결손금이다.

14. 사업자가 국가, 지방자치단체, 지방자치단체조합 또는 주무관청의 허가 또는 인가를 받거나 주무관 청에 등록된 단체로서 종교의 보급 기타 교화에 현저히 기여하는 사업 등 공익목적을 영위하는 사업 자에게 현물로 기부시 부가가치세를 과세하지 않는 것임.

16. 장기할부판매의 경우는 **대가의 각 부분을 받기로 한때가 공급시기**이다.

17. ① 9/109 ② 2/102 ③ 4/104 ④ 6/106

18. 수용도 재화의 공급에 해당함.

　④면세, ①③은 재화의 공급에 해당하지 않음.

19. 국내에서 국내의 항행은 과세임

20. 숙박업을 하는 간이과세자의 경우 발급금액에 1.3퍼센트를 곱한 금액을 공제한다.

21. "국내매출액(1,000)+직수출액(500)=1,500원, 매출할인은 과세표준에 포함되지 않음."

22. 과세사업과 면세사업등에 공통으로 사용된 재화의 공급가액 계산시 휴업 등으로 인하여 직전 과세 기간의 공급가액이 없을 때에는 그 **재화를 공급한 날에 가장 가까운 과세기간의 공급가액**으로 계산 한다.

23. 상품재고율에 의한 방법은 부가가치세법상 추계방법이 아님.

24. 총괄납부자가 아닌 사업자가 자기의 사업과 관련하여 생산한 재화를 타인에게 직접 판매할 목적으로 다른 사업장에 반출하는 재화의 경우는 세금계산서 발급면제 대상이 아님.

25. ② 추가되는 금액은 검은색으로 차감되는 금액은 붉은색(또는 음수로 표시)으로 작성한다.

　③ 수정세금계산서를 제출하더라도 반드시 지연발급가산세가 적용되는 것은 아니다.

　④ 착오로 이중발급시 수정세금계산서를 발급할 수 있다.

26. [100,000,000(당기순이익)+10,000,000(기업업무추진비한도초과)+10,000,000(운행일지를 작성 하지 않는 경우 1.5천만원까지만 손금산입된다.)+20,000,000(실제 발생한 손해액을 초과하여 지급 한 금액)]×9%(2억이하)=12,600,000원

27. 시인액 200만(손금산입 2,000,000 유보추인)

28. 임원 또는 사용인이 업무와 무관하게 사용할 경우 소득처분은 상여이다.

30. 매출세액(3,000,000원)

　+신고불성실가산세[3,000,000×10%×25%(감면)=75,000원]

　+납부지연가산세[3,000,000×90일×2(가정)/10,000=54,000원]

　=3,129,000원

　☞ 사업상 증여는 세금계산서 발행대상 아니므로 세금계산서 관련 가산세는 없음.

세법2부-국세기본법, 소득세법, 조세특례제한법

1	2	3	4	5	6	7	8	9	10	11	12	13	14	15
①	③	④	②	②	②	②	②	②	④	①	①	②	③	④

16	17	18	19	20	21	22	23	24	25	26			
①	①	③	②	③	④	④	①	③	②	가산세			

27	28	29	30
5	100만(1,000,000)	210만(2,100,000)	5,000,000원

01. **사전통지는 15일전**에 이루어져야 한다.

02. ① 90일 이내, ② 7일 이내, ④ 국세청장에게는 이의신청을 하지 않는다.

03. 과세표준신고서에 기재된 결손금액 또는 환급세액(각 세법에 따라 결정 또는 경정이 있는 경우에는 해당 결정 또는 경정 후의 결손금액 또는 환급세액)이 세법에 따라 신고하여야 할 결손금액 또는 환급세액에 미치지 못할 때 경정청구를 한다.

04. 재산권의 부당침해금지의 원칙은 세법적용의 원칙이다.

05. **심사청구와 심판청구를 동시에 제기할 수 없다.**

06. 과세표준 및 세액을 정부가 결정, 경정 또는 수시부과 결정하는 경우 납세 고지한 세액 : 그 납부고지에 따른 납부기한의 다음 날

07. 납부의 고지 · 독촉 · 강제징수 또는 세법에 따른 정부의 명령과 관계되는 서류의 송달을 우편으로 할 때에는 등기우편으로 하여야 한다.

08. 수입재화 : 수입재화의 경우 **세관장에게 수입신고를 하는 때**가 납세의무의 성립시기이다.

09. ① 납세자가 단순히 법정신고기한까지 과세표준신고서를 제출하지 아니한 경우 국세부과의 제척기간은 7년이다.

　③ **국세를 신고하지 않는 경우에는 세액이 확정되지 않았으므로 제척기간이 기산**되고, 국세징수권의 소멸시효는 기산되지 아니한다.

　④ 국세징수권의 소멸시효가 완성되면 국세의 납부의무 및 강제징수비, 이자상당액도 소멸한다.

11. 종업원이 임원이 된 경우와 법인의 상근임원이 비상금임원으로 된 경우 퇴직급여를 실제로 받지 아니한 경우는 퇴직으로 보지 아니할 수 있다.

12. 해당 과세기간에 신규로 사업을 개시한 사업자 간편장부대상자로 보나, **전문직 사업자는 반드시 복식장부를 기록해야 한다.**

13. 소득세의 감면에 관한 규정과 세액공제에 관한 규정이 동시에 적용되는 경우 그 적용순위는 다음과
    같다.
    ① 해당 과세기간의 소득에 대한 소득세의 감면
    ② 이월공제가 인정되지 아니하는 세액공제
    ③ 이월공제가 인정되는 세액공제. 이 경우 해당 과세기간 중에 발생한 세액공제액과 이전 과세기간
       에서 이월된 미공제액이 함께 있을 때에는 이월된 미공제액을 먼저 공제한다.

14. 근로소득 세액공제액 : 1,200,000×**55%(종합소득세액 130만원이하)**=660,000원

15. 공제대상 배우자, 공제대상 부양가족, 공제대상 장애인 또는 공제대상 경로우대자에 해당하는지
    여부의 판정은 해당 과세기간의 과세기간 종료일 현재의 상황에 따른다. 다만, 과세기간 종료일 전에
    사망한 사람 또는 장애가 치유된 사람에 대해서는 사망일 전날 또는 치유일 전날의 상황에 따른다.

16. ②,③,④는 총수입금액에 불산입하고, 관세환급금은 총수입금액 산입한다.

17. **서화·골동품을 박물관 또는 미술관에 양도함으로써 발생하는 소득은 비과세**한다.

18. **원천징수세액이 1천원 미만인 경우 소액부징수를 적용**한다.

19. 사업용 고정자산과 함께 양도하는 영업권 : 양도소득

21. 피상속인의 소득금액에 대한 소득세로서 상속인에게 과세할 것과 상속인의 소득금액에 대한 소득세
    는 구분하여 계산하여야 한다.

23. 모두 비과세소득이다.

24. 장애인공제(200만), 본인공제(150만), 한부모소득공제(100만), 경로우대공제(100만)

25. 시력보정용안경(50만 한도)+장애인보장구(100만)+보청기(50만)

29. 문제 자체가 잘못된 지문이다.
    〈제시된 문제〉

    > 20X1년 귀속 소득세법상 공장 근로자, 즉 생산직 근로자가 야간에 근로하고 받는 보수의 경우 월 (㉠)
    > 원 이하의 금액은 비과세 급여로 한다.

    생산직근로자의 연장근로수당의 비과세를 물어보는 문제인데
    "월정액 급여가 210만원 이하로서, 직전과세기간의 총급여액이 3,000만원 이하인 생산직 근로자에
    대해서 연장근로수당으로 받는 급여 중 연간 240만원을 비과세한다"는 내용인데, 월 210만원 이하
    의 금액을 비과세급여로 한다는 표현은 잘못된 것이다.

30. 중간예납세액 : 중간예납기준액(10,000,000)×1/2=5,000,000
    중간예납기준액(직전년도 납부세액) : 3,000,000(중간예납세액)+5,000,000(확정신고납부세액)
    　　　　　　　　　　　　　　　　+2,000,000(수정신고납부세액)=10,000,000

제81회 세무회계2급

합격율	시험년월
21%	2019.06

세법1부 법인세법, 부가가치세법

01. 다음 자료에서 법인세법상 각사업연도소득금액을 계산하면 얼마인가?

• 결산서상 당기순이익	:	1,000,000원
• 기업업무추진비 한도초과액	:	400,000원
• 퇴직급여충당금 한도초과액	:	100,000원
• 일반기부금 한도초과액	:	300,000원
• 이월결손금	:	100,000원

① 1,700,000원   ② 1,800,000원   ③ 1,900,000원   ④ 2,000,000원

02. 다음 중 법인세법상 소득처분사항 중에서 법인의 세무조정 후 차기 이후의 사업연도에 반드시 고려하여야 하는 유보사항은?

① 지급이자 손금불산입액   ② 법인세비용 손금불산입액
③ 대손금 손금불산입액   ④ 과태료 손금불산입액

03. 다음은 법인세법상 내국법인 수입배당금액의 익금불산입에 대한 설명이다. (   )안에 들어갈 알맞은 숫자는?

피출자법인에 대한 출자비율	익금불산입률
20% 이상 50퍼센트 <u>미만</u>	( )퍼센트

① 100   ② 90   ③ 80   ④ 50

04. 제8기까지 이동평균법으로 상품을 평가하여 오던 법인이 재고자산평가방법을 총평균법으로 변경하기로 하고 변경신고서를 제9기 12월 1일 제출하고 총평균법으로 평가하였을 경우 제9기의 법인세법상 재고자산평가액은?

> 1. 당초 평가방법 : 이동평균법
> 2. 제9기 재고자산평가액
>   • 선입선출법 : 70,000,000원   • 이동평균법 : 80,000,000원   • 총평균법 : 60,000,000원
> 3. 해당사업연도는 제9기 사업연도(1.1~12.31)이며 당기말 재고자산은 총평균법으로 평가하였다.

① 80,000,000원   ② 60,000,000원
③ 70,000,000원   ④ 75,000,000원

05. 다음 중 법인세법상 기부금에 관한 설명으로 틀린 것은?
① 기부한 자산의 가액은 특례기부금과 일반기부금(특수 관계자에게 기부한 일반기부금은 제외)은 장부가액으로 한다.
② 정당에 지출하는 기부금은 비지정기부금에 속한다.
③ 국립대학병원에 시설비 및 교육비 또는 연구비로 지출하는 기부금은 일반기부금이다.
④ 기부금은 이를 지출한 사업연도의 손금에 산입한다.

06. 다음 중 법인세법상 장부가액을 감액할 수 있는 경우가 아닌 것은?
① 재고자산으로 파손되어 정상가격에 팔 수 없는 경우
② 고정자산이 천재지변으로 멸실된 경우
③ 주식을 발행한 법인이 파산한 경우 그 해당 주식
④ 보험업법에 따른 고정자산의 평가에 따라 평가액이 감소하는 경우

07. 다음 중 법인세법상 인정이자의 계상대상인 가지급금에 해당하는 것은?
① 대표자에게 상여처분한 금액에 대한 소득세를 법인이 납부하고 이를 가지급금으로 계상한 금액(특수관계가 소멸될 때까지의 기간에 상당하는 금액에 한한다)
② 사용인에 대한 월정급여액의 범위 안에서의 일시적인 급료의 가불금
③ 중소기업이 아닌 무주택종업원에 대한 국민주택 취득자금 대여액
④ 사용인에 대한 경조사비 또는 학자금(자녀의 학자금을 포함한다)의 대여액

08. 다음 중 법인세법상 20x1년 귀속 법인세 신고 시 알맞은 세무조정은?

- 차량(5인승 2,000cc 승용차) 1대
- 운행일지 작성에 따른 업무사용비율 : 100%
- 차량취득가액 : 5천만원(20x1.1.1. 취득)
- 감가상각방법은 정액법, 내용연수 5년 적용
- 업무전용자동차보험 가입됨.
- 결산서 상 차량관련비용은 차량 감가상각비 1천만원 계상
- 당해법인은 제조업만 영위하고, 제시된 자료 외의 경비는 없다고 가정

---

① 손금불산입 2,000,000 (유보)   ② 손금불산입 2,000,000 (상여)

③ 손금불산입 1,600,000 (유보)   ④ 세무조정 없음

09. 다음 중 법인세법상 징벌적 목적의 손해배상금에 대한 손금불산입 규정으로 틀린 것은?

① 「개인정보보호법」제39조 제3항 규정에 따라 지급한 손해배상액 중 실제 발생한 손해액을 초과 하는 금액은 손금불산입한다.

② 실제 발생한 손해액이 분명하지 아니한 경우에는 내국법인이 지급한 손해배상금에 3분의 1을 곱한 금액을 손금불산입 대상 손해배상금으로 한다.

③ 손해배상금과 관련된 비용의 손금인정을 합리적으로 조정하기 위한 규정이다.

④ 외국의 법령에 따라 지급한 손해배상액도 실제 발생한 손해액을 초과하는 금액은 손금불산입한다.

10. 다음 중 법인세법상 대손금에 대한 설명으로 틀린 것은?

① 특수관계인에게 해당 법인의 업무와 관련없이 지급한 가지급금은 대손금을 적용할 수 있는 채권 이 아니다.

② 채무보증으로 인하여 발생한 구상채권은 모두 대손금을 적용할 수 있는 채권이다.

③ 「상법」에 따른 소멸시효가 완성된 외상매출금은 사유가 발생한 날이 속하는 사업연도의 손금이다.

④ 채무자의 실종이나 행방불명으로 인하여 회수할 수 없는 채권은 해당사유가 발생한 때 손금으로 계상하여야 대손금으로 인정된다.

11. 다음 중 법인세법상 부당행위계산부인에 대한 설명으로 틀린 것은?

① 특수관계인과의 거래에만 적용하는 규정이다.

② 법인의 소득에 대한 조세부담을 부당하게 감소시킨 것으로 인정되는 경우 적용하는 규정이다.

③ 자산을 시가보다 높은 가액으로 매입한 경우는 적용하지 않는다.

④ 자산을 무상 또는 시가보다 낮은 가액으로 양도한 경우 적용한다.

12. 다음 중 법인세법상 결손금 및 이월결손금에 대한 설명으로 옳지 않은 것은?

① 중소기업의 공제대상 이월결손금은 각사업연도소득금액의 100%범위 내에서 공제한다.

② 채무면제이익은 결손금의 발생연도에 관계없이 과세표준계산상 공제되지 아니한 이월결손금에 충당할 수 있다.

③ 자산수증이익은 10년이 경과한 이월결손금의 보전에는 충당할 수 없다.

④ 세무계산상 결손금이 채무면제이익으로 충당되는 경우 결손금이 공제된 것으로 보아 소멸된다.

13. 다음 중 법인세법상 지급이자 손금불산입 규정이 동시에 적용되는 경우 제일 먼저 적용되는 것은 무엇인가?

① 건설자금에 충당한 차입금이자

② 비실명채권 증권의 이자

③ 채권자가 불분명한 사채의 이자

④ 업무무관자산 및 특수관계인에 대한 업무무관가지급금에 대한 지급이자

14. 다음 중 부가가치세법상 과세기간에 대한 설명으로 틀린 것은?

① 일반과세자의 과세기간은 1기, 2기로 나뉜다.

② 신규 사업을 시작한 사업자의 최초 과세기간은 사업 개시일부터 그날이 속하는 과세기간의 종료일까지이다.

③ 사업자가 폐업하는 경우의 과세기간은 해당 과세기간의 개시일부터 폐업일이 속하는 말일까지이다.

④ 간이과세자가 간이과세를 포기하는 경우 해당 과세기간의 개시일부터 포기신고일이 속하는 달의 마지막 날까지가 간이과세자의 과세기간이다.

15. 다음 중 부가가치세법상 부수공급재화가 과세인 경우는?

① 컴퓨터 판매자가 컴퓨터와 그 컴퓨터를 설명하는 도서를 함께 공급하고 대가를 받은 경우

② 허가받은 영어학원에서 영어교육용역에 포함하여 교재를 공급하는 경우

③ 은행이 은행업에 사용하던 사무실 건물을 양도하는 경우

④ 과일 판매자가 팔고 남은 딸기를 다른 과일과 함께 묶어서 판매하는 경우

16. 다음 중 부가가치세법상 재화의 공급 의제 중 세금계산서 발급의무가 있는 경우는?(사업자단위과세사업자 및 주사업장총괄납부사업자가 아닌 경우임.)

① 판매목적 타사업장 반출재화의 공급의제　　② 승용자동차등의 비영업용에의 전용

③ 폐업시 잔존재화의 자기공급　　　　　　　④ 사업상 증여

17. 다음 중 부가가치세법상 공제 가능한 매입세액으로 옳은 것은?

① 토지 형질변경 관련 매입세액

② 기업업무추진비 지출에 관련된 매입세액

③ 음식점 사업자가 면세로 구입한 농산물의 의제매입세액

④ 사업과 직접 관련이 없는 지출에 대한 매입세액

18. 다음 중 부가가치세법상 설명으로 가장 틀린 것은?

① 주사업장총괄납부는 주사업장 관할 세무서장에게 신고하고 승인이 필요하다.

② 간이과세자의 부가가치세 과세기간은 1.1 ~ 12.31까지이다.

③ 부가가치세는 대리납부제도가 있다.

④ 국가나 지방자치단체가 제공하는 용역이라 해도 부가가치세가 면세되지 않을 수 있다.

19. 다음 중 부가가치세법상 대손세액공제액은 얼마인가?(아래금액은 공급대가임)

> 1. 민법에 따라 소멸시효가 완성된 채권 : 1,100원
> 2. 채무자의 사망으로 회수가 불가능한 채권 : 550원
> 3. 부도발생일로부터 3개월이 지난 외상매출금 : 990원

① 50원 　　　　② 90원 　　　　③ 150원 　　　　④ 190원

20. 다음 중 부가가치세법상 부가가치세 환급에 대한 설명으로 옳지 않은 것은?

① 일반환급은 확정신고기한이 지난 후 30일 이내에 환급하여야 한다.

② 조기환급은 예정신고기한, 확정신고기한, 영세율 등 조기환급기한이 지난 후 10일 이내에 환급하여야 한다.

③ 영세율 거래실적이 있는 사업자는 조기환급을 받을 수 있다.

④ 사업설비 투자를 한 사업자는 조기환급을 받을 수 있다.

21. 다음 중 부가가치세법상 현금매출명세서 제출대상이 아닌 업종은?

① 부동산중개업　　　　　　　② 전문서비스업

③ 예식장업　　　　　　　　　④ 도매업

22. 다음 중 부가가치세법상 간이과세자에 대한 설명으로 가장 옳지 않은 것은?

① 연간공급대가 미달로 납부의무면제자도 신고불성실가산세가 적용된다.

② 2024년 7월 1일 이후 간이과세 포기신고를 한 개인사업자는 다시 포기신고의 철회가 가능하다.

③ 영세율적용 과세표준의 무신고, 미달신고로 인한 가산세는 간이과세자도 적용된다.

④ 간이과세자의 경우도 미등록가산세는 부과된다.

23. 다음 중 부가가치세법상 공통매입세액 안분계산을 생략할 수 있는 경우에 해당하는 것은?

① 해당 과세기간의 공통매입세액 합계액이 50만원 미만인 경우의 매입세액

② 공통재화를 매입한 과세기간에 과세분 공급가액이 없는 경우

③ 공통매입세액을 총예정사용면적에 대한 비율로 안분하는 경우 면세사업의 예정사용면적 비율이 5%미만인 경우의 매입세액

④ 공통으로 사용할 재화를 매입한 과세기간에 신규로 사업을 개시한 사업자가 동 공통사용재화를 당해 과세기간에 공급한 경우의 매입세액

24. 다음 중 부가가치세법상 설명으로 가장 잘못된 것은?

① 세금계산서를 발급 후 폐업을 한 경우 폐업이후 수정세금계산서 발급이 불가능하다.

② 간이과세자는 영수증 발급이 가능하다.

③ 간이과세자는 영세율이 적용되지 않는다.

④ 법인사업자인 음식점도 의제매입세액 공제가 가능하다.

25. 다음 중 부가가치세법상 가산세에 대한 설명으로 틀린 것은?

① 배우자 명의로 사업자등록을 한 경우 공급가액의 1퍼센트를 가산세로 내야한다.

② 세금계산서 발급시기가 지난 후 재화의 공급시기가 속하는 과세기간 확정신고기한까지 세금계산서를 발급하는 경우 공급가액의 1퍼센트를 가산세로 내야한다.

③ 세금계산서의 필요적기재사항의 일부가 착오로 기재되었으나 나머지 사항으로 보아 거래사실이 확인되는 경우 가산세 대상에 해당되지 않는다.

④ 용역을 공급받고 실제 공급한 자가 아닌 자의 명의로 세금계산서를 발급받은 경우 공급가액의 2퍼센트를 가산세로 내야한다.

1부 주관식　　**문항 당 5점**

26. 다음 자료에서 법인세법상 (㉠)에 들어갈 숫자는?

> 사업연도를 변경하려는 법인은 그 법인의 직전 사업연도 종료일부터 (㉠)개월 이내에 납세지 관할 세무서장에게 신고해야한다.

27. ㈜A(사업연도 1.1~12.31)는 당기 1월 1일에 취득한 기계장치를 보유하고 있는데, 그 취득가액은 1억원이고 법인세법에 따른 내용연수는 5년이며, 정액법으로 상각한다. ㈜A가 이 자산에 대한 감가상각비로 3천만원을 손익계산서에 당기비용으로 계상하는 경우 법인세법상 당기에 손금불산입으로 세무조정할 가액은 얼마인가?

28. 법인세법상 (㉠)에 들어갈 숫자는 얼마인가?

> 주주 등 명세서 제출불성실 가산세=미제출 누락제출 불분명 주식 등의 액면금액×(㉠)%

29. 부가가치세법상 다음 (㉠)에 들어갈 숫자는 무엇인가?

> 임시사업장을 개설한 자가 임시사업장을 폐쇄하였을 때에는 폐쇄일부터 (㉠)일 이내에 임시사업장 폐쇄신고서를 그 임시사업장 관할 세무서장에게 제출하여야 한다.

30. 음식점업(개별소비세 과세 유흥 장소는 아님)을 영위하는 간이과세자 A씨의 20x1년 과세기간의 공급대가는 90,000,000원이다. 공급대가만 있다고 가정할 경우 부가가치세법상 납부세액은 얼마인가?(단, 부가율은 10%로 가정한다.)

세법2부 국세기본법, 소득세법, 조세특례제한법

01. 다음 중 국세기본법상 국세징수권 소멸시효 완성의 효과로 옳지 않은 것은?

① 강제징수비는 공익비용이므로 소멸시효 완성의 효력이 미치지 않는다.

② 이자상당세액에도 그 효력이 미친다.

③ 소멸시효 완성된 조세에 대한 과세관청의 징수행위는 무효이다.

④ 주된 납세자의 소멸시효 완성의 효력은 납세보증인에게도 미친다.

02. 다음은 국세기본법상 무엇에 대한 설명인가?

> 조세심판관 회의는 심판청구에 대한 결정을 할 때 심판청구를 한 처분 외의 처분에 대해서는 그 처분의 전부 또는 일부를 취소 또는 변경하거나 새로운 처분의 결정을 하지 못한다.

① 불이익변경의 원칙   ② 사건의 병합

③ 자유심증주의   ④ 불고불리의 원칙

03. 다음 중 국세기본법 또는 세법에서 규정하는 신고, 신청, 청구, 그 밖에 서류의 제출, 통지, 납부를 정해진 기한까지 할 수 없다고 인정하는 경우에 해당하는 사유가 아닌 것은?

① 납세자가 화재, 전화, 그 밖의 재해를 입거나 도난을 당한 경우

② 납세자 또는 그 동거가족이 질병이나 중상해로 6개월 이상의 치료가 필요하거나 사망하여 상중인 경우

③ 납세자가 그 사업에서 심각한 손해를 입거나, 그 사업이 중대한 위기에 처한 경우

④ 정전, 프로그램의 오류, 그 밖의 부득이한 사유로 한국은행 및 체신관서의 정보통신망의 정상적인 가동이 불가능한 경우

04. 다음 중 국세기본법상 후발적 사유로 인한 경정 등의 청구의 요건이 아닌 것은?

① 과세표준 신고서에 기재된 결손금액 또는 환급세액이 세법에 따라 신고하여야 할 결손금액 또는 환급세액에 미치지 못할 때

② 최초의 신고·결정 또는 경정에서 과세표준 및 세액의 계산 근거가 된 거래 또는 행위 등이 그에 관한 소송에 대한 판결에 의하여 다른 것으로 확정되었을 때

③ 소득이나 그 밖의 과세물건의 귀속을 제3자에게로 변경시키는 결정 또는 경정이 있을 때

④ 조세조약에 따른 상호합의가 최초의 신고·결정 또는 경정의 내용과 다르게 이루어졌을 때

05. 다음 중 국세기본법상 국세부과의 원칙과 세법적용의 원칙에 대한 설명으로 잘못된 것은?

① 과세의 대상이 되는 소득, 수익, 재산, 행위 또는 거래의 귀속이 명의(名義)일 뿐이고 사실상 귀속되는 자가 따로 있을 때에는 사실상 귀속되는 자를 납세의무자로 하여 세법을 적용한다.

② 납세의무가 이미 성립한 경우에는 새로운 세법을 적용하는 것을 금지한다.

③ 명의신탁부동산을 매각처분한 경우에는 양도의 주체 및 납세의무자는 명의수탁자이다.

④ 사업자명의등록자와는 별도로 사실상의 사업자가 있는 경우에는 사실상의 사업자를 납세의무자로 본다.

06. 다음 중 국세기본법상 불복청구에 대한 결정으로 옳지 않은 것은?

① 심사청구가 이유 있다고 인정되는 때 : 취소, 경정 또는 필요한 처분의 결정

② 불복청구의 대상이 된 처분이 존재하지 않을 때 : 기각

③ 보정기한 경과 후 심사청구에 대한 보정을 한 경우 : 각하

④ 심사청구가 이유 없다고 인정하는 때 : 기각

07. 다음 중 국세기본법상 수정신고에 관한 설명으로 옳은 것은?

① 당초 신고한 세액을 감액하는 경우에도 수정신고에 의한다.

② 원천징수의무자가 정산 과정에서 근로소득자의 소득을 누락신고한 경우 수정신고서를 제출할 수 있다.

③ 법정신고기한으로부터 1년이 경과한 이후에는 수정신고를 할 수 없다.

④ 법정신고기한 내 신고하지 않은 자는 수정신고 할 수 없다.

08. 다음 중 국세기본법상 세무조사에 관한 내용으로 옳지 않은 것은?

① 세무공무원은 적정하고 공평한 과세실현을 위해 필요한 최소한의 범위에서 세무조사를 하여야 한다.

② 납세자는 세무조사를 받는 경우에 세무사 등으로 하여금 조사에 참여하게 하거나 의견을 진술하게 할 수 있다.

③ 납세자의 장기출장으로 세무조사가 곤란한 경우는 세무대리인을 통한 세무조사가 가능하기 때문에 세무조사의 연기신청 사유에 해당되지 않는다.

④ 조세범처벌절차법에 따라 조세범칙행위의 혐의를 인정할 만한 명백한 자료가 있는 경우 세무조사를 다시 할 수 있다.

09. 다음 중 국세기본법상 납세의무 성립시기에 대한 설명 중 틀린 것은?

① 소득세 : 과세기간이 끝나는 때. 다만, 청산소득에 대한 법인세는 그 법인이 해산을 하는 때

② 상속세 : 상속에 의하여 재산을 취득하는 때

③ 증여세 : 증여에 의하여 재산을 취득하는 때

④ 인지세 : 과세문서를 작성한 때

10. 다음 중 국세기본법상 상속으로 인한 납세의무의 승계에 대한 설명으로 틀린 것은?

① 상속인은 피상속인이 납부할 국세를 상속으로 받은 재산의 한도에서 납부할 의무를 진다.

② 상속받은 재산은 납부할 상속세가 있을 경우 상속받은 자산총액에서 상속받은 부채총액만 차감하여 계산한다.

③ 상속포기자가 피상속인의 사망으로 인하여 보험금을 받는 때에는 상속포기자를 상속인으로, 보험금을 상속받은 재산으로 보아 납부할 의무를 진다.

④ 상속인이 2명 이상일 때에 각 상속인은 피상속인이 납부할 국세를 상속분에 따라 상속을 받은 재산의 한도에서 연대하여 납부할 의무를 진다.

11. 다음 중 소득세법상 납부에 관한 설명으로 옳은 것은?

① 거주자가 납부할 세액이 500만원을 초과하는 경우 세금을 분납할 수 있다.

② 세액을 분납할 경우 분납기한은 납부기한 경과 후 45일 이내이다.

③ 양도소득세는 예정신고납부를 하지 않아도 된다.

④ 확정신고시 납부할 세액이 3천만원인 경우 최대로 분할납부할 수 있는 세액은 1,500만원이다.

12. 다음 중 소득세법상 종합소득세 과세표준과 세액의 추계결정 및 경정에 관한 설명으로 가장 옳지 않은 것은?

① 기장의 내용이 시설규모, 종업원 수, 원자재·상품 또는 제품의 시가, 각종 요금 등에 비추어 허위임이 명백한 경우 추계결정(결정)할 수 있다.

② 수입금액을 추계결정한 때에는 장부를 비치·기록하지 않은 것으로 보아 소득금액도 반드시 추계결정 하여야 한다.

③ 과세표준을 계산함에 있어서 필요한 장부와 증빙서류가 없거나 중요한 부분이 미비 또는 허위인 경우 추계결정(경정)할 수 있다.

④ 기장의 내용이 원자재사용량, 전력사용량 기타 조업상황에 비추어 허위임이 명백한 경우 추계결정(경정)할 수 있다.

13. 다음 중 소득세법상 세액공제 중 이월공제가 가능한 세액공제로만 모은 것으로 옳은 것은?

① 배당세액공제, 기장세액공제

② 기장세액공제, 연금계좌 세액공제

③ 연금계좌 세액공제, 외국납부세액공제

④ 외국납부세액공제, 기부금세액공제

14. 다음 중 소득세법상 사업장 현황신고에 대한 설명으로 가장 옳지 않은 것은?

① 둘 이상의 사업장이 있는 경우라도 사업자는 각 사업자별로 사업장현황신고를 하여야 한다.

② 사업자가 부가가치세법의 규정에 의한 예정신고와 확정신고를 한 때에는 사업장 현황신고에서 제외된다.

③ 사업장 현황신고 대상자는 해당 과세기간의 다음연도 2월 10일까지 사업장 현황신고서를 제출하여야 한다.

④ 공동으로 사업을 경영하는 경우에는 대표공동사업자가 해당 공동사업장의 사업장현황 신고서를 작성하여 제출한다.

15. 다음 중 소득세법상 배당세액공제 대상인 배당소득으로 옳지 않은 것은?

① 공동사업자의 소득 분배금

② 내국법인으로부터 받는 이익이나 잉여금의 배당 또는 분배금

③ 「법인세법」에 따라 배당으로 처분된 금액

④ 의제배당(배당가산하지 않는 의제배당은 제외)

16. 다음 중 소득세법상 지급명세서 제출에 관한 설명으로 가장 옳지 않은 것은?

① 음식·숙박, 안마시술소·이용원·스포츠맛사지업소 및 그 밖에 이와 유사한 장소에서 용역을 제공하고 용역제공자의 봉사료를 공급가액과 구분하여 기재하는 경우로서 그 구분 기재한 봉사료금액이 공급가액의 20/100을 초과하는 경우 지급명세서 제출의무가 있다.

② 직전 과세기간에 제출한 지급명세서의 매수가 50매 미만인 자 또는 상시 근무하는 근로자의 수(매월 말일의 현황에 따른 평균인원수를 말한다)가 10명 이하인 자(단, 한국표준산업분류상의 금융보험업자, 국가·지방자치단체 또는 지방자치단체조합, 법인, 복식부기의무자는 제외)는 지급명세서를 문서로 제출할 수 있다.

③ 지급명세서는 지급일이 속하는 연도의 종료일까지 제출하여야 한다.

④ 복권 당첨금품 중 1건당 당첨금품의 가액이 200만원 미만인 경우에는 지급명세서를 제출할 필요가 없다.

17. 다음 중 소득세법상 사업소득의 범위에 해당하지 않는 것은?

① 제조업에서 발생하는 소득

② 교육 서비스업을 영위해서 발생하는 소득

③ 금융 및 보험업에서 발생하는 소득

④ 무형고정자산을 양도함으로써 발생하는 소득

18. 소득세법상 농ㆍ축ㆍ수산물 판매업자 등 일정한 사업자는 납세조합을 조직할 수 있다. 이 경우 납세조합은 그 조합원에 대한 매월분의 소득세를 원천징수할 때에는 그 세액의 100분의 (㉠)에 해당하는 금액을 공제하고 징수한다. 여기서 (㉠)에 들어갈 숫자는 무엇인가?

① 3   ② 5   ③ 7   ④ 10

19. 다음 중 소득세법상 기타소득 중 무조건 분리과세 대상인 소득은 무엇인가?

① 기타소득으로 과세되는 직무발명보상금

② 연금계좌에서 연금 외 수령한 기타소득

③ 뇌물, 알선수재 및 배임수재에 따라 받은 금품

④ 계약의 위약 또는 해약으로 받은 위약금과 배상금

20. 다음 중 소득세법상 결손금에 대한 설명으로 틀린 것은?

① 일반 사업소득의 경우 해당과세기간의 사업소득금액을 계산할 때 먼저 공제하고, 남은 금액은 근로, 연금, 기타, 이자, 배당소득금액에서 순서대로 공제한다.

② 일반 부동산임대업의 이월결손금은 해당 과세기간의 부동산임대업의 소득에서만 공제한다.

③ 국세기본법에 따른 국세부과의 제척기간이 지난 후에 그 제척기간 이전 과세기간의 이월결손금이 확인된 경우 그 이월결손금은 공제하지 않는다.

④ 결손금 및 이월결손금을 공제할 때 해당 과세기간에 결손금이 발생하고 이월결손금이 있는 경우에는 이월결손금을 먼저 소득금액에서 공제한다.

21. 거주자 B씨는 수년간 계속하여 TV광고출연을 하고 있는 유명 연예인으로서, 20x1.1.10. 연예인 자격으로 ㈜H사와 2년간 TV광고출연에 대한 일신전속계약을 체결함과 동시에 전속계약금 2억원을 일시에 현금으로 수령하였다. B씨의 TV광고출연과 관련하여 실제로 소요된 필요경비가 없을 때 소득세법상 B씨의 해당 전속계약금에 관한 설명으로 옳은 것은?

① 전속계약금은 기타소득으로서 20x1년에 귀속되는 총수입금액은 2억원이다.
② 전속계약금은 사업소득으로서 20x1년에 귀속되는 총수입금액은 1억원이다.
③ 전속계약금은 사업소득으로서 20x1년에 귀속되는 총수입금액은 2억원이다.
④ 전속계약금은 기타소득으로서 수령한 금액의 80%는 필요경비로 인정된다.

22. 다음 중 소득세법상 기본공제대상자가 받을 수 있는 추가공제에 대한 설명으로 옳지 않은 것은?

① 70세 이상인 사람의 경우 1명당 연 100만원
② 장애인인 경우 1명당 연 200만원
③ 해당 거주자가 배우자가 없는 여성으로서 기본공제대상자인 직계비속이 있는 경우 연100만원
④ 부녀자공제의 경우 종합소득금액이 4,000만 원 이하인 부녀자의 경우에만 적용한다.

23. 다음 중 소득세법상 양도소득세에 대한 설명으로 틀린 것은?

① 거주자가 양도소득세 과세대상인 국내 토지와 비상장주식을 해당 과세기간 중에 처분한 경우 적용받는 양도소득 기본공제액은 최대 250만원이다.
② 장기보유특별공제를 적용받기 위한 최소한의 보유기간요건은 3년이다.
③ 양도소득금액은 양도차익에서 장기보유특별공제를 차감하여 산출한다.
④ 양도소득세의 세율 중 미등기된 건물의 세율은 70%이다.

24. 다음 중 소득세법상 내용으로 틀린 것은?

① 비거주자는 원천징수한 소득세를 납부할 의무는 없다.
② 비거주자로 국내원천소득이 있는 개인은 소득세를 납부할 의무를 가진다.
③ 국내에 생계를 같이하는 가족이 있고, 그 직업에 비추어 계속하여 183일이상 국내에 거주할 것으로 인정되는 경우 국내에 주소를 가진 것으로 본다.
④ 외국법인의 국내지점은 원천징수한 소득세를 납부할 의무가 있다.

25. 다음 중 소득세법상 납세지에 관한 것으로 옳은 것은?

① 주소지가 2이상인 경우 주민등록법에 의하여 등록된 곳을 납세지로 한다.

② 국내에 2이상의 사업장이 있는 비거주자의 경우 비거주자의 거소지를 납세지로 한다.

③ 공무원으로서 국내에 주소가 없는 사람의 소득세 납세지는 별도로 두지 아니한다.

④ 납세지의 경우 신고를 할 순 없고 사업장이나 주소지를 기준으로 결정된다.

2부 주관식　**문항 당 5점**

26. 국세기본법상 다음(㉠)에 알맞은 숫자는?

> 공시송달의 경우 서류의 주요 내용을 공고한 날부터(㉠)일이 지나면 서류가 송달이 된 것으로 본다.

27. 국세기본법상 다음 (㉠)에 들어갈 숫자는?

> 국세기본법상 20x1년 귀속 역외거래(거주자간 국외자산 및 국외용역 거래)에 대한 부과제척기간은 무신고일 경우 (㉠)년이다.

28. 다음 자료를 이용하여 소득세법상 거주자 A씨(남성, 32세)의 20x1년도 귀속 종합소득세 확정신고시 종합소득과세표준 금액은 얼마인가??(분리과세가 가능한 소득은 분리과세함)

(1) 소득금액 자료

사업소득금액	2,000만원
기타소득금액	200만원
양도소득금액	500만원

(2) 소득공제 자료

구 분	나이(만)	비 고
배우자	40세	총급여 600만원 있음.
부 친	80세	20x1년 1월 2일 사망함. 총급여 300만원 있음.
딸	16세	소득 없음.

29. 다음 소득세법상 세액공제중 근로소득만이 있는 거주자가 공제할 수 있는 세액공제를 모두 고르시오.

① 기장세액공제	② 재해손실 세액공제	③ 외국납부세액공제
④ 보험료세액공제	⑤ 의료비 세액공제	⑥ 교육비 세액공제

30. 소득세법상 기업업무추진비 한도 계산 시 해당과세기간의 일반적인 수입금액 합계액에 다음 표에 따른 적용률을 곱하여 산출한다. 아래의 표에서 (㉠)에 들어갈 숫자는 무엇인가? <u>회사는 중소기업에 해당하지 않는다.</u>

수입금액	적용률
100억 원 이하	1만분의 30
100억 원 초과 500억 원 이하	3천만 원 + 100억 원을 초과하는 금액의 1만분의 20
500억 원 초과	1.1억원 + 500억 원을 초과하는 금액의 1만분의 (㉠)

제81회 세무회계2급 답안 및 해설

세법1부-법인세법, 부가가치세법

1	2	3	4	5	6	7	8	9	10	11	12	13	14	15
②	③	③	①	③	④	③	①	②	②	③	③	③	③	①

16	17	18	19	20	21	22	23	24	25
①	③	①	③	②	④	①	④	③	①

26	27	28	29	30
3	10,000,000원	0.5	10	900,000원

01. 당기순이익(1,000,000)+기업업무추진비한도초과(400,000)+퇴충한도초과액(100,000)
    +기부금한도초과액(300,000)=각사업연도소득금액(1,800,000원)

02. 대손금 부인금액만 유보사항이고, 유보처분된 금액은 자본금과적립금 명세서에 작성되어 차기 이후 고려하여야 함.

03. 수입배당금액 익금불산입 규정은 지주회사 또는 일반내국법인에 따라 익금불산입율이 동일하다. 즉 기업구분업상 지분율에 따라 제도가 합리화되었다.

지분율	익금불산입률
50%이상	100%
20%이상 50%미만	80%
20%미만	30%

04. 재고자산평가방법을 기한 후에 변경신고 하였으므로 임의변경이 된다. 세법상 평가액은 MAX(선입선출법, 이동평균법)=Max(70,000,000, 80,000,000)=80,000,000원이 됨.

05. 국립대학병원에 시설비등으로 지출하는 기부금은 특례기부금이다.

06. **보험업법에 따른 고정자산의 평가는 증액만 가능하다.(평가감은 불인정)**

07. 일반기업의 무주택종업원에게 대한 국민주택 취득 자금 대여액은 업무무관가지급금으로 봅니다. **다만 중소기업의 경우 근로자(임원, 지배주주는 제외)대한 주택 구입·전세자금 대여금은 업무무관 가지급금에서 제외됩니다.**

08. 〈1단계 감가상각비 시부인〉
    - 회사계상액 10,000,000원, - 상각범위액 10,000,000원(5년, 정액법) -부인액없음
    〈2단계 업무미사용금액의 손금불산입〉 10,000,000×100%=10,000,000원
    〈3단계 업무사용감가상각비중 800만원 초과분〉
    10,000,000-8,000,000=2,000,000(손금불산입, 유보)

09. 실제손해액이 분명하지 아니한 경우에는 다음의 산식의 금액을 손금불산입한다.(개정세법 24)

> **손금불산입액＝A×(B－1)÷B**
>
> A : 지급한 손해배상금   B : 실제발생한 손해액 대비 손해배상액의 배수 상한

10. 채무보증으로 인하여 발생한 구상채권은 원칙적으로 대손처리할 수 없는 채권이다.

11. 자산을 시가보다 높은 가액으로 매입(고가양수)한 경우도 적용한다.

12. **자산수증익으로 보전한 이월결손금은 시기에 제한이 없다.**

14. 폐업일까지가 과세기간이다.

15. 주된 공급인 컴퓨터 판매가 과세대상이므로 부수되는 재화인 책도 과세대상이다.

16. 승용자동차등의 비영업용에의 전용, 폐업시 잔존재화의 자기공급, 사업상 증여는 세금계산서 발급의 무가 면제이다.

17. 음식점 사업자가 면세로 구입한 농산물의 의제매입세액은 공제가능한 매입세액이다.

18. 주사업장 관할세무서장에게 신청만 하면되지 승인사항은 아니다.

19. 대손세액공제액＝(1,100＋550)×10/110＝150

20. 조기환급금 **환급신고기한이 지난 후 15일 이내에 환급**하여야 한다.

21. 도매업은 현금매출명세서 제출대상이 아님.

22. 공급대가가 **4,800만원 미만으로 납부의무가 면제되는 간이과세자**에 대하여는 **무(과소)신고불성실가산세, 영세율과세표준 불성실가산세를 적용하지 아니한다.**

23. 안분계산의 생략은 면세공급가액 비율이 5%미만(면적비율 안분하는 경우에는 생략불가)이고 공통매입세액이 5백만원 미만인 경우, 과세기간의 공통매입세액이 5만원 미만인 경우, 신규사업 개시 사업자가 매입한 재화를 동일 과세기간에 매각한 경우임.

24. **간이과세자도 영세율 적용이 가능**하다.

25. **배우자 명의로 사업자등록을 한 경우 타인 명의로 사업자등록을 한 것으로 보지 않음.**

27. 회사상각액 : 30,000,000,   상각범위액 : 20,000,000

부인액＝10,000,000원 손금불산입(유보)

30. 납부세액＝90,000,000(공급대가)×10%(업종별부가가치율)×10%(부가세율)＝₩900,000

세법2부-국세기본법, 소득세법, 조세특례제한법

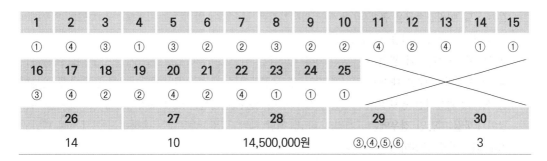

1	2	3	4	5	6	7	8	9	10	11	12	13	14	15
①	④	③	①	③	②	②	③	②	②	④	②	④	①	①

16	17	18	19	20	21	22	23	24	25					
③	④	②	②	④	②	④	①	①	①					

26	27	28	29	30
14	10	14,500,000원	③,④,⑤,⑥	3

01. 국세의 소멸시효가 완성한 때에는 그 국세는 물론 강제징수비 및 이자상당세액에도 그 효력이 미치고, 주된 납세자의 국세가 소멸시효의 완성에 의하여 소멸한 때에는 제2차 납세의무자, 납세보증인과 물적납세의무자에도 그 효력이 미친다.

03. 납세자가 그 사업에서 심각한 손해를 입거나, 그 **사업이 중대한 위기에 처한 경우는 납부의 경우만 해당한다.**

04. 과세표준 신고서에 기재된 결손금액 또는 환급세액이 세법에 따라 신고하여야 할 결손금액 또는 환급세액에 미치지 못할 때는 일반적인 경정 등의 청구 요건이다.

05. 명의신탁자산의 처분시 **명의신탁자가 납세의무자**이다.

06. 불복청구의 대상이 된 처분이 존재하지 않을 때 : 각하

07. ① 당초 신고한 **세액을 감액하는 경우에는 경정청구**에 의한다.

③ 세무서장이 결정경정통지하기 전까지 수정신고를 할 수 있다.

④ **법정신고기한 내 신고하지 않은 자도 수정신고** 할 수 있다.

08. 납세자 또는 납세관리인의 장기출장 등으로 세무조사가 곤란시 연기가능하다.

09. 상속이 개시되는 때가 납세의무의 성립시기이다.

10. 상속받은 재산은 상속받은 자산총액에서 상속받은 부채총액 및 **납부할 상속세를 차감하여 계산**한다.

11. ① 납부세액 1,000만원 초과시 분납가능

② **2개월 이내 분납이 가능**하다.

③ 양도소득세는 예정신고납부를 반드시 하여야한다..

12. 수입금액을 추계조사결정 하였다고 하더라도 필요경비에 관한 장부 또는 증빙에 의하여 소득금액을 결정할 수 있는 경우에는 소득금액은 실지 조사 결정할 수 있다.

13. 외국납부세액공제와 기부금세액공제는 당해 과세기간의 공제한도를 초과하는 경우 이월공제가능하다.

14. 2 이상의 사업장이 있는 사업자는 **각 사업장별로 사업장현황신고**를 하여야 한다.

15. **공동사업자(경영참가)의 배당은 사업소득**에 해당함.

16. **지급명세서는 다음연도 2월말일까지 제출하는 것이 원칙**이다.

17. 무형고정자산을 양도함으로써 발생하는 소득은 기타소득이다.

18. 납세조합이 그 조합원에 대한 매월분의 소득세를 징수할 때에는 **그 세액의 100분의 5에 해당하는 금액을 공제하고 징수한다.**

19. **직무발명보상금과 위약금과 배상금은 선택적 분리과세**이고, 뇌물 등은 무조건 종합과세 대상 기타소득이다.

20. 결손금 및 이월결손금을 공제할 때 해당 과세기간에 결손금이 발생하고 이월결손금이 있는 경우에는 그 과세기간의 결손금을 먼저 소득금액에서 공제한다.

21. 연예인이 사업활동과 관련하여 받는 전속계약금은 사업소득금액으로 계약기간이 1년을 초과하는 일신전속계약에 대한 대가를 일시에 받는 경우에는 계약기간에 따라 해당대가를 균등하게 안분한 금액을 각 과세기간 종료일에 수입한 것으로 하며, 월수의 계산은 해당 계약기간의 개시일이 속하는 날이 1개월 미만인 경우에는 1개월로 하고, 해당 계약기간의 종료일이 속하는 달이 1개월 미만인 경우에는 이를 산입하지 아니한다.

22. **종합소득금액이 3,000만 원 이하인 경우에만 부녀자공제**를 적용해준다.

23. 그룹별로 각각 250만원씩 기본공제가 된다. 부동산(250만원)+주식(250만원)=500만원

24. 비거주자도 원천징수한 소득세를 납부할 의무가 있다.

25. 비거주자는 국내사업장소재지를 납세지로 하고, **사업소득자는 사업장소재지를 납세지로 할 수 있다.** 국내에 주소가 없는 공무원의 경우 가족의 생활근거지 또는 그 소속기관의 소재지를 납세지로 한다.

27. **역외거래의 무신고**의 경우 **부과제척기간은 10년**이다.

28. 소득금액 : 2,000만원(기타소득은 분리과세(300만 이하), 양도소득은 종합소득이 아님)

　　기본공제 : 1,500,000×3명(본인,부친,딸)=4,500,000원(배우자는 총급여액 5백만원 초과)

　　추가공제 : 1,000,000원(경로우대공제)

　　과세표준 : 1,450만원

29. ① 재해손실세액공제와 기장세액공제는 사업자가 대상임

　　② 근로소득이 있는 거주자가 가능한 소득세법상 세액공제는 근로소득세액공제, 외국납부세액공제, 연금계좌세액공제, 자녀세액공제, 특별공제(보험료세액공제, 의료비세액공제, 교육비세액공제, 기부금세액공제)

제80회 세무회계2급

합격율	시험년월
24%	2019.04

세법1부   법인세법, 부가가치세법

01. 다음 중 법인세법상 설명으로 옳은 것은?

① 내국법인이 사업연도 중 분할합병에 따라 해산한 경우 그 사업연도 개시일부터 분할합병등기일까지의 기간을 그 해산한 법인의 1사업연도로 본다.

② 법인의 최초 사업연도의 개시일은 사업자등록일이다.

③ 사업연도는 정관 변경을 통하면 1년을 초과하여 변경이 가능하다.

④ 사업의 수익이 사실상 귀속되는 법인과 법률 형식상 귀속되는 법인이 다른 경우 법률에 따라 형식에 맞게 귀속되는 법인에 수익이 귀속된다.

02. 다음 중 법인세법상 납세지에 관한 설명으로 가장 잘못된 것은?

① 내국법인의 법인세 납세지는 그 법인의 등기부에 따른 본점이나 주사무소의 소재지 (국내에 본점 또는 주사무소가 있지 아니하는 경우에는 사업을 실질적으로 관리하는 장소의 소재지)로 한다.

② 비영리내국법인은 주된 사업장소재지를 납세지로 한다.

③ 합병 또는 분할로 소멸하는 법인의 원칙적인 납세지는 합병 또는 분할 전 피합병법인등의 납세지로 할 수 있다.

④ 국내사업장이 없는 외국법인으로서 부동산소득 또는 양도소득이 있는 외국법인의 경우에는 각각 그 자산의 소재지로 한다.

03. 다음 중 법인세법상 신고조정항목이 아닌 것은?

① 공사부담금으로 취득한 고정자산가액의 손금산입

② 대손충당금의 손금산입

③ 보험차익으로 취득한 고정자산가액의 손금산입

④ 자산의 평가차손의 손금불산입

04. 다음 중 법인세법상 기타사외유출로 소득처분하는 경우가 아닌 것은?

① 부당행위계산 부인에 의하여 익금에 산입한 금액으로서 귀속자에게 상속세 및 증여세법에 의하여 증여세가 과세되는 금액

② 채권자불분명사채이자의 원천징수 세액

③ 사외유출된 금액의 귀속이 불분명하여 대표자에 대한 상여로 처분한 경우 당해 법인이 그 처분에 따른 소득세 등을 대납하고 이를 손비로 계상함에 따라 익금에 산입한 금액

④ 한 차례의 접대에 지출한 금액이 3만원(경조금 20만원)을 초과하는 기업업무추진비 중 증명서류를 수취하지 아니한 기업업무추진비의 손금불산입액

05. 다음 중 법인세법상 자본거래로 인한 수익의 익금불산입 항목이 아닌 것은?

① 채무의 출자전환으로 인한 주식발행시가 초과액

② 주식의 포괄적 교환차익

③ 주식의 포괄적 이전차익

④ 감자차익

06. 다음 중 법인세법상 자산의 취득가액으로 틀린 것은 무엇인가?

① 타인으로부터 매입한 자산(금융자산제외) : 매입가액에 부대비용을 더한 금액

② 자기가 제조한 자산 : 제작원가에서 부대비용을 뺀 금액

③ 단기금융자산등 : 매입가액

④ 현물출자법인이 피출자법인을 새로 설립하면서 그 대가로 주식등만 취득하는 현물출자 : 현물출자한 순자산의 시가

07. 다음 중 법인세법상 법인으로부터 배당금 또는 분배금을 받은 것으로 보는 금액이 아닌 것은?

① 법인의 잉여금의 전부를 자본이나 출자에 전입함으로써 취득하는 주식등의 가액

② 주식의 소각으로 인하여 주주가 취득하는 금전등 합계액이 주식등을 취득하기 위해 사용한 금액을 초과하는 금액

③ 법인이 자기주식을 보유한 상태에서 자본전입을 함에 따라 그 법인 외 주주등인 내국법인의 지분비율이 증가한 경우 증가한 지분비율에 상당하는 주식등의 가액

④ 자본의 증가로 인하여 주주가 취득하는 금전등의 합계액 해당 금액

08. 다음 중 법인세법상 손금불산입되는 감가상각비는 얼마인가?

> - 아래 자산의 취득일은 1월 1일이고, 내용연수 5년, 정액법 적용하여 계산한다.
> - 기계장치 구입액 1억원, 취득세 1천만원
> - 회사 담당자의 실수로 감가상각비를 3천만원으로 계상

① 0원   ② 800만   ③ 1,000만   ④ 1,200만

09. 비영리내국법인인 ㈜세무의 당기소득이 다음과 같다고 가정할 때, 법인세법상 법인세가 부과되는 소득의 합계액은 얼마인가?

> 1. 수익사업에서 발생한 소득 : 7천만원   2. 수익사업용 부동산의 양도차익 : 3천만원
> 3. 청산소득 : 5천만원

① 0원   ② 5천만원   ③ 1억원   ④ 1억 5천만원

10. 다음 중 법인세법상 손금불산입 항목에 해당하지 않는 것은?

① 각 사업연도에 납부하였거나 납부할 법인세
② 벌금, 과료, 과태료, 가산세 및 강제징수비
③ 법령에 따라 의무적으로 납부하는 공과금
④ 법령에 따른 의무의 불이행 또는 금지·제한 등의 위반에 대한 제재로서 부과되는 공과금

11. 다음 중 법인세법상 결손금 소급공제 요건에 관한 설명으로 가장 틀린 것은?

① 직전 사업연도의 법인세액이 있는 법인이어야 한다.
② 조세특례제한법 시행령 제2조 규정에 의한 중소기업에 해당하는 법인이어야 한다.
③ 결손금이 발생한 사업연도의 법인세 과세표준 신고기한까지 소급공제에 의한 환급신청을 하여야 한다.
④ 결손금 소급공제는 경정청구로도 가능하다.

12. 20x1년 1년 동안 지출한 다음의 금액 중 법인세법상 일반기부금의 합계액은 얼마인가?

> (1) 거주자가 정당에 기부한 정치자금 : 10만원
> (2) 사회복지사업법에 따른 사회복지법인에 기부한 기부금 : 20만원
> (3) 사회복지공동모금회에 기부한 기부금 : 30만원
> (4) 국립 대학교에 고유목적사업비로 기부한 기부금 : 40만원

① 50만원   ② 60만원   ③ 70만원   ④ 80만원

13. 다음 20x1년 법인세 신고자료에 의하여 법인세법상 외국납부세액공제액을 계산하면 얼마인가?

> • 사업연도 : 20x1.1.1.~12.31. (12월말 결산법인임)
> • 과세표준 : 800,000,000원(국외과세소득 200,000,000원이 포함된 금액임)
> • 세율은 2억원 이하 9%, 2억원 초과 200억원 이하는 19%로 가정한다.
> • 외국납부세액 : 40,000,000원

① 31,000,000원   ② 33,000,000원
③ 37,000,000원   ④ 40,000,000원

14. 다음 중 부가가치세법상 설명으로 가장 틀린 것은?
① 일반과세자란 간이과세자가 아닌 사업자와 면세사업자를 말한다.
② 용역이란 재화 외에 재산가치가 있는 모든 역무와 그 밖의 행위를 말한다.
③ 사업자란 사업목적이 영리이든 비영리이든 관계없이 사업상 독립적으로 재화 또는 용역을 공급하는 자를 말한다.
④ 면세사업이란 부가가치세가 면제되는 재화 또는 용역을 공급하는 사업을 말한다.

15. 다음 중 부가가치세법상 자가공급 등의 공급가액 계산에 대한 설명으로 틀린 것은?
① 사업자가 취득한 재화 중 폐업할 때 남아있는 재화는 자기에게 공급하는 것으로 본다.
② 사업자가 과세사업에 쓰던 재화를 면세사업에 쓰는 경우에 재화의 공급으로 본다.
③ 비품의 경과된 과세기간의 수가 4를 초과할 때는 4로 한다.
④ 건물 등 부동산에 대하여는 적용하지 않는 규정이다.

16. 다음 중 부가가치세법상 사업자등록에 관한 설명으로 틀린 것은?

① 사업자는 사업장마다 사업개시일부터 20일 이내에 사업장 관할 세무서장에게 사업자등록을 신청하여야 한다.

② 사업개시일 이전에 사업자등록의 신청을 받은 사업장 관할세무서장은 신청자가 사업을 사실상 시작하지 않을 것이라고 인정되더라도 등록을 거부할 수 없다.

③ 사업장이 둘 이상인 사업자는 사업자 단위로 해당 사업자의 본점 또는 주사무소 관할세무서장에게 등록을 신청할 수 있다.

④ 사업자등록에 따른 등록번호는 사업장마다 관할세무서장이 부여한다.

17. 다음 중 부가가치세법상 면세의 포기와 관련하여 맞는 것은?

① 모든 재화 및 용역의 공급에 대해 면세를 포기할 수 있다.

② 면세를 포기하려는 사업자는 면세포기신고서를 관할세무서장에게 제출하고, 지체없이 사업자등록을 하여야 한다.

③ 면세 포기는 과세사업종료일로부터 20일 전에 하여야 한다.

④ 면세포기를 신고한 사업자는 신고한 날부터 2년간은 면세를 적용받지 못한다.

18. 다음 중 부가가치세법상 의제매입세액의 공제요건에 대한 설명으로 가장 옳지 않은 것은?

① 면세로 공급받은 농산물·축산물·수산물 또는 임산물이어야 한다.

② 제조·가공한 재화 또는 용역의 공급이 부가가치세 과세대상이어야 한다.

③ 농산물 등을 원재료로 하여 재화를 제조·가공 또는 용역을 창출하여야 한다.

④ 면세사업자도 의제매입세액공제가 가능하다.

19. 다음 중 부가가치세법상 재화의 수입에 대한 부가가치세 납부유예 규정에 대한 설명으로 틀린 것은?

① 세관장은 법정 요건을 충족하는 중소기업자가 원재료의 수입에 대해 부가가치세 납부유예를 미리 신청하는 경우 해당 재화를 수입할 때 부가가치세의 납부를 유예할 수 있다.

② 중소기업 사업자의 국세가 체납된 경우라도 세관장은 납부유예를 취소할 수 없다.

③ 3년간 계속하여 사업한 중소기업(3년간 처벌 또는 체납없음)의 경우 직전 연도 공급한 재화 공급가액 합계액에서 수출액이 차지하는 비율이 30퍼센트 이상 되는 경우 신청가능하다.

④ 관할 세관장은 신청일부터 1개월 이내 납부유예의 승인여부를 결정하여 해당 업자에게 통지하여야한다.

20. 다음 중 부가가치세법상 매입세액을 공제받을 수 있는 경우에 해당하지 아니하는 것은?

① 발급받은 세금계산서에 대한 매입처별 세금계산서합계표를 과세표준 수정신고서와 함께 제출할 때

② 재화 또는 용역의 공급시기 이후에 발급받은 세금계산서로서 해당 공급시기가 속하는 과세기간의 확정신고기한까지 발급받은 경우(가산세 부과됨)

③ 경정에 있어서 사업자가 발급받은 세금계산서를 경정기관의 확인을 거쳐 정부에 제출하는 경우(가산세 부과됨)

④ 제출된 매입처별세금계산서합계표에 필요적 기재사항의 전부 또는 일부가 기재되지 아니하였거나 그 내용이 사실과 다른 경우

21. 다음 중 부가가치세법상 대손세액공제에 관한 설명으로 맞는 것은?

① 대손세액공제의 범위는 사업자가 부가가치세가 과세되는 재화나 용역을 공급한 후 공급일로부터 10년이 경과하는 날이 속하는 과세기간에 대한 확정신고기한까지 확정되는 대손세액으로 한다.

② 중소기업의 외상매출금은 부도일로부터 6개월 이상 지난 사유로는 대손세액공제를 받을 수 없다.

③ 사업자는 수표 또는 어음의 부도발생일로부터 6개월 이상 지난 경우 채무자의 재산에 저당권을 설정하고 있는 때에도 대손세액을 공제할 수 있다.

④ 대손세액은 부가가치세를 제외한 대손금액에 110분의 10을 곱한 금액으로 한다.

22. 다음 중 부가가치세 관련 가산세에 대한 설명으로 가장 옳은 것은?

① 일반과세 개인사업자가 사업개시일로부터 20일 이내에 사업자등록하지 아니한 때 개시일부터 사업자등록 신청일 전날까지 공급가액의 2%를 가산세로 가산한다.

② 법인사업자가 매출처별 세금계산서합계표를 예정신고시 제출하지 아니하고 확정신고시 제출(지연제출)하는 경우로서 부실기재에 해당하지 아니하는 경우 공급가액 0.5%를 가산세로 가산한다.

③ 일반과세사업자가 세금계산서 발급대상인 재화 또는 용역을 공급하고 공급시기가 속하는 과세기간에 대한 확정신고기한까지 세금계산서를 발급하지 아니한 때에는 공급가액의 2%를 세금계산서발급불성실가산세로 가산한다.(단, 전자세금계산서 발급대상 아님)

④ 법인사업자가 부가가치세 확정신고시 납부세액을 과소하게 납부한 때에는 과소납부세액의 5%를 납부지연가산세로 가산한다.

23. 다음 중 부가가치세법상 주사업장 총괄납부에 대한 설명으로 가장 옳지 않은 것은?

① 총괄납부를 할 수 있는 주된 사업장은 개인의 경우 주사무소로 한다. 또한 법인의 경우에는 지점 (분사무소 포함)을 주된 사업장으로 할 수 있다.

② 주사업장 총괄납부를 하고자 하는 신규사업자는 주된 사업장의 사업자등록증을 받은 날부터 20 일 이내에 주된 사업장 관할 세무서장에게 신청하여야 한다.

③ 주사업장 총괄납부사업자가 예정·확정신고를 함에 있어 종사업장 분을 개별적으로 신고하지 않고, 주사업장에 일괄합산하여 신고하면 종사업장분은 무신고가 된다.

④ 주사업장 총괄납부사업자가 종된 사업장을 신설하는 경우에 당해 종된 사업장에 대하여는 별도 로 사업자등록을 할 필요가 없다.

24. 다음 중 부가가치세법상 결정 또는 경정사유로 가장 옳지 않은 것은?

① 국세청장이 정하는 일정기준에 미달하게 신고하는 경우

② 예정신고 또는 확정신고를 하지 아니한 경우

③ 확정신고를 한 내용에 오류가 있거나 내용이 누락된 경우

④ 사업장의 이동이 빈번하다고 인정되는 지역에 사업장이 있어 부가가치세를 포탈할 우려가 있는 경우

25. 다음 중 부가가치세법상 간이과세를 적용할 수 있는 업종은?

① 광업   ② 변호사·세무사업

③ 양복점   ④ 서울특별시지역에 소재하는 과세유흥장소

1부 주관식　　**문항 당 5점**

26. 법인세법상 일반법인이 유가증권에 대한 평가방법을 무신고한 경우 적용되는 평가방법은 무엇인가?

27. 다음 자료에 의거 20x1.1.1. ~ 20x1.12.31. 사업연도의 법인소득금액 계산시 법인세법상 익금에 산입할 금액을 계산하시오.

> - 공사계약기간 : 전전기 9.1. ~ 20x1.12.31.
> - 공사 도급금액 : 30억원
> - 총공사 예정비 : 25억원
> - 전전기 9.1. ~ 20x1.12.31.까지 발생한 총공사비 : 10억원
> - 전전기 9.1. ~ 20x0.12.31.까지 익금에 산입한 공사수입금액 : 3억원

28. 다음 자료에서 법인세법상 (㉠)에 들어갈 세율을 적으시오.

> 지급명세서를 제출하여야 할 내국법인이 지급명세서를 제출기한이 지난 후 3개월 이내에 제출하는 경우에는 지급금액의 (㉠)를 가산한 금액을 법인세로서 징수하여야 한다.

29. 다음 자료는 ㈜A의 20x1년 제1기 부가가치세 과세기간의 거래내용이다. 20x1년 1기 부가가치세법상 과세표준금액은 ?

> - 현금 판매액 : 20,000,000원
> - 하치장 반출 : 20,000,000원
> - 사업상 증여 : 10,000,000원(시가)
>   ※ 상기의 모든 금액은 공급가액임
> - 외상 판매액 : 10,000,000원
> - 직매장 반출 : 10,000,000원(총괄납부 사업자 아님)
> - 도난자산의 가액 : 10,000,000원

30. 부가가치세법상 (㉠)에 들어갈 숫자는?

> 납세지 관할 세무서장은 조기 환급신고에 따른 환급세액을 각 예정신고기간 별로 그 예정신고 기한이 지난 후 (㉠)일 이내에 예정신고한 사업자에게 환급해야한다.

세법2부 국세기본법, 소득세법, 조세특례제한법

01. 다음 중 국세기본법상 사용하는 용어에 대한 설명으로 틀린 것은?

① 국세 : 국세기본법에 따른 국세라는 용어는 관세를 포함하지 않는 내국세만을 가리키는 것이다.

② 세법 : 국세의 종목과 세율을 정하고 있는 법률과 국세징수법, 조세특례제한법, 국제조세조정에 관한 법률, 조세범처벌법 및 조세범 처벌절차법을 말한다.

③ 원천징수 : 세법에 따라 원천징수의무자가 국세(이에 관계되는 가산세는 제외한다)를 징수하는 것을 말한다.

④ 가산세 : 세법에서 규정하는 의무의 성실한 이행을 확보하기 위하여 세법에 따라 산출한 세액에 가산하여 징수하는 금액을 말한다. 여기에는 가산금도 포함한다.

02. 다음 중 국세기본법상 국세부과의 원칙 중 근거과세에 관련된 내용으로 틀린 것은?

① 납세의무자가 세법에 따라 장부를 갖추어 기록하고 있는 경우에는 해당 국세 과세표준의 조사와 결정은 그 장부와 이에 관계되는 증거자료에 의하여야 한다.

② 국세를 조사·결정할 때 장부의 기록 내용이 사실과 다르거나 장부의 기록에 누락된 것이 있을 때에는 장부 전체에 대하여 정부가 조사한 사실에 따라 결정할 수 있다.

③ 정부는 장부의 기록 내용과 다른 사실 또는 장부 기록에 누락된 것을 조사하여 결정하였을 때에는 정부가 조사한 사실과 결정의 근거를 결정서에 적어야 한다.

④ 행정기관의 장은 해당 납세의무자 또는 그 대리인이 요구하면 결정서를 열람 또는 복사하게 하거나 그 등본 또는 초본이 원본과 일치함을 확인하여야 한다.

03. 다음 중 국세기본법상 공동사업에 대한 연대납세의무에 관한 설명 중 옳지 않은 것은?

① 납부(납세)고지서는 연대납세의무자 모두에게 각각 송달하여야 한다.

② 연대납세의무자 1인에게 조세채무 전액에 대해 부과처분 할 수 있다.

③ 연대납세의무자 1인이 전액을 납부한 경우라도 다른 연대납세의무자의 부담부분에 대해 구상권을 가지게 되는 것은 아니다.

④ 연대납세의무자 1인에 대한 부과처분의 무효 또는 취소의 사유는 다른 연대납세의무자에게 그 효력이 미치치 않는다.

04. 다음 중 국세기본법상 국선대리인 선정 신청 등과 관련한 설명으로 옳지 않은 것은?

① 종합소득금액 5천만원 이하이고 소유재산의 평가가액 합계가 5억원 이하일 경우 이의 신청인 등은 재결청에 세무사 등의 국선대리인을 선정하여줄 것을 신청할 수 있다.

② 재결청은 국선대리인 선정 신청이 요건을 충족한 경우 신청을 받은 날로부터 5일 이내에 그 결과를 이의신청인 등과 국선대리인에게 각각 통지하여야 한다.

③ 상속세, 증여세 및 종합부동산세에 대해서는 국선대리인 선정 신청을 할 수 없다.

④ 국선대리인 선정 신청을 원하는 이의신청인 등은 법인도 가능하다.

05. 다음 중 국세기본법상 기간과 기한에 대한 설명으로 틀린 것은?

① 신고, 신청, 청구, 그 밖에 서류의 제출, 통지, 납부 또는 징수에 대한 기한이 근로자의 날일 때에는 근로자의 날의 다음날을 기한으로 한다.

② 기간을 일, 주, 월 또는 연으로 정한 때에는 초일은 산입하지 아니한다.

③ 정전으로 인해 국세정보통신망 가동 정지로 전자신고나 전자납부를 할 수 없는 경우에 는 그 장애가 복구되어 신고 또는 납부할 수 있게 된 날의 다음날을 기한으로 한다.

④ 전자신고시 전자신고할 때 제출하여야하는 관련서류는 8일의 범위에서 제출기한을 연기 할 수 있다.

06. 다음 중 국세기본법상 공시송달에 관한 내용으로 가장 틀린 것은?

① 주소 또는 영업소가 불분명한 경우 공시송달이 가능하다.

② 송달 받아야 할 자의 주소 또는 영업소가 국외에 있고, 송달이 곤란한 경우 공시송달이 가능하다.

③ 공시송달을 하는 경우 국세정보통신망을 이용 시 다른 공시송달방법은 함께하지 않아도 된다.

④ 서류를 등기우편으로 송달하였으나 수취인 부재중인 것으로 확인되어 반송됨으로써 납부기한 내에 송달이 곤란하다고 인정되는 경우 공시송달이 가능하다.

07. 다음 중 국세기본법상 납부의무의 소멸 사유로 옳지 않은 것은?

① 충당된 때

② 국세부과의 제척기간이 끝난 때

③ 납세자가 사망한 때

④ 국세징수권의 소멸시효가 완성된 때

08. 국세기본법상 납세의무자가 국세 및 강제징수비로서 과오납금이 있거나 환급세액이 있을 때에 납세자에게 국세환급금으로 돌려주는 제도가 있다. 다음 중 국세환급금의 처리절차를 바르게 나열한 것은?

① 결정→충당→지급　　　　　　　② 충당→지급→결정

③ 지급→결정→충당　　　　　　　④ 결정→지급→충당

09. 다음 중 국세기본법상 「납세자의 권리」에 대한 설명으로 가장 옳지 않은 것은?

① 세무공무원은 적정하고 공평한 과세를 실현하기 위하여 필요한 최소한의 범위에서 세무조사를 하여야 하며, 다른 목적 등을 위하여 조사권을 남용해서는 안된다.

② 납세자의 권익이 부당하게 침해되는 것을 방지하기 위한 조치로 납세자는 세무조사를 받는 경우에 세무사 등으로 하여금 조사에 참여하여 진술하게 할 수 있다.

③ 납세자의 권익을 보호하기 위하여 세무공무원은 모든 세무조사를 시작하기 10일 전에 세무조사 사전통지서를 문서로 하여야 한다.

④ 세무공무원은 사업자등록증을 발급하는 경우 납세자권리헌장의 내용이 수록된 문서를 납세자에게 주어야 한다.

10. 다음 중 국세기본법상 양도담보권자의 물적납세의무에 대한 설명으로 가장 옳지 않은 것은?

① 주된 납세자가 국세·가산세 또는 강제징수비를 체납하여야 한다.

② 주된 납세자의 다른 재산에 대하여 강제징수를 집행하여도 징수할 금액에 미치지 못하는 경우이어야 한다.

③ 주된 납세자에게 양도담보된 재산이 있어야 한다.

④ 양도담보된 재산이 체납된 국세의 법정기일 전에 담보의 목적이 된 것이어야 한다.

11. 다음 중 소득세법상 퇴직소득에 해당하지 않는 것은?

① 공적연금 관련법에 따라 받는 일시금

② 사용자 부담금을 기초로 하여 현실적인 퇴직을 원인으로 지급받는 소득

③ 「건설근로자의 고용개선 등에 관한 법률」 제14조에 따라 받는 퇴직공제금

④ 「한국교직원공제회법」에 따라 설립된 한국교직원공제회로부터 받는 초과반환금

12. 다음 중 소득세법상 간편장부를 하지 않았을 경우 무기장가산세를 부과하지 않는 소규모사업자에 해당하지 않는 것은?

① 직전연도 수입금액 6천만원 미만인 부동산임대사업자

② 해당 과세기간에 신규로 사업을 개시한 사업자

③ 간편장부대상자로서 연말정산되는 보험모집수당을 받는 사업소득만 있는 자

④ 간편장부대상자로서 연말정산되는 방문판매수당을 받는 사업소득만 있는 자

13. 다음 중 소득세법상 현금영수증 발급에 대한 설명으로 가장 옳지 않은 것은?

① 현금영수증의 발급대상금액은 건당 1원 이상의 거래금액으로 한다.

② 현금영수증 가맹점으로 가입한 사업자는 상대방이 현금영수증 발급을 요청하지 아니하는 경우에도 현금을 받은 날부터 5일 이내에 무기명으로 발급할 수 있다.

③ 현금영수증 의무발행업종 가맹점의 현금영수증 의무발행금액은 거래금액(부가가치세 포함)당 30만원 이상이다.

④ 현금영수증 가맹사업자가 현금영수증을 미발급하는 등의 경우에 거래상대방은 5년 이내에 국세청장 등에게 신고할 수 있다.

14. 다음 중 소득세법상 종합소득 산출세액에서 공제되는 의료비세액공제 대상으로 가장 옳지 않은 것은?

① 암치료를 위하여 외국에 소재하는 대학병원에 지급하는 비용

② 치료·요양을 위하여 「약사법」 제2조에 따른 의약품(한약을 포함한다. 이하 같다)을 구입하고 지급하는 비용

③ 보청기 구입을 위하여 지출한 비용

④ 시력보정용 안경 또는 콘택트렌즈를 구입하기 위하여 지출한 비용으로서 법 제50조 제1항에 따른 기본공제대상자(연령 및 소득금액의 제한을 받지 아니한다) 1명당 연 50만원 이내의 금액

15. 소득세법상 거주자는 1과세기간 동안 몇 일 이상의 거소를 둔 개인을 말하는가?

① 173   ② 180   ③ 183   ④ 190

16. 다음 중 소득세법상 사업장현황신고에 관한 규정으로 옳지 않은 것은?

① 면세사업자는 해당 사업장의 현황을 해당 과세기간의 다음연도 1월 25일까지 사업장 소재지 관할 세무서장에게 신고하여야 한다.

② 겸영사업자의 경우 부가가치세 신고시 면세사업자의 수입금액을 신고한 경우에는 사업장현황신고를 한 것으로 본다.

③ 2 이상의 사업장이 있는 사업자는 각 사업장 별로 사업장현황신고를 하여야 한다.

④ 사업자가 휴업한 경우 관할 세무서장은 사업장 현황을 조사할 수 있다.

17. 다음 중 소득세법상 배당소득의 수입시기가 틀린 것은?

① 무기명주식의 이익 · 배당 : 그 지급을 받은 날

② 법인세법에 따라 처분된 배당 : 그 지급을 받은 날

③ 집합투자기구로부터의 이익 : 그 이익을 지급받은 날

④ 잉여금 처분에 따른 배당 : 당해 법인의 잉여금 처분 결의일

18. 다음 중 소득세법상 20x1년도 기타소득 중 최소 60% 필요경비를 인정하는 소득은 무엇인가?

① 승마투표권 등의 구매자가 받는 환급금

② 서화 · 골동품의 양도로 발생하는 소득

③ 산업재산권 등을 양도하거나 대여하고 그 대가로 받는 금품

④ 위약금과 배상금 중 주택입주 지체상금

19. 다음 중 소득세법상 부당행위계산의 부인 대상이 아닌 것은?

① 특수관계인으로부터 시가보다 높은 가격으로 자산을 매입하거나 특수 관계인에게 시가보다 낮은 가격으로 자산을 양도한 경우

② 특수관계인에게 금전이나 그 밖의 자산 또는 용역을 무상 또는 낮은 이율 등으로 대부하거나 제공한 경우. 직계존비속에게 주택을 무상으로 사용하게 하고 직계존비속이 그 주택에 실제 거주하는 경우도 포함한다.

③ 특수관계인으로부터 금전이나 그 밖의 자산 또는 용역을 높은 이율 등으로 차용하거나 제공받는 경우

④ 특수관계인으로부터 무수익자산을 매입하여 그 자산에 대한 비용을 부담하는 경우

20. 다음 중 소득세법상 기본공제에 관한 설명으로 옳지 않은 것은?

① 종합소득이 있는 거주자의 경우 거주자 본인은 연간 150만원을 공제한다.

② 거주자의 형제자매의 경우 소득금액 합계액이 100만원 이하이면 모두 공제할 수 있다.

③ 장애인인 직계존속의 경우 나이의 제한 없이 소득금액 합계액이 100만원 이하이면 공제할 수 있다.

④ 거주자의 부양가족이 다른 거주자의 부양가족에 해당되는 경우에는 한 거주자의 종합소득금액에서 공제한다.

21. 다음 자료를 이용하여 복식부기의무자인 거주자 B씨의 소득세법상 사업소득금액을 계산하면 얼마인가?

> 1. 손익계산서상 당기순이익 : 50,000,000원
> 2. 손익계산서에 반영되어 있는 금액
>   • 대표자의 급여 : 10,000,000원
>   • 기계장치처분손실 : 5,000,000원
>   • 은행예금이자수익 : 3,000,000원

① 68,000,000원 ② 65,000,000원

③ 62,000,000원 ④ 57,000,000원

22. 다음 중 조세특례제한법상 신용카드 소득공제에 대한 설명으로 맞는 것은?

① 총급여액의 30%를 초과하여 신용카드등을 사용한 금액에 대하여 공제하는 제도이다.

② 신용카드등 사용액 중 대중교통 및 전통시장 사용분은 30%를 공제한다.

③ 총급여 7천만원 이하자에 한해 도서공연비·신문구독료를 지출한 경우 30%를 공제한다.

④ 신용카드 등 사용액에는 신용카드 사용액만 해당하고 직불카드 사용액은 공제되지 않는다.

23. 다음 중 소득세법상 내용으로 틀린 것은?

① 거주자가 주소를 국외로 이전하여 비거주자가 되는 경우 과세기간은 1월 1일부터 출국한 날의 다음날까지로 한다.

② 거주자가 사망한 경우 과세기간은 1월 1일부터 사망한 날까지로 한다.

③ 거주자의 소득세 납세지는 그 주소지로 한다. 다만, 주소지가 없는 경우 그 거소지로 한다.

④ 국내사업장이 없는 비거주자의 소득세 납세지는 국내원천소득이 발생하는 장소로 한다.

24. 다음 중 소득세법상 기업업무추진비와 기부금에 대한 설명으로 틀린 것은?

① 종교단체에 지출한 기부금은 일반기부금에 속한다.

② 기부금이란 업무와 관련하여 특정인에게 지출하는 비용을 말한다.

③ 기업업무추진비를 금전 외의 자산으로 제공한 경우 시가와 장부가액 중 큰 금액으로 한다.

④ 국방헌금을 금전 외의 자산으로 제공한 경우 장부가액으로 한다.

25. 다음 중 소득세법상 중간예납 대상자는 누구인가?

① 해당 과세기간개시일 현재 사업자였으나 당해 사업을 폐업하고, 새로이 신규로 사업을 시작한 자

② 이자소득·배당소득·근로소득·연금소득 또는 기타소득만이 있는 자

③ 사업소득 중 속기·타자 등 한국표준산업분류에 따른 사무지원 서비스업에서 발생하는 소득만 있는 자

④ 저술가, 화가, 배우, 가수, 영화감독, 연출가, 촬영사 등 자영 예술가의 소득만 있는 자

2부 주관식　　**문항 당 5점**

26. 국세기본법상 (㉠)에 들어갈 말은 무엇인가?

> (㉠)란 주주 1인과 그의 특수 관계인으로서 그들의 소유주식 합계가 해당 법인의 발행 주식 총수의 50%를 초과하면서 그에 관한 권리를 실질적으로 행사하는 자들을 말한다.

27. 국세기본법상 주된 납세자의 국세·가산세 및 강제징수비를 징수하기 위하여 그 자의 재산에 대하여 강제징수를 집행하여도 징수할 금액에 부족한 경우에 주된 납세자와 일정한 관계에 있는 자가 그 부족액에 대하여 보충적으로 납세의무를 부담하는 것을 무엇이라 하는지 쓰시오.

28. 소득세법상 (　　)안에 공통으로 들어갈 숫자를 적으시오.

> 연금소득이 있는 거주자에 대해서는 해당 과세기간에 받은 총 연금액에서 일정금액을 공제한다. 다만,
> 공제액이 (　　)원을 초과하는 경우에는 (　　)원을 공제한다.

29. 소득세법상 다음 (㉠)안에 들어갈 알맞은 숫자는?

> 20x1년 귀속 소득세법상 과세표준이 10억원을 초과하는 경우 최고세율을 적용하고 있으며, 세율은
> (㉠)% 이다.

30. 중소기업인 제조업을 영위하는 거주자 A의 20x1년 귀속(1.1~12.31)분 총매출액이 5억원인 경우 소득
세법상 기업업무추진비 한도액을 계산하면 얼마인가?

제80회 세무회계2급 답안 및 해설

세법1부-법인세법, 부가가치세법

1	2	3	4	5	6	7	8	9	10	11	12	13	14	15
①	②	②	④	①	②	④	②	③	③	④	②	②	①	④

16	17	18	19	20	21	22	23	24	25					
②	②	④	②	④	①	③	④	①	③					

26	27	28	29	30
총평균법	9억원	1,000분의 5, 0.5%	50,000,000원	15

01. ② **최초사업연도의 개시일은 법인의 설립등기일**이다.

　③ 사업연도는 원칙적으로 1년 초과할 수 없다.

　④ 사실상 귀속되는 법인에 수익이 귀속된다.(실질과세의 원칙)

02. **비영리내국법인**의 법인세 납세지는 그 **법인의 등기부에 따른 주사무소의 소재지**이다.

03. 대손충당금의 손금산입은 결산조정사항이다.

04. 한 차례의 접대에 지출한 금액이 3만원(경조금 20만원)을 초과하는 기업업무추진비 중 지출증명서류 (신용카드매출전표 등)를 수취하지 않으면 손금불산입하고 "기타사외유출"로 처분하지만, 증명서류 를 아예 수취하지 아니한 기업업무추진비의 손금불산입액은 "상여"로 처분함.

05. 채무의 출자전환으로 인한 주식발행시가 초과액은 익금항목임.

06. 자기가 제조한 자산은 제작원가에서 부대비용을 더한 금액이 취득가액임.

07. 자본의 감소로 인하여 주주가 취득하는 금전 등 합계액이 주식 등을 취득하기 위하여 사용한 금액을 초과하는 금액을 의제배당으로 본다.

08. 감가상각비 한도액 = 1.1억/5년 = 22,000,000원

　회사계상 상각비 = 30,000,000원　한도초과액 = 8,000,000원

09. 비영리법인소득금액 = 수익사업소득(0.7억) + 수익사업용 부동산 양도차익(0.3억) = 1억

10. 법령에 따라 의무적으로 납부하는 공과금은 손금사항이다.

11. **결손금 소급공제를 하지 못하여 추후에 소급공제에 대해서 경정청구는 세법에서 인정하지 않음.**

12. 정당에 지출하는 기부금은 비지정기부금, 사회복지공동모금회는 특례기부금이고 나머지는 (2)와(4) 는 일반기부금이다.

13. 법인세산출세액 계산 : 200,000,000 × 9% + 600,000,000 × 19% = 132,000,000원

　외국납부세액 40,000,000원

　외국국납부세액한도액 : 132,000,000 × 200,000,000/800,000,000 = 33,000,000원

14. 면세사업자는 일반과세자가 아니다.

15. 건물 등 감가상각이 적용되는 자산에는 모두 적용한다.

16. 사실상 시작하지 않을 것이라고 인정 될 때에는 등록을 거부할 수 있다.

17. ① 일정한 재화 또는 용역으로서 대통령령으로 정하는 것에 대해서만 면세를 포기할 수 있다.

    ③ **면세포기에는 시기의 제한이 없으며, 언제든지 가능하다.**

    ④ 면세포기를 신고한 사업자는 **신고한 날부터 3년간은 면세를 적용받지 아니한다.**

18. 부가가치세법상 과세사업자(**일반과세자만 가능**)이어야 한다.

19. 중소기업 사업자의 국세가 체납된 경우에는 세관장은 납부유예를 취소할 수 있다.

20. 세금계산서의 필요적 기재사항이 사실과 다른 경우 공제받을 수 없음.

21. ② 중소기업의 외상매출금은 부도일로부터 6개월 이상 지난 사유로 대손세액공제를 받을 수 있다.

    ③ 사업자는 수표 또는 어음의 부도발생일로부터 6개월 이상 지난 경우 채무자의 재산에 저당권을 설정하고 있는 경우에는 대손금으로 산입하지 못한다.

    ④ 대손세액은 부가가치세를 포함한 대손금액에 110분의 10을 곱한 금액으로 한다.

22. ① 미등록가산세 : 1%,

    ② 매출처별세금계산서 합계표 지연제출 가산세 : 공급가액의 0.3%

    ④ 납부지연가산세 : 미납부세액×납부일수×2.2/10,000

23. 주사업장총괄납부는 주된 사업장에서 단순히 세액의 납부·환급만을 총괄하는 것으로 부가가치세법상의 과세표준의 신고, 사업자등록 신청 및 정정 등 기타 제반의무는 각 사업장마다 이행하여야 한다.

24. 국세청장이 정하는 일정기준은 없다.

25. **양복점업은 영수증을 교부하는 사업**으로 간이과세배제 업종이 아님.

26. 일반법인이 **무신고시 유가증권 평가방법은 총평균법**임.

27. 공사계약기간 1년 이상인 장기 건설 등 계약으로 진행기준에 따라 계산한 수익과 비용 각각 해당 사업연도의 익금과 손금에 산입하여야 합니다.

    • 누적작업진행율 : 총공사비 누적액(10억원)/총공사 예정비(25억원)＝40%

    • 당기공사수익＝공사도급금액(30억원)×40%-3억원(전기누적공사수익)＝9억원

28. 지급명세서를 제출하여야 할 내국법인이 지급명세서를 제출기한이 지난 후 3개월 이내에 제출하는 경우(50% 감면)에는 지급금액의 1천분의 5를 가산한 금액을 법인세로서 징수하여야 한다.

29. 과세표준 : 현금판매(20,000,000)+외상판매(10,000,000)+직매장반출(10,000,000)

               +사업상증여(10,000,000)＝50,000,000원

    ☞ 하치장 반출과 도난된 재화는 재화의 공급으로 보지않는다.

세법2부-소득세법, 조세특례제한법

1	2	3	4	5	6	7	8	9	10	11	12	13	14	15
④	②	③	④	④	③	③	①	③	④	④	①	③	①	③

16	17	18	19	20	21	22	23	24	25
①	②	③	②	②	④	③	①	②	①

26	27	28	29	30
과점주주	제2차 납세의무	900만원	45	37,500,000원

01. 가산금은 가산세에 포함하지 않는다.

02. 장부의 기록 내용이 사실과 다르거나 장부의 기록에 누락된 것이 있을 때에는 그 대해서만 결정할 수 있다.

03. **납부한 연대납세의무자가 다른 연대납세의무자들에게 구상권**을 가진다.

04. 개인(**법인은 제외**)으로, 보유재산이 5억원 이하이고 종합소득금액이 5천만원 이하인 납세자는 국선 대리인을 지원받을수 있습니다.

05. 전자신고시 전자신고할 때 제출하여야하는 관련서류는 10일의 범위에서 제출기한을 연장할 수 있다.

06. 국세정보통신망 이용시 다른 공시송달방법과 함께 해야 한다.

07. 사망은 납부의무의 소멸사유가 아니다.

09. 세무조사 사전통지서를 15일전에 보내야 하는데, 사정 통지하면 증거인멸 등으로 조사목적을 달성할 수 없다고 인정되는 경우는 제외한다.

10. **국세의 법정기일 이후 양도담보된 재산**이어야 한다.

11. 한국교직원공제회는 교원공제제도에 기초한 특별법에 의하여 설립된 교직원 복지기관으로 거주자가 한국교직원공제회로부터 지급받는 초과반환금은 이자소득에 해당한다.

12. 소득세법상 소규모사업자란 어느 하나에 해당하는 사업자를 말한다.

　① 해당 과세기간에 신규로 사업을 개시한 사업자

　② 직전 과세기간의 사업소득의 수입금액(결정 또는 경정으로 증가된 수입금액을 포함한다)이 **4천 800만원에 미달하는 사업자**

　③ **연말정산되는 사업소득만 있는자**

13. 소득세법 제162조의 3 [현금영수증가맹점 가입·발급의무 등]

　현금영수증가맹점으로 가입하여야 하는 사업자 중 대통령령으로 정하는 업종을 영위하는 사업자는 건당 **거래금액(부가가치세액을 포함한다)이 10만원 이상**인 재화 등을 공급하고 그 대금을 현금으로 받은 경우에는 상대방이 현금영수증 발급을 요청하지 아니하더라도 대통령령으로 정하는 바에 따라 현금영수증을 발급하여야 한다.

14. **국외 의료기관에서의 치료비는 의료비세액공제대상에서 제외**한다.

15. **과세기간 동안 183일 이상의 거소를 둔 개인을 거주자**라고 한다.

16. 사업장현황신고는 다음연도 2월 10일까지 신고하여야 함.

17. 법인세법에 따라 처분된 배당은 당해 법인의 당해 사업연도의 결산확정일이 수입시기이다.

18. ① 구매자가 구입한 적중된 투표권의 단위투표금액을 필요경비로 한다.

② 최소 80(90)%에 상당하는 금액을 필요경비로 한다.

④ 최소 80%를 필요경비로 한다.

19. **직계존비속에게 주택을 무상**으로 사용하게 하고 직계존비속이 **해당 주택에 실제 거주하는 경우는 부당행위계산 부인대상 제외**한다.

20. 거주자의 형제자매의 경우 소득금액 합계액이 100만원 이하라 하더라도 20세 이하 또는 60세 이상 이어야 공제받을 수 있다.

21. 당기순이익(50,000,000) + 대표자급여(10,000,000) − 이자수익(3,000,000) = 57,000,000원

대표자의 급여는 필요경비불산입되고, 복식부기의무자의 경우 사업용 유형고정자산 처분에 대한 손실은 그대로 인식하여야 함. 은행예금이자수익은 이자소득임.

22. ① **총급여액의 25%를 초과**하여 사용한 금액에 대하여 공제하는 제도이다.

② 신용카드등 사용액 중 **대중교통 및 전통시장 사용분은 40%**를 공제한다.

④ 직불카드도 신용카드 사용액에 포함된다.

23. 출국한날까지가 과세기간이다.

24. 기부금은 업무와 무관하여 지출한 금전가액을 말한다.

25. 해당과세기간의 개시일 현재 사업자가 아닌 자로서 그 과세기간 중 신규로 사업을 시작한 자는 중간예납 납세의무를 지지 않는다. 그러나 이러한 신규사업 개시자가 아닌 자는 전년도에 납부하였거나 납부할 금액이 없는 경우에도 해당연도의 중간예납기간 중 종합소득이 있다면 중간예납을 하여야 한다.

27. [출자자의 제2차 납세의무] 법인의 재산으로 그 법인에 부과되거나 그 법인이 납부할 국세와 체납처분비에 충당하여도 부족한 경우에는 그 국세의 납세의무 성립일 현재 세법에서 정하는 자는 그 부족한 금액에 대하여 제2차 납세의무를 진다.

30. 소득세법상 기본금액(중소기업) = 36,000,000 × 12/12 = 36,000,000원

소득세법상 수입금액한도(중소기업) = 500,000,000 × 30/10,000 = 1,500,000원

저자약력

■ **김영철 세무사**
- · 고려대학교 공과대학 산업공학과
- · 한국방송통신대학 경영대학원 회계 · 세무전공
- · (전)POSCO 광양제철소 생산관리부
- · (전)삼성 SDI 천안(사) 경리/관리과장
- · (전)강원랜드 회계팀장
- · (전)코스닥상장법인CFO(ERP. ISO추진팀장)
- · (전)농업진흥청/농어촌공사/소상공인지원센타 세법 · 회계강사
- · (전)두목넷 전산회계/전산세무/세무회계 강사
- · (현)천안시 청소년재단 비상임감사

로그인 **세무회계2급 기출문제집**

5 판 발 행 : 2024년 2월 13일

저   자 : 김 영 철

발 행 인 : 허 병 관

발 행 처 : 도서출판 어울림

주   소 : 서울시 영등포구 양산로 57-5, 1301호 (양평동3가)

전   화 : 02-2232-8607, 8602

팩   스 : 02-2232-8608

등   록 : 제2-4071호

Homepage : http://www.aubook.co.kr

저자와의
협의하에
인지생략

ISBN   978-89-6239-916-5   13320   정 가 : 17,000원